数据驱动的民航监管模式创新研究

李维春 著

西南交通大学出版社
·成 都·

图书在版编目（CIP）数据

数据驱动的民航监管模式创新研究 / 李维春著.
成都：西南交通大学出版社，2025.5. -- ISBN 978-7 -5774-0396-0

I. F560.69

中国国家版本馆 CIP 数据核字第 2025MM6127 号

Shuju Qudong de Minhang Jianguan Moshi Chuangxin Yanjiu

数据驱动的民航监管模式创新研究

李维春　著

策 划 编 辑	何明飞　罗爱林　罗小红
责 任 编 辑	罗爱林
责 任 校 对	左凌涛
封 面 设 计	GT 工作室
出 版 发 行	西南交通大学出版社
	（四川省成都市金牛区二环路北一段 111 号 西南交通大学创新大厦 21 楼）
营销部电话	028-87600564　028-87600533
邮 政 编 码	610031
网　　　址	https://www.xnjdcbs.com
印　　　刷	成都中永印务有限责任公司
成 品 尺 寸	170 mm × 230 mm
印　　　张	19.75
字　　　数	300 千
版　　　次	2025 年 5 月第 1 版
印　　　次	2025 年 5 月第 1 次
书　　　号	ISBN 978-7-5774-0396-0
定　　　价	78.00 元

图书如有印装质量问题　本社负责退换
版权所有　盗版必究　举报电话：028-87600562

PREFACE 前 言

  随着信息技术的飞速发展，数据已成为新时代的重要资源，对各行各业产生了深远的影响。在民航领域，数据的应用不仅提升了服务质量和运营效率，也为监管模式的创新提供了新的可能。本书旨在探讨如何通过数据驱动的方式实现更高效、更精准、更透明的民航监管，从而促进民航业的高质量发展。本书不仅总结了现有的研究成果，还提出了多项创新性的观点和建议，旨在为民航监管的理论研究和实际操作提供有价值的参考。

  本书的研究对象聚焦于民航监管的各个环节，研究内容涵盖了政府监管效能提升、民航监管模式的演进与创新、差异化精准监管的实践、基于数据的安全运行水平评价、以企业为中心的监管数据组织方式构建、数据治理与隐私保护、风险评估与预警系统的建设、监管政策的优化、监管技术创新与应用，以及监管模式创新对企业文化和人才培养的影响等多个方面。通过这些研究，本书力求全面反映数据驱动的民航监管模式的多样性和复杂性。

  本书在研究方法上，注重理论与实践的结合。一方面，通过对现有文献的梳理，构建了数据驱动民航监管模式的理论框架，明确了研究的边界和目标；另一方面，通过案例研究、实地调研和政策分析等方法，对数据驱动的监管模式进行了深入探讨，以期为理论研究提供实证支持。此外，本书还特别关注了国际民航监管的经验，分析了国内外监管模式的差异，为我国民航监管模式的创新提供了参考和借鉴。

本书分为十个章节。第一章至第三章主要介绍了政府监管效能与高质量发展的关系，民航监管的演变及其向数据驱动模式的转变，以及差异化精准监管的理论与实践。第四章至第六章深入探讨了基于数据驱动的民航生产经营单位安全运行水平评价体系的建立、监管数据的组织方式及民航数据治理与隐私保护的问题。第七章至第十章则进一步讨论了数据驱动的风险评估与预警系统建设、监管政策的优化路径、技术创新在监管中的应用，以及监管模式创新对企业文化和人才队伍建设的影响。

  本书的撰写得到了多位业内专家和学者的指导及支持，他们的宝贵意见和建议极大地丰富了本书的内容，在此表示感谢！由于研究范围广泛且复杂，加之编著者的认识和能力有限，书中难免存在疏漏和不足之处，恳请广大读者批评指正，以便在未来的研究中不断完善和提升。

著 者

2025 年 5 月

CONTENTS 目 录

第一章 政府监管效能与高质量发展 ············ 001

第一节 统筹监管、协同监管和源头监管 ············ 002

第二节 分级分类监管的基本原则与实践 ············ 015

第三节 国际监管经验与国内实践比较 ············ 021

第二章 民航监管演进与数据驱动的新模式探讨 ············ 033

第一节 民航监管的发展历程 ············ 035

第二节 以企业为中心、数据驱动的新型监管模式 ············ 054

第三节 以企业为中心的综合监管策略 ············ 062

第四节 数据驱动下的民航监管模式探索 ············ 068

第三章 民航差异化精准监管 ············ 075

第一节 运输航空公司差异化精准监管 ············ 077

第二节 差异化精准监管的理论基础与实施原则 ············ 081

第三节 差异化精准监管的实践案例 ············ 084

第四章 基于数据驱动的民航生产经营单位安全运行水平评价 ············ 089

第一节 民航生产经营单位组织体系建设 ············ 090

第二节 数据驱动评价方法概述 ············ 113

第三节 安全运行水平评价指标体系构建 ············ 116

第四节　数据分析与评价模型⋯⋯⋯⋯⋯⋯⋯⋯⋯⋯⋯⋯⋯⋯⋯ 120
　　第五节　结果应用与持续改进策略⋯⋯⋯⋯⋯⋯⋯⋯⋯⋯⋯⋯⋯ 129

第五章　以企业为中心的监管数据组织方式构建⋯⋯⋯⋯⋯⋯⋯⋯ 131
　　第一节　监管数据组织方式的实践创新⋯⋯⋯⋯⋯⋯⋯⋯⋯⋯⋯ 133
　　第二节　民航业监管数据标准与规范⋯⋯⋯⋯⋯⋯⋯⋯⋯⋯⋯⋯ 141
　　第三节　数据驱动的民航安全与性能优化⋯⋯⋯⋯⋯⋯⋯⋯⋯⋯ 148
　　第四节　民航政府监管数据的种类⋯⋯⋯⋯⋯⋯⋯⋯⋯⋯⋯⋯⋯ 152

第六章　数据治理与隐私保护⋯⋯⋯⋯⋯⋯⋯⋯⋯⋯⋯⋯⋯⋯⋯⋯ 158
　　第一节　民航数据治理体系构建⋯⋯⋯⋯⋯⋯⋯⋯⋯⋯⋯⋯⋯⋯ 159
　　第二节　隐私保护技术与应用⋯⋯⋯⋯⋯⋯⋯⋯⋯⋯⋯⋯⋯⋯⋯ 171
　　第三节　数据利用与隐私保护的平衡策略⋯⋯⋯⋯⋯⋯⋯⋯⋯⋯ 179
　　第四节　技术与法律手段的结合⋯⋯⋯⋯⋯⋯⋯⋯⋯⋯⋯⋯⋯⋯ 185

第七章　数据驱动的风险评估与预警系统⋯⋯⋯⋯⋯⋯⋯⋯⋯⋯⋯ 187
　　第一节　风险评估方法论⋯⋯⋯⋯⋯⋯⋯⋯⋯⋯⋯⋯⋯⋯⋯⋯⋯ 188
　　第二节　预警系统架构设计⋯⋯⋯⋯⋯⋯⋯⋯⋯⋯⋯⋯⋯⋯⋯⋯ 193
　　第三节　实时数据分析与监测⋯⋯⋯⋯⋯⋯⋯⋯⋯⋯⋯⋯⋯⋯⋯ 198
　　第四节　风险应对策略与预案制定⋯⋯⋯⋯⋯⋯⋯⋯⋯⋯⋯⋯⋯ 205

第八章　数据驱动的监管政策优化 ········ 213

第一节　政策效果评估 ········ 214
第二节　政策反馈机制 ········ 218
第三节　数据驱动的决策支持系统 ········ 223
第四节　机舱政策创新案例研究 ········ 229

第九章　数据驱动的监管技术创新与应用 ········ 234

第一节　技术创新概述 ········ 235
第二节　技术适用性分析 ········ 240
第三节　应用案例 ········ 246
第四节　技术挑战与解决方案 ········ 253

第十章　监管模式创新下的企业文化与人才培养 ········ 263

第一节　数据驱动监管模式的背景与意义 ········ 264
第二节　企业文化调整的方向与策略 ········ 269
第三节　适应新监管模式的人才需求 ········ 278
第四节　实施计划与效果评估 ········ 286

参考文献 ········ 296

第一章 政府监管效能与高质量发展

在全球化的大背景下,政府监管的角色日益凸显。监管不仅是政府职能的一部分,更是推动社会进步和经济发展的重要力量。随着经济的高速发展和市场环境的不断变化,传统的监管模式已经难以满足现代社会的需求。因此,探索和实践高效能的监管方式,对于实现高质量发展具有重要意义。

本章将深入分析政府监管效能的提升如何促进高质量发展,特别是统筹监管、协同监管和源头监管的实施,以及分级分类监管的基本原则与实践;并从理论和实践两个维度,探讨监管的现状、问题以及未来的发展方向。

第一节 统筹监管、协同监管和源头监管

本节重点探讨在现代管理体系中,统筹监管、协同监管以及源头监管三种重要监管方式的概念、实践及其意义。

统筹监管作为一种全局性的监管思路,强调将各种资源、部门、影响因素置于一个整体框架内进行考虑和优化配置。它不局限于单一的领域或问题,而是关注整个系统的运作及各个因素之间的相互作用,力求通过整体性原则、动态适应性、协同合作以及预防优先的理念,来提升监管的有效性和适应性。统筹监管的核心在于打破传统监管中的孤立性和片面性,通过多部门、多领域的协作,实现信息共享、资源整合,最终达到提升监管效能的目的。例如,美国联邦航空管理局(FAA)、中国民用航空局(CAAC)在空中交通管理和民航安全监管中的应用就是统筹监管理念的成功实践。这些实例展示了统筹监管在提高行业安全、服务质量和效率方面所发挥的关键作用。

协同监管则进一步深化了跨部门、跨领域的合作理念,强调通过建立有效的协调机制来实现监管目标的一致性和协同性。它通过明确监管目标和标准、建立监管主体网络、构建协同机制、形成监管合作协议、设立评估与反馈机制等手段,提升监管效率,增强监管的广度和深度,促进信息共享,并在全球化和技术快速发展的背景下,有效应对复杂的监管挑战。

源头监管则是一种预防性的监管策略,侧重在问题发生之前进行干预,以减少或消除潜在风险。通过风险评估与识别、立法和政策制定、教育和培训、技术和创新的应用以及合作和伙伴关系的建立,源头监管能在从根本上解决问题,从而节省资源和时间,并提高公众对监管机构的信任度。在诸如环境保护、食品安全等领域,源头监管的重要性尤为突出,它有助于促进环境可持续性和社会责任感,同时也有助于提高行业的整体效率和安全性。

总之,本节通过对统筹监管、协同监管以及源头监管三个概念的深入剖析,

阐述了它们在现代社会管理中的重要作用和深远意义，为读者提供了一个全面理解现代监管体系的视角。这些监管方式的应用，不仅能提高监管效率，更能促进社会经济的健康有序发展。

一、统筹监管

（一）统筹监管的理念与实践

统筹监管（Holistic Regulation）是现代管理理念中一个重要的方向，是一种全局性的监管思维，它强调在监管策略和执行过程中采取全面、综合的视角，对各种资源、部门和影响进行整体考虑及优化配置。这种理念在政府管理、企业治理以及其他组织的运作中都尤为重要，特别是在全球化和信息化迅速发展的今天，单一、孤立的监管模式已难以应对复杂多变的挑战。这种监管方式要求政府部门之间加强沟通，形成合力，共同应对复杂多变的市场环境。

统筹监管的核心理念在于整体性和协同性，强调在决策和执行过程中采取全局视角，以及跨领域和跨部门的合作。其主要理念如下：

1. 整体性原则

监管不应局限于单一领域或问题，而是需要关注整个系统的运作和多个因素之间的相互作用。全面考虑各种内外部因素，可以形成更加科学、合理的监管策略。

2. 动态适应性

统筹监管要求监管机制能够适应环境的变化，能够根据情况的发展进行调整和优化。这种灵活性是通过持续的监测、评估和反馈机制实现的。

3. 协同合作

推广跨部门、跨领域的合作，通过整合各方资源和智慧，形成合力，提高监管效率和效果。这种合作不仅限于政府内部部门之间，还包括私营部门、非政府组织以及公众的参与。

4. 预防优先

统筹监管强调以预防为主，尽可能在问题发生前采取措施，减少事后的补救成本和复杂性。这要求监管者具备前瞻性，能够识别潜在风险并提前介入。

举例来说，美国联邦航空管理局（FAA）的空中交通管理系统是一个综合性的系统，涵盖了空中交通管制、飞行计划、气象监测、航空器追踪等多个方面，负责管理美国国内的空中交通，确保航空器的安全运行和空中交通的高效管理。为了应对日益增长的航班数量和复杂的空中交通环境，FAA采取了一系列措施来统筹管理民航业。

在空中交通管制方面，FAA通过空中交通管制中心和地面航空交通管制塔台等设施，对航空器进行监控和指挥，确保航班安全并优化航线。在飞行计划方面，航空公司提交飞行计划后，FAA根据航班数量、航线、飞行高度等信息进行分配和调度，避免空中拥堵和碰撞。在气象监测方面，FAA利用先进的气象监测设备，实时监测天气情况，提前预警并调整航班路径，确保航空器安全飞行。在航空器追踪方面，FAA通过雷达、卫星和其他技术手段，对航空器进行实时跟踪和监控，及时应对突发情况。

FAA的空中交通管理系统在保障航空安全的同时，也实现了空中交通的高效管理。通过统筹协调各个环节，FAA能有效应对民航业面临的挑战，从而提高空中交通的安全性和效率，促进民航业的可持续发展。

（二）统筹监管的核心要素

1. 系统性思维

统筹监管要求监管者必须具备系统性思维，能够把握整体与部分的关系，理解不同组件间的相互作用及其对整体功能的影响。系统思维不是简单地聚焦于单个元素，而是要考虑所有元素如何协同工作。

2. 多维度协调

监管不再局限于单一领域或部门，而是要跨领域、跨部门，甚至跨界进行。这需要监管者能够处理多方利益、多层次目标的协调与整合，以及在不同维度上的平衡与优化。

3. 动态调整能力

随着环境和条件的变化，监管策略和措施也需要进行相应的调整。统筹监管强调的是一种动态平衡，监管者需持续跟踪政策效果，根据反馈及时调整策略。

4. 利益相关者的广泛参与

现代监管框架强调利益相关者的参与，这包括政府、企业、民间组织、公众等。建立多方参与的平台，可以增强政策的透明度和公众的接受度，同时也利于收集多方信息和观点，提高监管的效率和公正性。

5. 预防与风险管理

统筹监管着重于风险的预防管理，而不仅仅是事后处理。这种前瞻性的管理包括风险识别、评估和应对措施的制定，旨在最大限度地减少风险的发生和影响。

中国民用航空局（CAAC）是中国的民航监管机构，负责监管和管理中国境内的民用航空活动。CAAC致力于提高民航业的安全性、服务水平和效率，以支持行业的可持续发展。

在监管体系的建设上，CAAC建立了涵盖航空器运营、航空器维修、航空员培训、空中交通管理等多个方面的监管体系，制定了一系列法规、标准和规范文件，以规范民航业的运营行为。同时，CAAC对航空公司、机场、维修企业等各个环节进行定期监督和检查，确保其符合民航安全规定和运营标准。同时，对于发现的违规行为，CAAC采取相应的处罚和整改措施。此外，CAAC与航空业界建立了信息共享平台，定期发布安全警示、通知和技术指南，促进行业内部的信息交流和经验分享，共同提高安全水平。

通过CAAC的监管体系，中国民航业在安全性、服务水平和效率等方面取得了显著成效。CAAC不断优化监管体系，加强合规监督，促进信息共享和国际协作，为中国民航业的健康发展提供了坚实保障。在监管过程中，民航业的统筹监管核心要素得以体现。

(三) 统筹监管的实践

在实践中，统筹监管要求政府建立有效的协调机制，确保各项政策的一致性和协同性。例如，在金融监管领域，不同的监管机构需要就监管标准和程序达成一致，以避免监管套利和政策冲突。在城市交通管理中，统筹监管实践也至关重要。一个城市可能面临交通拥堵、公共交通效率低下等问题，要解决这些问题，需要多个部门的协同和整合，包括交通规划、公共交通运营、警察部门、环保部门等。

因此，统筹监管的实际应用涵盖了政府、企业及其他组织等多个层面。

1. 政府政策制定与执行

统筹监管要求政府在制定公共政策时，能够考虑经济、社会、文化和环境等多个方面的因素，确保政策的综合性和可持续性。例如，环境保护政策的制定不仅需要考虑生态影响，还要考虑经济发展需求和社会公众的接受度。此外，政府还需建立跨部门协调机制。如气候变化问题涉及能源、工业、交通等多个部门，有效的统筹监管可以推动这些部门的资源共享和政策一致性。

2. 企业的风险管理与内部控制

企业在进行风险管理时，需要采用统筹监管的方法，不仅监控财务风险，也要考虑运营、技术、市场等其他方面的风险。内部控制系统应该整合不同部门的信息和资源，通过建立统一的信息平台和决策机制，增强企业对内外部变化的响应能力。

3. 国际合作与全球治理

在全球化的背景下，诸如气候变化、跨国犯罪等问题需要各国政府进行统筹监管和国际合作。

通过统筹监管的实践，监管机构能够更加全面、灵活地管理特定行业或领域，实现监管目标并促进行业的可持续发展。

二、协同监管

(一) 协同监管的框架

协同监管是一种现代监管框架,特别适用于跨部门、跨领域甚至跨国界的复杂环境。其核心在于通过各个监管主体之间的合作与协同,共同实现监管目标。在这一框架下,不同的监管机构不再各自为战,而是形成合力,共同应对监管挑战。可见,协同监管不仅能提升监管效率,还能增强监管的广度和深度,同时也能够促进信息的共享和传递,尤其是在全球化及技术快速发展的当下,这种监管方式尤为重要。

协同监管的框架通常包括以下五个关键组成部分:

1. 明确监管目标和标准

确定清晰的监管目标是协同监管成功的前提。这些目标应当明确、量化,并且具有可操作性,涵盖安全、合规、环保等多个方面。制定统一的监管标准和要求,确保所有的监管主体在相同的标准下操作,避免标准不一或监管空白。

2. 建立监管主体网络

协同监管需要形成有效的监管主体网络,包括政府各级机构、行业协会、国际组织、非政府组织、民间团体等。网络中的每个监管主体都应有明确的角色和责任,以及如何与其他主体协作的明确指南。

3. 协同机制的建设

建设高效的协同机制,包括信息共享、监管资源的共享使用、协同执行监管行动等。部署先进的技术工具,如大数据分析、云计算、区块链等,来支撑信息的实时共享和处理,提高监管的透明度和反应速度。

4. 监管合作协议

形成多方参与的监管合作协议,明确各方的权利和义务。协议内容应详尽、具体、操作性强,具体应包括协同监管的具体流程、参与主体的责任分配、违约责任等条款。

5. 持续的评估与反馈机制

建立定期评估和反馈机制，不断检视监管效果，及时调整监管策略和方法。反馈机制应该公开透明，允许监管受众（如企业、公众）参与到监管评估过程中来。

协同监管的框架旨在促进监管机构之间的合作与协调，实现资源共享、信息共享、风险共担，提高监管效率和效果，促进行业的健康有序发展。

（二）协同监管的操作

在操作层面上，协同监管要求建立跨部门的联合工作组，定期召开协调会议，共同研究和解决监管中的重大问题。此外，还需要建立信息共享平台，确保监管决策的透明性和公正性。因此，协同监管需要详细规划与执行以下步骤：

1. 协调会议和工作组的建立

定期召开协调会议，由所有监管主体参加，共同讨论监管策略、解决监管中出现的问题。建立专门的工作组，针对特定的监管任务或问题进行深入研究和操作。

在城市交通管理工作中，政府、交通运输部门、公共交通公司和社区领袖可能形成一个交通管理委员会。该委员会负责协调和管理交通问题，并定期召开会议，分享信息，制定政策和行动计划。

2. 共享监管资源

实施资源共享，如共用监管设施，共享监管数据和信息、技术支持系统等。建立共享平台，减少重复建设，提升监管效率。

3. 联合监管行动

在必要时，各监管主体需要开展联合监管行动，如联合检查、联合执法等。联合行动不仅能增强监管力度，也能展示监管主体之间的合作姿态，有助于提升公众对监管工作的信任和支持。

4. 信息和技术的共享应用

利用信息技术建立起强大的数据共享系统，确保所有监管主体可以实时访问和更新关键信息。运用区块链技术保障数据的安全和不可篡改性，人工智能（AI）技术可以智能分析监管数据，预测潜在风险和异常。

5. 法规与政策的协同优化

通过法规和政策的协调，解决不同监管体系间可能出现的冲突和重叠问题，如同一业务实体受到多个监管主体监管时的矛盾和冲突。制定跨部门甚至跨国的政策协议，确保监管措施的一致性和有效性。

6. 监管能力与人员培训

定期组织监管人员培训，特别是在法规、技术和操作程序等方面的培训，以提升监管人员的专业能力和应对复杂情况的能力。建立监管学院或培训中心，引入国际专家和先进经验，不断提高本土监管人员的水平。

7. 危机响应和紧急机制

建立快速响应机制，当监管对象出现紧急情况（如公共安全事件、环境污染事故）时，各监管主体能迅速集结并采取行动。设定明确的危机通报路径和紧急协调流程，确保监管行为在关键时刻的高效和有序。

8. 公众参与和透明度

增强监管透明度，通过公开会议、透明的操作流程、公开访问的信息数据库等方式，公众能够实时了解监管工作的进展和效果。鼓励公众参与监管过程，如通过意见征集、公众听证会等形式，让公众的声音和需求被充分考虑。

通过以上操作，各监管机构可以共同合作、协同努力，实现监管目标并促进行业的健康有序发展。这种协同监管的操作模式有助于提高监管效率、减少监管成本，并更好地保护公共利益。

（三）协同监管的挑战与应对策略

虽然协同监管具有多方面的优势，但在实际操作中也面临诸多挑战。

1. 监管主体间的利益冲突

例如，在一个城市的交通管理中，政府部门可能试图减少交通拥堵，而公共交通运营商可能更关注提高利润，这两者之间的目标可能并不总是一致的。因此，应通过法律法规明确界定各自的职责与权限，通过建立合作协议来协调各方利益，确保监管活动的公正性和有效性。

2. 信息共享的安全与隐私问题

强化数据保护措施，确保监管信息的安全，同时合理处理个人隐私与公共利益的平衡问题。

3. 跨界监管的法律障碍

推动立法改革，解决跨国监管在法律上的不兼容问题，建立国际监管合作框架。

4. 技术与资源的限制

加大技术和资金投入，特别是在信息技术和人员培训方面，提升整体的监管能力。上述协同监管框架与操作方式，可以有效提高监管的覆盖面、效率和公信力，为应对复杂多变的监管环境提供坚实的支持和解决方案。

5. 跨部门和跨界合作的复杂性

加强部门之间的沟通与协调，确保各部门的政策和行动方向一致，减少行政效率低下的问题；建立跨部门合作的工作组或联合监管团队，专注于处理跨领域的监管任务和挑战。

6. 监管效果的评估与反馈机制的建立

实施定期的监管效果评估，通过收集数据、反馈和案例研究，评价监管策略和措施的实际效果；建立反馈机制，让监管对象和公众可以直接参与到监管过程的评估中，通过他们的意见和建议不断优化监管措施。

7. 适应新技术和变化的需求

随着科技的快速发展，监管部门需要不断更新自己的知识和技能，以适应新技术带来的监管挑战；引入新技术，如人工智能、大数据分析等，来提升监管的精确性和预测能力，更有效地应对快速变化的市场和环境。

8. 文化和组织变革的推动

促进组织文化的变革，培养开放、透明和合作的工作环境，强化团队成员之间的信任和协作；通过教育和培训，加强监管人员的职业道德和责任感，确保他们在执行监管任务时，能够公正无私、高效执行。

协同监管不仅是一个组织或技术问题，更是一个涉及法律、文化和战略的复杂过程。实施上述策略，可以确保监管系统更加有效地应对现代社会和经济的挑战，同时也能够更好地保护公众利益和促进公平竞争。

三、源头监管

源头监管是一种预防性的监管策略，旨在问题发生之前介入，减少或消除风险。它要求监管机构不仅要解决已经出现的问题，更要从源头上预防问题的发生。这种监管方式强调对潜在问题的早期识别和处理，以避免未来的损害或违规行为，从而节省更多的资源和时间。在各个行业和领域中，源头监管的重要性日益凸显，特别是在环境保护、食品安全、金融服务和公共健康等关键领域。

（一）源头监管的重要性

1. 预防优于治疗

在问题发生前进行干预，可以防止问题的发生，减少对公众和环境的潜在危害。

在金融领域，源头监管是防范金融风险和维护金融稳定的重要手段。监管部门可以通过加强对金融机构的监管和审查，规范金融市场行为，预防金融机构出现违规行为和风险积聚；制定健全的法律法规和监管政策，规范金融市场秩序，防止金融市场的异常波动和系统性风险的发生；加强对金融产品和金融衍生品的审查、监管，防止金融产品的欺诈和误导，降低金融市场的不稳定性。可见，源头监管，可以及早发现和解决金融风险，维护金融市场的稳定和健康发展。

2. 成本效益

解决问题的成本通常随着问题严重程度的增加而增加。源头监管通过提前干预，减轻长期的经济负担。

3. 提升公众信任

有效的源头监管能够增加公众对监管机构和行业的信任，提高政策的接受度。

4. 促进持续改进

源头监管鼓励企业和组织持续评估、改进他们的操作和流程，从而提高整体效率和安全性。

5. 可持续发展

源头监管有助于促进环境可持续性和社会责任，特别是在处理废物和减少资源消耗方面。

在民航业，飞行员是飞行安全中至关重要的一环，他们的技能和素质直接影响航班的安全性。因此，对飞行员的培训和认证是确保航空安全的重要环节之一。

飞行员的培训和认证制度是源头监管的典型案例。民航监管机构（如FAA、CAAC等）通过制定严格的培训标准和认证要求，确保飞行员在培训过程中获得全面的技能和知识，以胜任各种飞行任务。监管机构制定了详尽的飞行员培训大纲和课程要求，涵盖飞行技术、航空法规、飞行安全等各个方面。这些标准能确保飞行员接受系统、全面的培训。

通过源头监管，飞行员在培训过程中能够获得必要的技能和知识，从而提高自身素质和水平，降低发生飞行事故的风险。这种源头监管的重要性体现在培训和认证过程中，能有效保障航空安全。

（二）源头监管的方法

为了实现有效的源头监管，监管机构需要建立风险评估体系，定期进行市场监测和风险评估。同时，还需要加强对企业的指导和培训，提高企业自身的风险管理能力。

1. 风险评估与识别

系统地识别潜在的风险源和问题区域，使用数据分析和专家知识来预测可能出现的问题；实施定期的风险评估程序，以确保持续地监控和更新风险数据库。

2. 立法和政策制定

制定和实施有关法律法规，确保所有相关方在业务开始前就必须遵守特定的安全和质量标准；强化法规，使其包括对违反规定的严厉惩罚，以增强规范的执行力。

3. 教育和培训

对行业从业者进行教育和培训，提高他们对遵守标准的认识和能力；通过公开讲座、研讨会和培训课程，提高公众的意识，使他们能够识别和报告潜在的违规行为。

4. 技术和创新的应用

利用先进技术，如物联网（Internet of Things，IoT）、大数据分析和人工智能（AI），实时监控和分析数据，从而提早发现问题；采用新技术和方法，如环境友好型材料和生产技术，以减少潜在的风险。

5. 合作和伙伴关系

与行业协会、非政府组织和其他监管机构建立合作，共同推动源头监管的策略和实践；通过国际合作，共享最佳实践和成功案例，以全球视角解决监管挑战。

源头监管是一种高效且经济的监管策略，其成功的关键在于多方面的努力和持续的创新。这种方法不仅能帮助减少违规和风险的发生，还能促进行业的健康和可持续发展。

（三）执行源头监管的挑战

尽管源头监管具有许多优点，但在实施过程中也会遇到一些挑战。

1. 资源需求

源头监管通常需要大量的初始投入，包括资金、技术和人力资源。对于资源有限的组织或国家，这可能是一个挑战。

2. 数据的获取和管理

高效的源头监管依赖于准确和全面的数据收集，这就要求有高效的数据管理系统。数据的质量和可访问性对监管效率有直接影响。

3. 多部门和多层级的协调

源头监管往往需要跨部门合作。在某些行业中，企业可能会反对严格的源头监管措施，认为这些措施增加了成本或限制了业务发展空间。同时不同部门间的协调和合作很可能因为利益冲突、沟通不畅或责任不明确而受阻。

4. 技术挑战

技术快速发展，监管机构需要不断更新技术和方法以跟上行业发展的步伐。这可能需要持续的技术培训和更新硬件设施。

5. 公众的接受度和参与

公众对源头监管措施的理解和支持是成功实施的关键。然而，提高公众意识和促进其参与往往是一个长期且复杂的过程。

在全球化的背景下，为了克服这些挑战并有效实施源头监管，可以考虑通过国际合作共享资源、信息和最佳实践，以应对跨国界的监管挑战；建立更为全面和灵活的监管框架，以适应快速变化的技术和市场环境；与科技公司和学术机构合作，引入更先进的监测和分析工具；通过教育和宣传活动提高公众的知识水平及参与意识，使他们成为监管过程的积极参与者。

源头监管不仅是一种策略，更是一种必要的投资，通过预防而非事后处理来保护公共利益和环境，这对任何组织或社会都是至关重要的。不断地创新和合作，可以更有效地实现这一目标。

第二节　分级分类监管的基本原则与实践

在当今这个充满变化的世界，分级分类监管就像是一门艺术，它教会如何在纷繁复杂的行业中找到秩序，如何用一把钥匙打开多把锁。本节深入探讨了分级分类监管这一概念：分级分类监管不仅仅是一个理论上的概念，而是实实在在地指导着各行各业的实践。想象一下，就像一个精心设计的花园，每一朵花都有其独特的生长条件和需求，分级分类监管就是那个园丁，根据不同植物的需求给予其不同的照顾。

在金融行业，分级分类监管就像是一位精明的财务顾问，他知道不能将所有的钱都放在同一个篮子里，通过将金融机构按其风险水平进行分类，监管机构能够更加精准地施加监管压力。

而在航空业，分级分类监管就像是空中交通管制塔台，它不断地调整着航班的起降顺序，确保一切井然有序。无论是面对日常的运营还是突如其来的风暴，航空安全管理系统（SMS）都能让航空公司从容应对。通过将各种航空运营活动按照风险等级进行分类，航空安全管理系统能够确保有限的资源被用在最需要的地方，最大限度地保护乘客的生命安全。

本节不仅讲述了分级分类监管的基本原则，还深入剖析了其背后的逻辑与操作方法。一个好的监管体系应该像一位聪明的指挥家，根据演奏的需要程度适时调整乐章的节奏。通过风险评估、动态调整、信息公开等策略，监管机构能够更高效地配置资源，同时也能让公众对监管过程有更多的信任。最终，这样的监管模式不仅能够提高监管效率，还能帮助企业在降低成本的同时保持竞争力。

一、分级分类监管的策略与目标

分级分类监管根据不同行业的特点和风险程度来制定差异化的监管策略。这种监管方式有助于提高监管的针对性和有效性，同时也能够避免一刀切的监管模式。

（一）分级分类监管的核心理念

1. 风险导向

监管机构根据不同监管对象的风险等级，采取不同程度的监管措施。高风险的行业或企业需要更严格的监管，低风险的则可以适当降低监管强度。

在金融监管领域，不同的金融机构可能存在不同的风险水平和重要性。例如，系统性重要性银行（SIFI）通常具有较高的风险和系统性影响，而小型银行或信用合作社则相对较低。因此，监管机构可以根据金融机构的规模、业务范围、资本水平等指标，将其分为不同的风险等级，并采取相应的监管措施。对于系统性重要性银行，监管机构可能实施更严格的监管要求，如资本充足性要求、压力测试、偿付能力监管等；而对于小型银行，监管机构可能采取更为灵活和简化的监管措施，以减轻其监管成本和负担，促进金融服务的普惠性和可及性。

2. 资源优化

分级分类监管，可以合理分配监管资源，将更多资源用于高风险领域，确保监管效果的同时降低不必要的资源浪费。

航空安全管理系统（SMS）是一种基于风险管理的管理方法，旨在持续提高航空运营的安全性。它涵盖了飞行安全、地面运营安全、机务维修安全等各个方面，是航空公司和运营商的重要管理工具。

SMS将航空运营活动分为不同的级别和分类，并根据风险程度采取相应的管理措施。对不同级别和分类活动进行监管，实现资源的优化配置，将更多的资源集中在高风险活动上，以确保航空运营的安全性。通过SMS，航空公司和运营商可以对安全管理资源进行有效配置和利用，根据风险评估结果，合理分配人力、物力和财力，将更多的资源用于关键环节和高风险领域，提高安全管理效率和效果。

通过实施航空安全管理系统（SMS），航空公司和运营商能够根据风险程度对安全管理资源进行优化配置，集中资源解决关键问题，提高安全性和效率。这种分级分类监管的核心理念在于资源优化方面的应用，使航空运营能够更加灵活、高效地应对安全挑战。

3. 灵活性和弹性

分级分类监管提供了一种灵活的监管框架，可以根据不同情况灵活调整监管策略，有助于监管机构更有效地应对快速变化的行业动态。

在民航领域中，飓风等自然灾害可能对航空运营造成严重影响，具体包括航班延误、取消以及机场关闭等情况。在这种情况下，航空公司需要灵活应对，调整航班计划，保障旅客和航班的安全。

航空监管机构、航空公司根据飓风的等级和影响范围对航空运营活动进行分级分类管理。针对飓风预警的等级和具体影响情况，采取相应的应急管理措施和航班调整方案。根据实际情况及时调整航班计划、取消或延误航班，并为受影响的旅客提供协助和服务，通过增加临时航班、改变航线或临时停止运营等方式应对突发情况。航空公司与监管机构保持密切联系和协调，及时共享信息、汇报情况，并根据监管机构的指示和要求调整应急响应及航班管理措施，确保航空运营的安全和合规。

通过灵活应对飓风等突发事件，航空公司能够最大限度地减少航班延误和取消，保障旅客和航班的安全。分级分类监管的核心理念赋予航空公司应对突发事件的灵活性和弹性，使其能够在复杂多变的情况下有效应对，确保航空运营的稳定性和安全性。

4. 促进合规

通过明确监管标准和分级方式，监管对象可以更清楚地了解其所在级别的监管要求，从而更容易实现合规。

综合来看，分级分类监管的核心理念是在风险识别和评估的基础上，采取差异化、灵活性和风险导向的监管措施，实现监管的精准性、有效性和适应性。

（二）分级分类监管的主要策略

策略上，分级分类监管要求政府明确不同行业的风险等级，根据风险等级制定相应的监管措施。目标是通过精准监管，既保障市场秩序，又促进行业健康发展。

（1）风险评估和分级：对监管对象进行全面的风险评估，主要考虑因素包括：规模、行业类型、合规记录、环境影响、社会影响等。基于评估结果，将监管对象分为不同级别。

（2）分类监管措施：根据不同的风险级别，制定相应的监管措施。高风险级别的对象可能需要更多的现场检查、数据报告和监控；低风险级别的对象则可能只需定期报告或接受偶尔的检查。

（3）动态调整：分级分类监管需要根据行业动态和监管对象的表现进行调整。这种动态调整可以确保监管体系的灵活性和适应性。

（4）信息公开和透明：公开监管对象的分级情况和监管标准，增强监管的透明度。这不仅有助于监管对象了解自身所处的级别，还能提高公众对监管的信心。

通过以上策略的实施，分级分类监管能够更好地实现风险导向、差异化管理和灵活性适应性的监管目标，从而提高监管效率和效果，促进行业的健康有序发展。

（三）分级分类监管的目标

（1）提高监管效率：分级分类监管可以更有效地分配监管资源，确保高风险领域得到充分监管，提升整体监管效率。

（2）降低合规成本：对于低风险级别的监管对象，降低监管强度可以减少他们的合规成本，从而鼓励更多企业主动合规。

（3）促进公平竞争：分级分类监管能够更精准地针对高风险领域进行监管，从而确保公平的竞争环境，防止不公平竞争行为。

（4）提升公众信任度：通过公开透明的监管流程和分级机制，公众对监管体系的信任度会提升，有助于维护社会秩序稳定。

分级分类监管是一种智能、高效的监管策略，通过风险导向、灵活性和资源优化，实现了监管体系的有效性和效率。其目标在于确保对高风险领域的有效监管，同时降低低风险领域的合规成本。通过持续的动态调整和透明的信息公开，分级分类监管可以帮助构建更加公平、稳定的市场环境。

二、分级分类监管的原则与操作

分级分类监管是一种基于风险和重要性的监管策略，基本原则包括风险导向、动态调整和透明公正，旨在根据不同监管对象的特征和风险水平采取相应的监管措施。风险导向意味着监管资源应优先分配给风险较高的领域。动态调整则要求监管策略能够根据市场变化和风险评估的结果进行及时调整。透明公正则要求确保监管过程的公开透明，所有利益相关者的权益得到公正对待。分级分类监管的核心原则在于风险导向、资源优化和灵活性。

（一）分级分类监管的原则

（1）风险导向原则：监管应以风险为导向，对监管对象进行风险评估和分级。监管措施的强度和频率应与风险水平相匹配，确保高风险领域得到更严密的监管。

（2）差异化原则：针对不同级别的风险，采取差异化的监管策略。高风险对象需进行更频繁的检查、报告和监控,而低风险对象则可采取更宽松的监管方式。

(3)资源优化原则:在监管过程中,合理分配资源,集中力量在高风险领域,以最大化地提高监管效率。这一原则有助于避免资源浪费,提高监管效果。

(4)透明性和公平性原则:监管过程应透明、公正,确保监管对象和公众都能理解监管的原则和标准,维护监管的公正性。

(5)动态调整原则:监管体系应具有灵活性,能够根据市场动态和风险变化进行调整。这种动态调整能确保监管策略始终保持适应性。

(6)科学性原则:分级分类监管的分类标准和评估方法应当科学合理,建立在充分的风险评估和数据分析基础上,避免主观性和随意性。

(7)持续改进原则:分级分类监管应当持续改进,定期评估监管政策和措施的实施效果,及时发现问题和不足,并采取相应的改进措施。

由此可见,分级分类监管的原则是保证监管工作能够有效实施,促进市场健康有序发展,维护公共利益和社会稳定的重要准则。

(二)分级分类监管的操作

操作层面上,分级分类监管要求政府建立有效的监管体系,明确监管责任;同时还需要建立监管评价机制,定期对监管效果进行评估和反馈。

(1)风险评估与分级:对监管对象进行风险评估,考虑因素包括规模、行业类型、合规记录、环境和社会影响、业务复杂性等。基于评估结果,将监管对象分为不同级别,每个级别对应不同的监管强度。

(2)制定差异化监管策略:根据风险级别,制定差异化的监管策略。对于高风险对象,需制定更严格的监管措施,如频繁检查、审计和报告;对于低风险对象,则可采用较宽松的监管方式。

(3)实施动态监管:监管机构需建立灵活的监管机制,能够根据实际情况进行调整。例如,当某个监管对象的风险水平下降时,可以降低监管强度;相反,若风险增加时,则需提高监管力度。

（4）定期监控与评估：对监管对象进行定期监控和评估，以确保其风险水平与监管强度匹配。这一操作可以确保监管策略能够及时调整，避免过度监管或监管不足。

（5）加强信息透明度：向监管对象和公众公开监管标准、原则和操作流程，确保监管过程透明。这有助于提高公众对监管体系的信任，促进监管对象自觉合规。

（6）加强沟通与协作：监管机构应加强与其他监管机构、行业协会和企业的沟通与协作，确保监管策略的一致性和有效性。合作可以帮助监管机构更好地掌握行业动态，确保监管措施的准确性。

分级分类监管的原则与操作旨在确保监管体系的高效性和灵活性。通过风险导向、差异化、资源优化、透明性和动态调整，监管机构可以有效地监管不同级别的监管对象，同时确保公平和公正。这一策略不仅可以提高监管效率，还能降低合规成本，促进公平竞争，提升公众对监管体系的信任感。

第三节 国际监管经验与国内实践比较

本节深入探讨了不同国家和地区在监管领域的独特模式及实践经验，揭示了全球监管体系的多样性和共通之处。

首先，来看看美国是如何在其监管体系中体现自由市场经济原则的。美国的监管机制以维护公平竞争、保护投资者和消费者权益为核心，通过诸如证券交易委员会（SEC）、商品期货交易委员会（CFTC）、联邦储备系统（The Federal Reserve System）和消费者金融保护局（CFPB）等机构的具体职能来实现。这些机构不仅监督市场运作，还通过制定和执行一系列法规来确保市场的透明度和秩序。特别是《多德-弗兰克华尔街改革和消费者保护法》等法律的出台，进一步加强了对金融机构的监管，旨在预防系统性风险。美国的监管体系以其灵活性和适应性著称，不断调整以应对新的挑战，如金融科技的快速发展。

接着再看看欧洲。欧盟作为一个由 27 个成员国组成的联盟,其监管体系强调统一标准与成员国间的深度协作。这种模式不仅旨在创建一个统一且具有竞争力的内部市场,还通过欧盟委员会、欧洲议会和欧盟理事会等立法机构的共同努力来确保法规的制定和执行。欧盟的监管体系通过分级分类的方法,既确保了法规的一致性,又允许成员国根据自身情况进行适当的调整。例如,欧盟《通用数据保护条例》(General Data Protection Regulation, GDPR)就在整个欧盟区域内设立了高标准的数据保护规则,但允许各国在具体执行时有所差异。此外,欧盟的专业监管机构如欧洲药品管理局(EMA)、欧洲航空安全局(EASA)等在各自领域内发挥着重要作用,确保了技术标准的统一和信息的顺畅交流。欧盟的监管体系还特别注重消费者保护,鼓励公民参与决策过程,并在全球标准制定中扮演积极角色。

新加坡则是另一个值得关注的例子,它以其"智慧监管"和"服务型政府"的理念闻名。新加坡充分利用大数据、人工智能等先进技术,构建了一个高效的监管平台,实现了对经济和社会事务的精细化管理。通过一站式在线服务平台和数字平台的广泛应用,新加坡政府极大地简化了公共服务流程,提升了民众的满意度。此外,新加坡政府还积极与私营部门和社会组织合作,共同提供高质量的公共服务,展示了政府与民间力量合作的巨大潜力。这种智慧监管模式不仅提高了监管效率,还增强了政府的服务能力,树立了现代化治理的新标杆。

通过对比这三个国家或地区的监管经验,可以看到一些共性特征,如风险导向、灵活性与适应性、信息公开与透明度,以及国际合作等方面的努力。这些共性反映了国际监管领域正在朝着更加高效、透明和协同的方向发展。近年来,中国也在积极借鉴国际经验,推进"放管服"改革,探索数字化监管,并在绿色发展与国际合作方面取得了显著成就,逐步实现了与国际先进监管模式接轨。这些努力不仅提升了国内市场的活力和效率,也为全球监管体系的发展贡献了中国智慧。

一、美国：以市场为导向的监管体系

作为全球最大的经济体，美国的监管体系深刻体现了自由市场经济的原则，同时融入了对市场失效情况的必要干预。这一模式的核心在于维护市场竞争的公平性，保护投资者和消费者的权益，同时确保经济稳定与可持续发展。以下是对美国监管体系关键方面的几点深入探讨：

（一）监管机构与职责

（1）证券交易委员会（SEC）：作为主要的金融市场监管机构，SEC 负责监督证券市场，包括股票、债券的发行与交易，确保市场透明度，打击欺诈行为，并保护投资者免受不实信息的影响。SEC 通过制定和执行一系列复杂的法规来规范市场参与者的行为，如要求上市公司定期披露财务信息。

（2）商品期货交易委员会（CFTC）：监管期货、期权市场以及部分衍生品市场，防止市场操纵，保护市场参与者的利益。

（3）联邦储备系统（The Federal Reserve System）：负责美国的货币政策和银行监管，确保金融系统的稳定。它通过设定利率、监管银行资本充足率等手段来控制货币供应量和信贷条件。

（4）消费者金融保护局（CFPB）：专注于保护消费者免受不公平、欺诈性的金融产品和服务侵害，通过教育、规则制定及执法活动来提升市场的透明度和公平性。

（二）法规环境

美国监管体系以法规为基础，强调法律的明确性和可预见性。《多德-弗兰克华尔街改革和消费者保护法》（*Dodd-Frank Act*）是在 2008 年金融危机后出台的一部重要法律，旨在加强对金融机构的监管，预防系统性风险，并设立 CFPB 以强化消费者保护。此外，《萨班斯-奥克斯利法案》（*Sarbanes-Oxley Act*）强化了上市公司的财务报告责任，提升了公司治理标准。

（三）市场准入与竞争

美国市场准入相对开放，鼓励创新与竞争。监管机构在确保市场公平竞争的同时，也对新进入者设置了必要的门槛，以维护市场秩序。例如，SEC 对证券发行的注册要求和持续披露义务，既保护了投资者，也为新兴企业提供了融资渠道。

（四）强制执行与自律

美国监管体系强调法律的严格执行。监管机构有权进行调查，对违规行为处以罚款，甚至提起刑事诉讼。同时，行业自律也是美国监管的特色之一，许多行业协会和交易所制定自己的行为准则，补充官方监管。

（五）持续的挑战与改革

尽管美国监管体系被视为成熟和高效的典范，但其也面临着持续的挑战，比如：如何平衡监管与创新的关系，如何有效应对金融科技的快速发展，以及如何在全球化背景下与国际监管标准接轨等。因此，美国监管机构持续进行调整和改革，以保持其监管框架的适应性和有效性。

由上述分析可以看出，美国的监管体系是以市场为主导，政府在必要时进行干预的模式，旨在创造一个既充满活力又相对安全的市场环境。

二、欧盟：统一标准与成员国协作的监管模式

作为一个由 27 个成员国组成的政治和经济联盟，欧盟的监管体系的特点在于追求区域内规则的一致性和成员国间的深度协作，旨在创建一个统一且具有竞争力的内部市场。

（一）监管框架与立法过程

（1）立法机构：欧盟的立法权主要由欧洲议会、欧盟理事会以及欧盟委员会共享。欧盟委员会提出立法决议，欧洲议会和欧盟理事会共同审议并通过，确保立法反映各成员国及公民的共同利益。

（2）单一市场法规：为了促进商品、服务、资本和人员的自由流动，欧盟制定了一系列单一市场法规，如 CE 标志（证明产品符合欧盟健康、安全、环保等要求），确保在所有成员国间的一致性。

（二）分级分类监管

欧盟的分级分类监管体系是一个复杂的机制，旨在平衡统一性与成员国的多样性，确保法规的有效实施与适应性。这一机制具体体现在以下四个方面：

（1）基础法规与指导原则：在欧盟层面，制定基础性的法规和指导原则，为所有成员国设定共同的目标和最低标准。例如，欧盟《通用数据保护条例》（GDPR）设定了数据保护的高标准，适用于整个欧盟区域，确保个人数据在成员国间自由流动的同时得到保护。

（2）成员国的实施与细化：基础法规为成员国提供了框架，但允许它们在不违背欧盟法律的前提下，根据本国具体情况制定更为详细的实施规则和程序。例如，虽然 GDPR 设定了总体要求，但各国的数据保护机构在执行时可以根据本国法律和文化习惯，对某些条款进行解释和细化。

（3）监管合作与协调：为了保证法规的一致性和避免监管套利，欧盟建立了各种监管合作机制，包括监管机构网络、联合监督小组和信息共享平台。这些机制促进了成员国监管机构之间的沟通与协作，确保在具体实施中的问题能够得到有效解决，同时也能快速响应跨边境的监管挑战。

（4）适应性和灵活性：分级分类监管还意味着欧盟监管框架具有一定的灵活性，能够适应成员国不同的经济社会背景和监管能力。例如，对于环境标准，欧盟虽设定了总体目标，但允许成员国根据自身情况制定达到这些目标的具体路径和时间表，体现了"共同但有区别的责任"原则。

（三）深度协作与专业监管机构的作用

欧盟的监管体系不仅依靠立法层面的一致性，还特别强调成员国间的深度协作和专业监管机构的高效运作，以此确保法规的准确执行和监管的有效性。以下是对这一机制的深入解析：

1. 欧洲监管机构的角色

欧洲监管机构的角色，体现为专业领域监管：欧盟设有多个专业监管机构，分别针对特定行业或领域进行监管和指导，如欧洲药品管理局（EMA）负责药品审批和监控、欧洲航空安全局（EASA）负责航空安全标准、欧洲银行管理局（EBA）则监管银行业务。这些机构在各自领域内制定技术标准、评估风险、提供专业指导，并协调成员国的监管活动。

2. 标准化与互认机制

这些专业监管机构推动技术标准和认证的统一，如 EMA 批准的药品可在全欧盟内流通，无须再次认证。这不仅减少了市场壁垒，提高了效率，还促进了消费者对产品的信心。

3. 成员国监管机构的网络与合作

网络化协作：成员国的监管机构通过欧盟建立的网络进行紧密合作。例如，欧洲证券和市场管理局（ESMA）下的监管合作网络，促进了金融监管信息的即时交换、联合检查和跨境执法。这种合作确保了监管的一致性和跨境问题的有效解决。

4. 联合决策与快速响应

在特定情况下，如危机应对或紧急情况下，欧盟的专业监管机构与成员国的监管机构能够迅速形成联合决策机制，采取统一行动。例如，面对2008年的金融危机，EBA 与其他金融监管机构紧密合作，制定了一系列紧急措施，以稳定金融市场。

5. 专业知识共享与能力建设

知识与最佳实践传播：欧盟的专业监管机构经常组织培训、研讨会和经验交流活动，促进成员国监管人员的专业技能提升和知识更新，确保监管实践的高标准和一致性。

6. 技术支持与数据共享

利用现代信息技术，如数字平台和数据库，欧盟及其监管机构促进成员国间的数据共享，支持风险评估、趋势分析和决策制定。

7. 监管协调与争议解决

监管协调机制：欧盟设有协调机制，如欧洲监管合作论坛（ERCF），确保不同监管领域间的政策协调一致，避免监管重叠或冲突，同时促进监管效率和公平竞争。

8. 争议解决途径

对于成员国间关于监管执行的分歧，欧盟法律框架提供了多种解决途径，包括欧盟法院的裁决，以确保监管决定的合法性与公正性。

（四）风险预防原则的深入应用

欧盟监管体系中的风险预防原则是一项核心原则，强调在科学证据尚不完全确定的情况下，若存在合理理由认为某活动或物质可能对人类健康或环境造成严重损害，则应采取预防性措施。这一原则在多个关键领域得到了深入应用。

（1）环境政策：欧盟的环境法规，如《化学品注册、评估、授权和限制法规》（REACH），要求化学物质在进入市场前必须经过严格的评估，对于高风险化学品采取预防性限制或禁用措施，即使科学证据尚不足以证明其确切危害。

（2）食品与消费者产品安全：在食品安全领域，欧盟食品安全局（EFSA）采用风险预防原则，对食品添加剂、农药残留等进行严格评估，任何被认为可能对健康构成威胁的物质都会受到限制或禁止使用。同样，消费者产品安全法规也基于此原则，确保产品在设计和生产阶段就消除潜在风险。

（3）科技创新与新兴风险：面对人工智能、基因编辑等新兴技术可能带来的未知风险，欧盟正探索如何在鼓励创新与应用的同时，通过预防性监管框架来识别和管理这些风险，确保技术发展不会损害公众利益或环境安全。

（五）消费者保护与公民参与

欧盟高度重视消费者权益，通过制定严格的消费者保护法律，如《通用数据保护条例》（GDPR）保护个人数据隐私，以及《消费者权益指令》确保消费者享有信息透明、合同公平等权利。同时，欧盟鼓励公民参与决策过程，通过公开咨询和听证会等形式收集公众意见。

（六）对外关系与全球标准

欧盟作为全球重要的经济力量，其监管标准和政策往往对全球产生影响。欧盟在国际贸易协议中倡导高标准的监管合作，推动环境、劳工和社会标准的国际化，同时积极参与国际标准制定机构的工作，如 ISO 和 IEC，以促进全球监管一致性和互认。

综上所述，欧盟的监管模式体现了深度一体化与灵活性的结合，通过统一标准与成员国间的紧密协作，构建了一个复杂的多层次监管体系，旨在促进经济一体化、增强消费者保护，同时保持对全球监管议题的影响力。

三、新加坡："智慧监管"与服务型政府

作为全球知名的"智慧国家"，新加坡的政府监管模式融合了高科技应用与服务导向理念，致力于打造高效、透明、响应迅速的治理体系，为其他国家提供了宝贵的参考与启示。

（一）智慧监管体系构建

（1）技术驱动的监管创新：新加坡政府充分利用大数据、人工智能、物联网等前沿技术，构建智能监管平台，实现对经济活动、社会服务和城市运行的实时监测与精准管理。例如，通过数据分析预测交通流量、优化公共服务分配，以及监测环境污染等。

（2）一站式服务与在线平台：政府推出多个一站式在线服务平台，如"GovTech"和"eCitizen"，简化企业和民众与政府交互的流程，提供便捷的电子政务服务，从税务申报到营业执照申请，均可在线完成，大大提高了行政效率。

（3）风险预测与预防：智慧监管系统侧重风险识别与预防，而非事后惩罚。通过分析大量数据，预测潜在问题，如金融欺诈、网络安全威胁等，提前采取措施，减少社会风险和经济损失。

（二）服务型政府的实践

（1）以民为本的服务理念：新加坡政府将民众需求放在首位，不断优化服务体验，确保政策制定与执行均以人民满意度为衡量标准。例如，通过用户反馈机制，持续改进公共服务质量。

（2）政府与民间合作：政府鼓励公私伙伴关系（PPP），与企业、社会组织合作提供公共服务，如在教育、医疗、交通等领域引入私人投资和创新，提升服务质量与效率。

（3）透明度与参与度：政府积极推动政务公开，利用数字平台提高政策透明度，让民众能够方便地获取信息、参与决策过程。例如，通过"Our Singapore Conversation"等平台收集公众意见，使政策制定更加贴近民意。

（三）监管与发展的平衡

（1）促进创新与竞争力：新加坡的智慧监管不仅确保了市场秩序，还为创新提供了肥沃土壤。例如，金融科技署通过简化监管流程，鼓励金融科技企业创新，同时保障金融稳定，增强了新加坡作为国际金融中心的吸引力。

（2）灵活应对与持续改进：面对快速变化的经济环境和社会需求，新加坡政府展现出高度的灵活性和适应性，不断调整监管政策。例如，通过定期审查法规，确保监管框架既能保护公众利益，又不阻碍商业创新。

综上所述，新加坡的"智慧监管"与服务型政府模式，通过科技赋能、以人为本、透明协作,实现了高效监管与优质服务的双重目标,为全球提供了现代化治理的新范式。

四、国际监管经验的共性

(一)风险导向:精确定位,高效管理

在全球范围内,众多国家的监管机构已普遍采纳了风险导向的监管模式。这意味着监管资源被集中用于识别和缓解最紧迫、最具威胁的风险领域。例如,在金融监管中,采用压力测试、系统重要性金融机构评估等工具,预先识别可能引发系统性风险的因素;在环境保护领域,则通过环境风险评估,优先治理重大污染源和生态脆弱区域。这些做法确保了监管干预的针对性和有效性,有助于防止或减轻危机的发生。

(二)灵活性与适应性:动态调整,紧跟时代步伐

随着科技进步和市场环境的快速变化,监管体系的灵活性和适应性成为维持监管有效性的关键。监管机构通过建立反馈机制,持续跟踪新出现的风险类型(如数字货币、网络安全、人工智能伦理等)和市场创新,及时调整监管框架和策略。例如,英国金融行为监管局(FCA)的"监管沙盒"机制,允许金融科技公司在受控环境下测试创新产品和服务,既促进了创新又保障了消费者权益,展现了监管的前瞻性和灵活性。

(三)信息公开与透明:增强信任,促进参与

信息的公开透明是提升监管公信力和公众信任的重要基石。许多国家的监管机构通过官方网站、社交媒体、公开听证会等多种渠道,主动发布监管政策、执法结果、市场数据等信息,确保所有利益相关方能够获取必要的信息,并参与到监管过程中来。此外,政府数据开放运动的兴起,使更多监管数据可供公众访问,促进了社会监督和第三方分析,增加了政策制定的科学性和民主性。

（四）国际合作：携手应对全球挑战

在全球化日益加深的今天，跨国监管合作已成为应对跨国犯罪、金融稳定、气候变化等全球性问题的必然选择。国际组织如国际货币基金组织（IMF）、世界银行、巴塞尔银行监管委员会、联合国气候变化框架公约（UNFCCC）等，为成员方提供了合作平台，共同制定国际标准、分享最佳实践、协调监管行动。例如，通过气候变化《巴黎协定》，各国承诺合作减少温室气体排放，展示了国际合作在应对全球环境挑战中的力量。同时，双边或多边监管协议的签订，如金融领域的双边监管合作谅解备忘录，增强了跨境监管的一致性和效率，降低了监管套利的风险。

五、国内实践与国际经验的融合

（一）"放管服"改革：激发市场活力，接轨国际理念

近年来，中国大力推行的"放管服"改革，即简政放权、放管结合、优化服务，是向国际通行的市场主导与高效监管原则靠拢的重要举措。简政放权通过削减行政审批事项，减少政府对微观经济活动的直接干预，赋予市场主体更多自主权，激发市场内在活力。放管结合强调在减少前置审批的同时，加强事中事后监管，运用信息化手段提升监管效能，确保市场公平竞争与秩序稳定。优化服务则致力于提升政务服务质量，简化办事流程，实现政务服务"一网通办"，与国际上追求的高效、便捷的公共服务体系相呼应，提升了政府服务的国际竞争力。

（二）数字化监管探索：迈向智慧监管新时代

中国在监管领域积极借鉴国际智慧监管经验，加速推动监管体系的数字化转型。利用大数据分析技术，监管机构能够实时分析市场动态，识别潜在风险，实现对违法违规行为的精准打击。区块链技术的应用，则加强了供应链的透明度与可信度，特别是在食品安全、药品追溯等领域，确保了产品从生产到消费

全链条的可追溯性和安全性。此外，建设"互联网+监管"系统，整合监管资源，实现跨部门数据共享，提高了监管效能，减少了监管盲区，这与国际上强调的数字化、智能化监管趋势高度一致。

（三）绿色发展与国际合作：展现大国担当，共享绿色未来

在全球气候变化和环境保护的背景下，中国在绿色监管方面积极汲取国际经验，推出了一系列旨在促进绿色低碳发展的政策与措施。例如，建立全国碳排放权交易市场，通过市场机制激励企业减排。这一举措借鉴了欧盟排放交易体系等国际经验，标志着中国在利用经济手段促进环境保护方面迈出了重要一步。同时，中国积极参与国际气候治理，如加入气候变化《巴黎协定》并承诺实现碳达峰、碳中和目标，展现了负责任大国的形象。通过与其他国家合作，共享绿色技术、资金和经验，中国在推动全球环境治理和可持续发展方面发挥了积极作用，体现了国际经验与国内实践的有效融合。

第二章
民航监管演进与数据驱动的新模式探讨

本章主要探讨了民航监管的历史演进及其向数据驱动监管模式的转变。从国外民航监管的发展历程来看，监管体制经历了从自由放任到高度整合与标准化的重大转变。在早期，各国政府通常采用自由放任政策，鼓励私营企业和个人在航空技术领域进行创新和试验。随着航空业的成熟，尤其是第二次世界大战后，各国逐步建立了专业的航空监管机构。如美国联邦航空管理局（FAA）、欧洲航空安全局（EASA）、中国民用航空局（CAAC）的设立极大地提升了航空安全水平，促进了行业的健康发展。

进入21世纪，面对全球气候变化的挑战，民航监管也开始将环保与可持续性纳入重点考虑范畴，推动绿色转型和新技术的应用。同时，为了提升旅客体验和服务质量，监管机构开始关注旅客权益保护、服务标准制定以及对新型服务模式的监管准备。

随着技术的快速发展，传统的监管模式在应对复杂性挑战方面显现出了局限性，如信息孤岛、协同困境等。为了克服这些挑战，民航监管正在向更灵活、更适应性的方向转变，强调跨专业综合研判，构建数据集成与共享平台，强化数据分析能力，加强人才培养与国际合作，并适时修订和完善政策法规。

数据驱动的监管模式被视为未来民航监管的重要发展方向。通过大数据分析，监管机构能更全面、准确地掌握航空公司的运营状况，发现潜在的安全隐患，并据此制定更科学、合理的监管决策，从而提高监管效率，降低成本，更好地保障飞行安全。这种模式不仅有助于提升监管工作的质量和效率，也为民航企业的持续健康发展提供了强有力的支持。

总之，本章通过回顾民航监管的发展历程，分析了现行监管模式的局限性，并展望了未来监管模式的变革方向，强调了数据驱动监管模式在提高监管效能、保障飞行安全方面的重要作用，为民航监管的未来发展指明了方向。

第一节 民航监管的发展历程

本节概述了民航监管的发展历程，详细描述了从航空业的萌芽到现代监管体系的形成过程。早期，各国政府对航空业持自由放任态度，鼓励创新和技术发展。随着航空技术的进步和市场需求的增长，各国相继组建监管机构，标志着监管向专业化和标准化转变。

中国民航监管体系的建设与发展同样体现了这一演变趋势。从改革开放初期的相对落后状态，中国民航经历了从无到有的发展历程。通过颁布《中华人民共和国民用航空法》，中国民航确立了法治化的安全管理框架。进入 21 世纪，中国民用航空局（CAAC）引入了国际先进的安全管理体系（SMS）和航空安保管理体系（SeMS），并在全球化的背景下积极参与国际合作，推动国际标准的统一与提升。

中国民航监管体系的演变不仅反映了技术进步和市场需求的变化，也彰显了中国在民航安全和技术创新方面的贡献。从早期的法规制定到智能化监管的应用，再到与国际接轨的标准化建设，中国民航监管体系的不断完善为全球航空安全治理提供了宝贵的经验和示范。

一、国外民航监管的发展历程

国外民航监管的演变历程，特别是美国和欧洲，见证了从早期的自由放任到如今高度整合与标准化的深刻变化，这不仅是技术进步和行业发展的反映，也是国际政治经济格局调整的结果。下面，将深入剖析这一系列转变背后的动因、关键事件及对全球航空业的长远影响。

（一）早期自由放任阶段：航空梦想的启航

19世纪末至20世纪初，这是一个历史的转折点，工业革命的余晖与新科技的曙光交汇，为人类的探索插上了翅膀。在这片科技与梦想的交汇处，飞行器的诞生不仅预示着科技的飞跃，更是人类对未知世界的勇敢尝试。这一时期，航空业作为一项新兴技术，其发展轨迹与监管环境共同勾勒出了一个充满希望而又挑战重重的时代画卷。

19世纪末，随着蒸汽动力和机械工程的进步，人类对飞行的渴望从神话故事和幻想中走出，逐渐变为现实的探索。法国的蒙哥尔费兄弟、德国的李林塔尔等人，通过热气球和滑翔机实验，为后来的飞机发明铺垫了基础。而真正将人类带入航空时代的，是美国的莱特兄弟，他们于1903年的首次有动力飞行，开启了航空史的新篇章。这些先驱者的努力，不仅证明了人类飞翔的梦想可以成真，也激发了全球范围内对航空技术的狂热追求。

面对这一新兴领域，各国政府普遍采取了自由放任政策。在这一政策下，政府减少了直接干预，鼓励私营企业和个人投身于飞行器的研发和试验，旨在通过市场竞争和技术创新来推动航空业的发展。政府的这一立场，为航空技术的迅速迭代提供了宽松的环境，使各种飞行器设计和理论得以不断尝试及验证。同时，政府也意识到航空技术对于国家防御和战略优势的潜在价值，因此在确保国家领空安全和维护国家主权方面采取了必要的监管措施，防止外国势力的侵犯或不当使用本国领空。

在那个时代，航空监管的初步形态更多聚焦于安全和主权层面。由于飞行活动主要集中于军事、探险和展示飞行，民用航空还未形成规模化发展，因此监管措施较为简单，主要是基于国家层面的法律法规，确保空中活动不会威胁国家安全和领空完整。例如，一些国家开始制定关于飞行器登记、飞行员执照、空中交通规则等基本制度。虽然这些规则远没有今天这样复杂和全面，但它们为后来的航空法规体系的建立奠定了基础。

尽管民用航空尚未大规模兴起，但飞行活动已经开始展现出多样的面貌。除了军事侦察和训练外，飞行表演、空中邮递以及科学研究成为航空活动的重要组成部分。飞行家们通过环球飞行、跨越大洲的壮举，展示了飞行技术的潜力，也激发了人们对航空旅行的兴趣和想象。虽然这些活动的规模有限，但为后来的民用航空市场播下了种子，预示了航空旅行即将成为连接世界的桥梁。

（二）制度建设：安全保障的基石

进入 20 世纪中叶，第二次世界大战的硝烟逐渐散去，全球经济开始复苏，科技进步以前所未有的速度推进，民用航空业迎来了前所未有的发展机遇。随着人们生活水平的提高和全球化的加速，航空旅行从少数人的奢侈体验转变为大众化的出行方式，民用航空业由此步入了爆发式增长的黄金时代。在这一背景下，航空安全监管体系的建立和完善就尤为重要，它不仅是保障旅客生命安全的基础，也是推动行业健康发展的关键。

1958 年，美国联邦航空管理局（FAA）的成立标志着航空安全监管迈入了一个专业化和制度化的新阶段。在此之前，美国的航空监管分散在多个部门，效率低下且难以适应日益复杂的航空环境。FAA 的成立整合了航空监管职能，赋予其广泛的权力和责任，包括但不限于制定和执行航空安全规则、管理空中交通、监控飞机制造质量、认证飞机及飞行员、维修人员的资格，以及促进新技术的应用等。这一系列举措旨在应对当时航空事故频发的严峻局面，重建公众对航空安全的信心，为美国乃至全球航空安全监管树立了标杆。

与美国类似，欧洲各国在第二次世界大战后也认识到建立专业航空监管机构的重要性，各自设立了相应的管理机构。然而，这种分散的监管模式在促进国内航空安全的同时，也带来了跨境飞行的复杂性与高昂成本，因为每个国家都有自己的安全标准和飞行规则。随着欧洲一体化进程的推进，特别是 1993 年欧洲联盟（EU）的正式成立，情况开始发生变化。《马斯特里赫特条约》的签署，为欧洲航空安全监管的一体化奠定了法律基础。随后，欧盟着手推动一系列立法改革，旨在消除成员国间的监管障碍，统一航空安全标准，降低运营成本，提高航空效率和安全性。

2002 年，欧洲航空安全局（European Aviation Safety Agency，EASA）正式

成立，标志着欧洲航空安全监管一体化达到了新的高度。EASA 不仅负责制定和实施统一的航空安全规则，还承担了飞机认证、维护、飞行员和空乘人员培训标准的制定工作，其影响力远远超出了欧洲，与全球各地的航空监管机构紧密合作，推动国际标准的统一。EASA 的成立极大地促进了欧洲航空市场的深度融合，提高了航空安全水平，降低了运营成本，同时也为全球航空安全监管树立了一个区域合作的成功范例。

在全球层面上，随着国际航空运输量的激增，确保航空安全成为所有国家面临的共同挑战。为此，国际民用航空组织（International Civil Aviation Organization，ICAO）发挥了核心作用。ICAO 是联合国的一个专门机构，致力于制定国际航空标准和推荐做法，促进全球航空运输系统的安全、有序和可持续发展。通过 ICAO，各国政府和航空监管机构能够就航空安全、空中交通管理、环境保护等议题进行协调与合作，确保全球航空安全标准的统一性和连贯性。

尽管 FAA、EASA 及 ICAO 等机构为全球航空安全奠定了坚实基础，但随着技术进步和行业变革，航空监管面临新的挑战。无人驾驶航空系统（无人机）、超音速飞行、太空旅游等新兴领域的兴起，要求监管机构不断创新监管模式，既要促进技术创新，又要确保安全不被忽视。气候变化和环境保护议题的紧迫性，也促使航空监管机构考虑如何在保障安全的同时，推动行业向更环保、可持续的方向发展。此外，加强国际合作，应对跨国恐怖主义、网络安全威胁等非传统安全挑战，也成为未来航空监管的重要课题。

总之，20 世纪中叶以来，民用航空监管体系经历了从分散到集中、从国内到国际的深刻转变，形成了较为完善的监管框架和国际合作机制。面对未来的挑战，持续创新、深化国际合作、平衡安全与发展的关系，将是航空监管不变的主题。

（三）整合与标准化：国际民航组织的引领

进入 21 世纪，随着全球化的加速发展，国际民航组织（ICAO）在促进全球航空安全、效率和可持续性方面的作用日益凸显,成为国际航空规则制定和全球航空政策协调的核心平台。作为联合国系统内负责处理国际民航事务的专门机构,ICAO的工作覆盖了从技术规范、安全标准到环境保护的广泛领域。其重要性不仅在于制定国际标准和推荐做法,更在于促进这些标准在全球范围内的实施和一致应用。

ICAO通过其191个成员国和众多行业伙伴,推动了全球航空运输系统的标准化与规范化,确保了国际航空安全和空中交通管理的高效运作。它的工作不仅局限于技术层面,还包括促进政策对话、技术援助、培训以及航空数据的收集与分析,从而为全球航空安全策略提供数据支持。

ICAO的安全管理框架是全球民航安全的核心。通过《国际民用航空公约》(芝加哥公约)及其附件,ICAO确立了一系列国际标准和建议措施,涵盖了从航空器设计、运营、维护到空中交通管理的各个环节。其中,ICAO的安全管理体系(SMS)和国家安全管理计划(SSMP)的推广,要求成员国建立全面的风险管理机制,将安全文化嵌入到航空业的每一个层面,极大地提升了全球航空安全水平。

面对空中交通量的持续增长,ICAO在空中交通管理(ATM)现代化方面发挥着领导作用。通过推动全球空中交通管理概念(GATM)的实施,包括自动相关监视-广播(ADS-B)、数据链通信、卫星导航技术(如GNSS)等的应用,ICAO助力各国提升空域容量,减少延误,提高燃油效率,同时降低环境污染。ICAO的"单一天空"倡议鼓励区域合作,减少空域分割,实现无缝的跨境飞行。

在全球气候变化的背景下,ICAO在航空环境保护方面的作用日益重要。它推动了国际航空碳抵消和减排计划(CORSIA),旨在稳定国际航空碳排放,同时促进可持续航空燃料(SAF)的研发和使用,以及更加高效的航空技术。ICAO还制定了噪声和排放标准,引导行业向更加环保的方向发展。

美国联邦航空管理局(FAA)和欧洲航空安全局(EASA)作为全球领先航空监管机构,它们在遵循ICAO标准的同时,根据自身国情和区域特点,进一步强化监管能力,制定更为细致和严格的国内标准。例如,FAA在航空器认证、飞行员训练标准和空中交通管制方面拥有丰富的经验，而 EASA 则在航空产品的统一认证、航空安全管理和环保标准上展现出了领导力。

这两个机构不仅在国内执行严格的安全监管，还通过与 ICAO 和其他国家的紧密合作，推动国际航空安全标准的整合与互认。例如，FAA 和 EASA 之间的双边航空安全协议，允许双方认可对方的认证和检查结果，减少了重复测试和认证程序，加速了航空产品进入市场，同时也促进了全球航空市场的开放和竞争。

随着全球航空运输需求的不断增长，国际民航组织（ICAO）以及各国航空监管机构面临着更加复杂和多元的挑战。作为全球航空规则制定和协调的核心，ICAO 制定的国际标准和推荐措施，为全球航空安全、效率和环境保护提供了基础框架。而 FAA、EASA 等监管机构在遵循这些国际标准的同时，通过不断强化自身监管能力和推动国际合作，促进了国际航空安全标准的统一和提升，为全球航空业的持续、健康、高效发展奠定了坚实的基础。未来，随着新兴技术的涌现、环境压力的增大以及全球治理体系的变化，ICAO 及其成员国和伙伴机构还需继续创新合作模式，应对新挑战，引领全球民航业走向更加安全、绿色和智能的未来。

（四）现代化与合作：应对新挑战的全球响应

进入 21 世纪，随着全球化程度的加深和技术的飞速发展，航空安全领域面临的挑战也呈现出前所未有的复杂性和多样性。传统的安全问题，如机械故障、人为错误等，依然需要持续关注，而新的安全威胁，如网络安全、恐怖主义、环境污染等，则对现有的民航监管体系提出了更高要求。这促使监管者必须采用更加现代化的管理工具和技术，以适应不断变化的安全环境。

风险管理（Risk Management）作为一种系统化的方法论，旨在识别、评估潜在风险并采取措施予以缓解或控制，以减少风险发生的可能性和影响。在航空安全领域，风险管理不仅是一种理论概念，而且被实际应用于飞行运营、维护维修、空中交通管理等各个环节，通过数据分析、情景模拟等手段，提前识别并消除或减轻潜在的安全隐患。

安全管理体系（Safety Management System，SMS）则是一个全面的、系统的框架，它要求航空企业从组织结构、政策、过程到文化等各个方面，都以安全为核心，建立自我监督、自我改进的机制。SMS包括四个核心要素：安全政策与目标设定、风险评估与管理、安全保证、安全促进。通过这四个环节的循环运行，航空企业能不断发现并改进安全缺陷，从源头上提升安全水平。

航空安保管理体系（Security Management System，SeMS）则是专门针对航空安全保卫领域建立的系统，它借鉴了SMS的理念，将风险管理方法引入安保工作中，强调预防、探测、响应和恢复四个阶段的综合管理，以预防和减轻潜在的恶意行为对航空安全的威胁。

在全球化背景下，航空安全威胁往往超越国界，国际合作成为必然选择。国际航空安全信息共享平台的建立，为各国提供了宝贵的沟通渠道，增强了对跨国安全事件的预警和应对能力。例如，国际民航组织（ICAO）的"全球安全信息交换网"（Global Safety Information Exchange，GSIX）促进了成员国之间安全信息的即时交流。此外，国际联合调查、联合演练等活动，不仅增强了各国间的互信，也提高了协同应对突发事件的能力，特别是在应对恐怖袭击、跨国犯罪等非传统安全挑战时，国际合作显得尤为重要。

21世纪的另一个显著特点是新兴航空技术的快速发展，尤其是无人机（Unmanned Aerial Vehicles，UAVs）的广泛应用，既为航空业带来了新的机遇，也引发了诸多监管难题。无人机在农业、物流、测绘、影视制作等领域展现出巨大潜力，但其无序飞行可能干扰正常空域秩序，对飞行安全构成威胁。因此，全球监管机构开始探索建立统一的监管框架，如ICAO发布的《无人机系统手册》（Manual on Remotely Piloted Aircraft Systems），为各国制定无人机监管政策提供了指导。许多国家和地区已经制定了无人机注册、驾驶员培训、飞行许可、地理限制等规定，以确保无人机活动在安全、有序的环境中进行。

随着环境保护意识的增强，航空业对环境的影响，尤其是碳排放问题，成为不容忽视的挑战。国际民航组织通过《国际航空碳抵消和减排计划》（*Carbon Offsetting and Reduction Scheme for International Aviation*，CORSIA）等法规，推动行业减少碳足迹,鼓励使用可持续航空燃料(Sustainable Aviation Fuels,SAF)、提高能效、优化飞行路径等技术与管理手段。监管机构还通过制定环保法规,推动航空公司采取环保措施,如征收碳税、限制噪声污染等,以促进航空业的可持续发展。

21世纪的航空安全监管,正面临着传统与新兴安全威胁交织的复杂局面,要求监管者采取更为积极主动的管理策略,利用现代化工具和方法,加强国际合作,同时应对新兴技术带来的挑战,确保航空业在安全、高效、环保的轨道上前行。随着科技的进步和社会的发展,未来航空安全监管体系还需不断进化,以适应新的挑战,保障全球航空业的繁荣与安全。

综上所述,国外民航监管的发展历程是一个不断适应、调整与创新的过程。从最初的宽松监管到如今的高标准、严要求,每一步都伴随着航空技术的进步、市场需求的变化以及国际环境的变迁。未来,随着技术的不断革新和全球化的深入发展,民航监管将继续面临新的挑战与机遇,但其核心目标——确保飞行安全、促进航空业健康发展,始终不变。

二、国内民航监管的发展历程

新中国成立以来,中国民航监管体系的构建与发展,伴随着国家整体经济和社会变迁的宏伟篇章,展现了一幅从无到有、由弱到强的壮丽画卷。中国民航监管的渐进式变革,不仅反映了国家现代化进程中的战略需求,也体现了对国际先进经验的借鉴与融合。

(一)初创与摸索阶段(1949—1978年)

在中华人民共和国成立初期,民航事业作为国家现代化建设的关键一环,肩负着重建国家交通网络、促进经济发展和维护国家安全的多重使命。这一时期,民航安全管理的实践处于草创与探索阶段,其发展轨迹深刻反映了当时的社会经济条件和国家发展战略的特征。

当时,中国民航几乎是从零开始的,基础设施极为薄弱,机队规模小且老旧，技术人员和管理人员严重匮乏。面对这样的起点，民航的安全管理更多依赖于直观经验和现场应急处理，缺乏系统的规划和科学的方法。当时的民航系统主要依靠苏联的援助，引进了少量飞机和技术人员，开始了初步的运营和服务。

在初创阶段，民航安全管理深受军事化管理风格的影响。由于民航在很大程度上服务于国防需求，如物资运输、紧急支援等，其管理方式带有浓厚的军队色彩，强调纪律、服从和执行力。这种模式虽然有助于快速响应国家紧急任务，但也限制了民航安全管理的系统化和专业化发展。

"飞飞整整，整整飞飞"体现了那个时代对安全问题的朴素认识和处理方式。这是一种典型的反应性安全管理，即在飞行中发现安全隐患后，通过临时停飞进行修复或调整，待问题解决后再继续飞行。这种方式虽然能够在一定程度上确保即时安全，但未能从根本上预防事故的发生，也无法实现持续的安全改进。

尽管条件艰苦，这一时期也孕育出中国民航早期的安全文化。飞行员、地勤人员以及管理者们在实践中形成了对安全的高度责任感和敬业精神，他们通过口口相传的经验分享和实际操作中的相互学习，逐渐积累了一定的安全管理知识和技能。这种文化基础为后来民航安全管理体系的建立和发展奠定了人文基石。

在美苏冷战背景下，中国民航在国际交流和技术引进方面受到限制，难以直接吸收西方发达国家先进的安全管理理念和技术。因此，这一阶段的民航安全管理更多依赖国内实践的总结和摸索，缺乏与国际先进水平的同步发展。

随着国家经济的逐步恢复和对外交往的增多，民航安全管理开始尝试向专业化转型。1963年，中国民航总局成立，标志着民航管理开始走向集中化和专业化，虽然初期的改革步伐缓慢，但为后续阶段的深入变革埋下了伏笔。这一时期，民航开始注重人才的培养和技术的自主研发，为安全管理的专业化奠定了初步的基础。

综上所述，1949年至1978年间，中国民航安全管理经历了从无到有、从粗放到逐步专业化的艰难起步过程。尽管面临重重困难，但这一阶段为后续的改革和发展积累了宝贵的经验，奠定了中国民航安全管理的基础框架。随着改革开放的春风，民航安全管理体系也将迎来深刻的变革与快速发展。

（二）经验积累与法规建立阶段（1978—1995 年）

随着改革开放的春风拂过，中国大地迎来了历史性的转折，经济的快速发展带动了各行各业的全面振兴，其中民航事业的变革尤为显著。在这场波澜壮阔的变革中，民航不仅实现了从封闭到开放的华丽转身，更在安全管理领域迈出了具有里程碑意义的一步，开启了从经验型管理向科学化、法治化管理的转型历程。

改革开放初期，中国民航面临的是一个相对落后、封闭的行业状况。飞机老旧、航线稀少、管理手段原始，加之国际交流受限，使民航在技术和管理上的滞后尤为突出。然而，随着国家政策的放宽，经济的快速增长催生了对航空运输的强烈需求，民航业迎来了前所未有的发展机遇。在此背景下，提升安全管理水平，保障飞行安全，成为民航业健康发展的首要任务。

在总结过往经验和教训的基础上，中国民航界开始深入探索和构建适合本国国情的安全管理体系。提出的"八该一反对"原则，具体包括：应当做好的飞行前准备、遵守飞行规则、正确判断气象条件、合理使用设备、保持良好心态、有效沟通协作、及时报告异常情况、认真进行飞行后总结，以及反对盲目蛮干。这一原则强调了飞行安全的多方面关键环节，要求飞行员及地面人员在每个细节上都做到位，从而避免事故的发生。

1995 年，《中华人民共和国民用航空法》的颁布，是中国民航安全管理法治化进程中的一个标志性事件。这部法律不仅为民航活动设定了基本的法律框架，明确了民航领域的权利与义务，更重要的是，它构建了一套完整的安全管理制度，包括航空器适航管理、飞行标准、空中交通管理、机场管理等各个方面，为行业的规范化、法治化发展提供了坚实的法律支撑。《中华人民共和国民用航空法》的出台，意味着中国民航安全管理由过去的经验主导转向了法律规范，为行业的长期稳定发展铺平了道路。

随着法治化的推进，中国民航在安全管理上也加速了与国际标准的对接。

一方面，积极参与国际民航组织（ICAO）的各项活动，学习国际先进的安全管理经验和技术标准；另一方面，着手建立和完善自身的安全管理体系（SMS），包括风险管理、安全政策、安全保证、安全促进等核心要素，力求从系统层面提升安全管理水平。此外，还加强了与国外民航机构的合作交流，通过技术引进、人员培训等方式，不断提升自身的安全监管能力和技术水平。

（三）规章导向与体系化监管（1996—2010年）

进入21世纪，中国民航监管体系在面对国内外航空业的迅速发展和市场需求的持续增长中，经历了一场深刻而全面的变革。这一时期，不仅是中国经济快速融入全球经济体系的关键阶段，也是中国民航从规模扩张向质量提升转型的重要时期。中国民用航空局（Civil Aviation Administration of China，CAAC）作为行业监管主体，扮演了至关重要的角色，其监管体系的演变和发展，不仅体现在安全监管的深化与精细化上，更体现在与国际标准的接轨以及对新技术、新挑战的适应上。

21世纪初，随着国际民航组织（ICAO）倡导的"安全管理体系建设"理念在全球范围内得到推广，中国民航局积极响应，将安全管理体系（Safety Management System，SMS）作为提升航空安全水平的核心工具。SMS强调在航空企业的各个层级建立一种以风险管理和持续改进为基础的安全文化，通过识别危险源、评估风险、实施控制措施、监测效果并持续改进的闭环管理流程，实现安全风险的主动预防和控制。这标志着中国民航安全管理从以往的被动应对安全事故，转变为事前预防和控制，极大地提高了安全管理水平和效能。

同时，针对日益严峻的空防安全挑战，中国民航局还引入了航空安保管理体系（SeMS），与SMS相辅相成，形成了一套全面的安全管理体系。SeMS特别注重对恐怖主义、非法干扰等非传统安全威胁的防范，通过系统化、程序化的方法，确保航空安保工作的有效性和适应性，进一步加固了航空安全的防护网。

为保障SMS和SeMS的有效实施，中国民航局在监管机制上进行了大刀阔斧的改革。首先，法律法规体系得到全面加强，修订了《中华人民共和国民用航空法》，并配套出台了多项规章，如《民用航空安全保卫条例》《民用航空安全信息管理规定》等，为航空安全监管提供了坚实的法律基础。其次，监管模式由单一的行政命令式转变为更加科学合理的分类分级监管，针对不同类型的航空企业和活动，采取差异化的监管策略，提高了监管的针对性和有效性。

此外，CAAC 加大了对行政许可、日常检查、违规处罚等环节的监管力度，确保各项安全规章得到严格执行。例如：通过建立航空器适航审定、航空公司运行合格审定等制度，严格把关航空器和航空公司的准入门槛；日常监督检查中，运用大数据、云计算等信息技术手段，提高安全监控的智能化水平；对于违反安全规定的单位和个人，实施严厉的处罚措施，形成强大的震慑效应。

在这一系列改革措施的基础上，中国民航局提出了"持续安全"理念，强调安全不是一时一地的达标，而是贯穿于航空运输全过程、全员参与的长期追求。这一理念要求从管理层到一线员工，都要树立安全第一的观念，通过不断学习、培训和实践，提升个人和组织的安全能力。同时，CAAC 推动建立了一套完善的持续安全改进机制，包括安全绩效监测、安全数据共享、安全文化培育等，确保安全管理水平能够随着行业发展和外部环境变化而不断优化。

在全球化背景下，中国民航监管体系的完善也离不开国际合作与标准的融合。CAAC 积极参与 ICAO 框架下的国际合作，不仅在规则制定、标准制定方面与国际接轨，还与其他国家和地区的民航监管机构开展紧密合作，共同应对跨国安全挑战。通过签署双边或多边航空安全协议，开展联合检查、信息共享、技术交流等活动。中国民航局在提升自身监管能力的同时，也为全球航空安全做出了积极贡献。

（四）组织化、系统化与深化创新（2011—2020 年）

随着中国经济社会的持续高速发展，民航作为国家重要战略产业的地位日益凸显，其监管体系也迈入了一个全新的发展阶段。这一时期，中国民航监管不再单纯依赖传统的人力密集型模式，而是朝着科学化、精细化的方向转型，以适应航空运输量的激增和行业发展的新需求。

"飞行安全、廉政安全、真情服务"体现了对安全、廉洁、服务三大核心价值的高度重视。飞行安全是民航业的生命线，任何时刻都不能放松；廉政安全则是确保行业健康发展的重要保障，通过建立健全的反腐机制，维护公平竞争的市场环境；真情服务则强调以人为本，提升旅客体验，促进民航服务质量的持续提升。围绕这三条底线，监管体系进一步细化，从航班运行、机务维修、空管服务到机场管理等各环节，均设置了明确的标准和严格的监管措施，确保每一项工作都在高标准、严要求下进行。

随着 SMS 与 SeMS 的深化应用，监管模式也更加灵活多样，启动了差异化监管试点。这意味着监管机构不再是"一刀切"，而是根据航空企业的规模、业务类型、历史安全记录及当前风险水平等因素，设计个性化的监管方案。比如：对安全记录良好的航空公司，可以适当减少检查频次，鼓励其自主管理；而对于存在风险隐患的航空公司，则加大监管力度，实施更加频繁的检查和指导。这种差异化的监管策略，既体现了监管的灵活性，又确保了监管的有效性和针对性。

"提站位、压责任、严管理、抓三基、强执行"的安全管理策略，是这一时期监管体系升级的又一亮点。提站位，即要求从国家战略高度出发，将民航安全提升到国家公共安全的高度来考虑；压责任，强调从最高管理层到一线员工，层层压实安全管理责任，确保每一级都能明确自己的职责；严管理，是指通过建立健全的规章制度，严格执行标准，不留任何安全漏洞；抓三基，即抓基层、打基础、苦练基本功，强化一线人员的专业技能和安全意识；强执行，意味着提升执行力，确保各项安全政策和措施得到有效实施，形成闭环管理。

法治建设是保障民航监管工作高效开展的基石。这一时期，中国民航在立法、执法、司法等多方面均取得显著成效。《中华人民共和国民用航空法》《中华人民共和国安全生产法》等相关法律的修订和完善，为民航监管提供了更加坚实的法律依据。同时，加大对违法行为的惩处力度，特别是对安全违规行为的零容忍态度，有效震慑了潜在的违法者，维护了法律的尊严和权威。

(五)智能化与国际化(2020年至今)

步入新时代,中国民航监管领域的发展呈现出前所未有的活力与创新,标志着智能化、国际化监管新时代的到来。这一时期,中国民航不仅在技术应用、管理理念上实现了跨越式的进步,还在全球民航治理体系中扮演了日益重要的角色,为全球航空安全与行业发展注入了新的动力。

在智能化监管的推动下,中国民航利用大数据、云计算、人工智能等先进技术,构建起了一个全面的航空安全信息综合分析系统。这套系统不仅能够实时收集和处理来自航班运行、维修记录、气象预报、旅客信息等多源数据,而且通过高级算法和模型,对数据进行深度挖掘与分析,准确识别潜在的安全风险和运行效率瓶颈,实现对安全隐患的早期预警和快速响应。

比如:智能分析系统能够预测飞机部件的故障概率,提前安排维修保养,避免因机械故障导致的延误或事故;利用机器学习技术,对复杂气象条件下的飞行路径进行优化,提升航班准点率和燃油效率;结合人脸识别、生物识别等技术,加强机场安全检查的精确性和便捷性,提升旅客体验。通过这些智能化手段,监管工作的精度和效率得到了大幅提升,实现了从被动应对到主动预防的质变。

在国际化层面,中国民航监管机构积极参与国际民航组织(ICAO)框架下的国际合作。通过多边交流与合作,不仅在航空安全、环境保护、技术创新等领域与世界各国紧密合作,还积极参与全球航空标准和规则的制定,推动国际民航安全标准的统一与提升。

具体而言,中国在 ICAO 等国际平台上,通过分享智能化监管的成功经验和技术成果,为全球航空安全治理提供了"中国方案"。例如,中国在无人机监管、电子飞行包(Electronic Flight Bag,EFB)应用、空中交通管理自动化系统等方面的技术创新,为国际民航规则的制定提供了有益参考。同时,中国还与美国、欧盟、俄罗斯等国家和地区签订了双边航空安全协议,加强在安全检查、适航认证、飞行员训练等方面的互认与合作,促进了国际航空运输的顺畅与安全。

随着中国民航实力的增长,其在国际规则制定中的地位与话语权也在不断提升。中国专家在 ICAO 技术委员会和工作组中发挥着重要作用,参与制定了一系列国际标准和建议措施,如《国际民用航空公约》附件的修订、航空安保标准、空中航行服务程序等,确保了中国利益的充分表达,也促进了全球航空规则的公平与合理。此外,中国还积极参与航空碳减排、环境保护等全球议题,推动绿色民航发展,展现了负责任大国的形象。

综上所述,中国民航监管的发展历程是一部不断学习、探索与创新的历史,它不仅是中国民航事业蓬勃发展的缩影,也是中国对外开放、融入全球经济体系的生动体现。面向未来,中国民航监管将继续沿着智能化、国际化、绿色化的发展路径,为构建更加安全、高效、绿色的全球航空运输体系贡献力量。

三、比较分析与未来展望

(一)监管趋同与差异

在全球化的背景下,民航监管体系的发展呈现出一种既趋同又存异的复杂格局。趋同性主要体现在对安全这一核心价值的普遍认同以及对国际民航组织(ICAO)标准和建议措施的广泛采纳。各国在制定本国的民航政策和法规时,通常会参照 ICAO 的标准框架,确保国际航空运输的顺畅与安全。比如,对于飞行员培训、飞机适航认证、空中交通管理等关键领域,全球范围内都遵循相似的指导原则和要求。

然而,在趋同的大趋势下,不同国家和地区的民航监管体系仍然保留了各自的特色和差异,这主要受制于各自的政治体制、经济发展水平、文化背景以及航空业的发展现状。以美国和中国为例,两国的监管体系展现了明显的差异性。

美国:作为全球最大的民用航空市场,美国的监管体系倾向市场驱动和技术创新。美国联邦航空管理局(FAA)在确保安全的前提下,鼓励航空企业通过技术创新来提升效率和服务质量,同时对新兴技术如无人机、城市空中出行交通(UAM)持较为开放的态度。FAA 在法规制定过程中,注重利益相关方的广泛参与，鼓励公众评论和反馈，以实现监管政策的透明性和适应性。

中国：相比之下，中国的民航监管体系则更加强调政府的引导作用和系统的规划布局。中国民用航空局（CAAC）在推动行业发展的同时，注重宏观调控和长远规划，通过一系列五年规划和专项计划，有序推动航空基础设施建设、航空安全管理和航空服务质量提升。在技术创新方面，中国同样不遗余力，但更注重技术应用与国家整体发展战略的协同，如"一带一路"倡议中的航空互联互通。

（二）共同面临的挑战

在全球范围内，民航监管机构面临着一系列共同的挑战。这些挑战既包括传统问题的演变，也涉及新兴领域的拓展。

1. 无人机普及：监管新领域的探索与平衡

无人机技术的迅猛发展，特别是消费级和商业级无人机的广泛应用，为物流、农业、摄影、应急救援等领域带来了革命性的变革。然而，无人机的普及也对空域安全构成了前所未有的挑战。一方面，如何在保护传统有人驾驶航空器的安全飞行空间的同时，合理规划无人机的飞行区域，成为监管机构必须解决的问题。另一方面，无人机的非法使用，如侵犯隐私、非法拍摄，甚至用于恐怖活动等，也对公共安全构成了威胁。

为应对这一挑战，各国监管机构正在探索建立或完善无人机注册制度、驾驶员培训与考核体系、飞行审批流程，以及无人机追踪与识别技术。比如：美国联邦航空管理局（FAA）实施了小型无人机注册制度，并划分了不同的飞行区域，限制无人机在敏感区域如机场附近的飞行；欧洲航空安全局（EASA）则发布了《无人机通用规则》，旨在创建一个统一的欧洲无人机市场，确保无人机安全、公平地融入现有空域。

2. 空中交通管理现代化：技术革新与效率提升

随着全球空中交通量的持续增长，原有的空中交通管理系统（ATM）已难以满足日益增长的需求，空中拥堵、延误、燃油消耗增加等问题日益突出。推动空中交通管理现代化，采用先进的通信、导航、监视（CNS）技术，如自动相关监视-广播（ADS-B）、卫星导航系统（如 GPS 和伽利略系统），成为提升空域容量和飞行效率的关键。此外，实施基于性能的导航（PBN）和空中交通流量管理（ATFM）也是现代化的重要组成部分。

空中交通管理的现代化不仅要求技术升级，还需要国际上的紧密合作，确保新技术的全球兼容与互操作性。ICAO 在此过程中扮演着至关重要的角色，通过制定国际标准和推荐措施，推动全球 ATM 系统的一致性和效率提升。例如，美国的"下一代航空运输系统"（Next Gen），以及欧洲的"单一天空"（Single European Sky），都是为空中交通管理现代化而实施的重大项目。

3. 网络安全：守护数字天空的安全边界

随着航空系统数字化程度的不断加深，从航班运营、地面支持到空中交通控制，越来越多的环节依赖于网络和数据。这使航空系统成为网络攻击的潜在目标，一旦遭受攻击，不仅可能导致航班延误、数据泄露，严重时还可能危及飞行安全。因此，保护航空信息系统免受黑客入侵，确保乘客数据和飞行安全，已成为全球民航监管机构的重要议题。

为了应对网络安全挑战，监管机构需加强与航空公司的合作，制定全面的网络安全政策和应急预案，提升网络安全意识，定期进行系统审计和漏洞检测。此外，国际合作也必不可少，通过共享威胁情报、建立国际安全标准和响应机制，共同抵御跨国网络攻击。例如，国际航空运输协会（IATA）和国际民航组织（ICAO）都在推动航空网络安全框架的建立，以指导全球航空业的安全防护工作。

4. 环境保护：航空业绿色转型的紧迫任务

航空旅行的快速增长使其成为全球碳排放的重要来源之一，航空业的碳足迹问题日益受到全球关注。面对气候变化的严峻挑战，如何在促进航空业持续发展的同时，减少温室气体排放，实现碳中和目标，是全球民航监管机构共同面临的课题。这要求从技术、运营、政策等多方面入手，推动航空业的绿色转型。

具体措施包括但不限于：鼓励使用可持续航空燃料（SAF）、研发更高效的发动机和飞机设计、优化飞行路径以减少燃油消耗、推广碳抵消和碳交易机制、实施航空环境税和排放标准。例如，欧盟的《欧洲绿色协议》中就包含对航空业减排的具体目标和措施，而国际上也在推动国际航空碳抵消和减排计划（CORSIA）的实施，力求在全球范围内减少航空碳排放。

综上所述，全球民航监管机构面临的挑战是多维度、跨领域的，它们相互交织，共同构成了民航业未来发展的复杂图景。为了应对这些挑战，需要创新思维、国际合作、技术革新以及政策的灵活适应，以确保航空安全、效率和可持续发展并重，为全球航空业的未来铺设坚实的基础。

（三）未来发展趋势

基于上述挑战，全球民航监管的未来趋势可以概括为以下五个方面：

1. 数据驱动与风险评估

在数字化时代，数据已成为推动民航监管变革的关键驱动力。随着大数据分析、机器学习、人工智能等技术的不断成熟与应用，未来的民航监管将更加依赖于数据的实时收集、分析与解读，以实现对安全风险的精准预测与有效管理。这种转变意味着监管决策将更加科学化、精细化，能够针对特定场景和个体化需求进行定制化监管，而非一刀切的普遍性措施。

风险评估将不再是静态的年度或季度报告，而是转变为动态的、实时更新的监控系统，通过算法模型识别潜在安全威胁，如设备故障、人为失误、天气异常等，并在风险发生前采取预防措施。此外，数据分析还能帮助监管机构识别高风险区域和操作，从而优化资源配置，如增加对繁忙航线、复杂气象条件下飞行的监控力度，或是在特定机型、航空公司发现趋势性问题时进行针对性干预。

2. 跨部门、跨国界合作

全球化的航空网络使航空安全与效率问题不再局限于一国之内，而是需要国际社会的共同应对。未来，跨部门、跨国界的协作将更加紧密，以应对诸如跨境飞行安全、全球气候影响、恐怖主义威胁等共同挑战。国际民航组织（ICAO）和国际航空运输协会（IATA）等国际组织的作用将愈发显著，它们不仅在制定国际标准、促进标准互认等方面发挥核心作用，还将推动跨境数据共享和联合执法行动，如共享航班安全信息、恐怖分子名单、可疑货物监测等，确保航空安全的无缝衔接。

3. 可持续性发展

面对全球气候变化的紧迫挑战，环保与可持续性已成为民航监管不可或缺的一部分。监管机构将积极推动航空业的绿色转型，鼓励和支持创新技术的研发与应用，如电动飞机、混合动力飞机、氢能源飞机等零排放解决方案。同时，推广使用可持续航空燃料（SAF）以替代化石燃料，以及通过优化飞行路径、提高飞行效率等措施减少碳排放。为了确保这些目标的实现，监管机构将制定相应的激励措施，如税收优惠、补贴政策，以及必要的约束机制，如碳排放配额、环境税等，以推动航空业向低碳、环保方向发展。

4. 旅客体验与服务创新

随着消费者对旅行体验期望的不断提升，未来民航监管在确保安全与效率的基础上，也将越来越注重提升旅客体验和服务质量。这包括加强对旅客权益的保护，如在航班延误、取消、行李丢失等情况下的赔偿标准；制定并监督服务质量标准，确保航空公司提供舒适、便捷的乘机体验；对新型服务模式的监管准备，如超级高铁、城市空中交通等未来出行方式。这些都需要监管框架的预先设计，以平衡创新与安全、公平竞争与消费者保护。

5. 法规灵活适应性

技术的快速迭代给民航监管带来了前所未有的挑战，如何在保护安全的同时，促进技术创新和行业发展，成为监管机构必须要解决的难题。因此，未来的民航法规将更加注重灵活性和适应性。这意味着法规的制定和修订将更加频繁，以及时响应新兴技术带来的挑战，如无人机、人工智能驾驶等。同时，监管者需在鼓励创新与防范风险之间找到平衡点，避免过度监管抑制创新，同时也防止监管缺失导致安全漏洞。

面对快速变化的环境与层出不穷的挑战，全球民航监管的未来无疑是一条充满机遇与挑战的道路。它要求监管者具备前瞻性的视野，利用最新的技术手段，加强国际合作，推动行业向更加安全、高效、绿色、创新的方向发展。在这个过程中，既要有对传统监管模式的改革勇气，也要有对新兴事物的包容态度，最终目的是创造一个既能满足当前需求，又能引领行业健康可持续发展的监管环境。全球民航界需携手合作，共同应对挑战，开启一个安全、高效、环保、智能化的航空新时代。

第二节 以企业为中心、数据驱动的新型监管模式

在航空业这一高度专业化、技术密集型的领域，监管的效率与质量直接影响飞行安全、服务质量及整个行业的可持续发展。传统的以专业为中心的监管模式，在确保技术标准、维护安全底线方面发挥了重要作用。但随着全球民航业的快速发展，其固有的局限性逐渐暴露，尤其是在面对日益复杂的运营环境和不断提升的公众期待时，转型成为一项迫切任务。本节将深入探讨民航监管模式转型的背景，特别是从专业分割到以企业整体为视角的转变，并结合民航业的特殊性，分析这一转型的必要性与紧迫性。

一、传统民航监管模式的回顾与反思

民航监管的传统模式根植于高度专业化的分工体系之中，每个监管领域

（如飞行运行、航空器维修、空中交通管理、机场安全等）都有其独立的法规、标准与专门的监管团队。这种模式的优势在于能够确保每个专业领域的深度监管，保证技术要求的严格遵守，但同时也伴随着以下三个方面的问题：

（一）信息孤岛与协同困境

在民航监管领域，信息孤岛现象主要表现为各个专业领域间的监管信息缺乏有效的整合和共享，每个领域都积累了大量的数据和信息。然而，由于历史原因、技术限制以及管理体制等多方面的因素，这些信息往往被局限在各自的领域内，难以实现有效的整合和共享。

这种信息孤岛的现象对民航业监管部门的监管工作产生了多方面的影响。首先，它限制了监管部门对航空企业运营风险的全面评估能力。在缺乏全面信息支持的情况下，监管部门很难对航空企业的运营风险进行全面的分析和评估，从而无法制定出科学、合理的监管措施。其次，信息孤岛也阻碍了监管部门对系统性问题的发现。在航空企业的运营过程中，许多问题往往不是孤立的，而是相互关联、相互影响的。如果信息无法实现有效的整合和共享，那么这些问题就很容易被忽视或遗漏，从而给航空安全带来潜在的威胁。

除了信息孤岛外，民航业监管部门在监管航空企业的过程中还面临着协同困境。这种协同困境主要表现为监管部门与航空企业之间、监管部门内部各部门之间以及与其他监管机构之间的协同不足。

首先，监管部门与航空企业之间的协同不足表现为信息沟通不畅、合作意愿不强等。这导致监管部门难以及时获取航空企业的运营数据和信息，无法对航空企业的运营情况进行有效的监管。同时，这也使航空企业难以从监管部门那里获得必要的支持和指导，影响其运营效率和安全水平。

其次，监管部门内部各个部门之间的协同不足表现为职责不清、信息共享不畅等。这导致监管部门在监管过程中容易出现重复劳动、资源浪费等问题，同时也影响了监管效率和效果。

最后，监管部门与其他监管机构之间的协同不足表现为信息共享不畅、监管标准不一等。这导致监管部门在与其他监管机构进行联合监管时容易出现信息不对称、监管重复或遗漏等问题，影响了整个监管体系的协同性和有效性。应对复杂性挑战的局限：随着航空运输网络的扩张、新技术的应用（如无人机、空域改革）以及乘客需求的多样化，民航运营的复杂性大大增加。传统监管模式在处理这些跨领域、跨系统的复杂问题时显得力不从心。

（二）应对复杂性挑战的局限

随着全球航空运输网络的不断扩大和技术的迅猛发展，航空运营面临着前所未有的复杂性挑战。新技术如无人机的广泛应用、空域管理的持续改革，以及乘客需求日益多元化，这些变化在带来效率提升和创新服务模式的同时，也对传统的民航业监管框架提出了严峻考验。面对这些跨学科、跨领域的复杂性挑战，传统的监管模式显得力不从心，无法有效整合各方面的信息，形成对全局性、系统性问题的深入理解和高效应对。因此，民航业监管部门需要积极探索新的监管策略和方法，以应对新时代的挑战。

在当前的航空运营环境中，复杂性挑战主要表现在以下几个方面：

（1）技术创新的快速发展：无人机技术的广泛应用为航空运输带来了全新的模式，但同时也带来了安全、隐私和监管等多方面的问题。如何在保障无人机安全飞行的同时，确保其与传统商用航班的共融而不产生冲突，是监管部门需要面对的重要挑战。

（2）空域管理的持续改革：随着空中交通流量的不断增加，空域管理面临着巨大的压力。如何在推动空域改革以提高空中交通容量的同时，有效管理和减少环境污染，确保航空运输的可持续发展，是监管部门需要解决的另一大难题。

（3）乘客需求的多元化：随着人们生活水平的提高和消费观念的转变，乘客对航空服务的需求也日益多元化。如何满足乘客的不同需求，提供个性化、高品质的服务，同时确保航空安全和服务质量，是监管部门需要关注的重要方面。

在面对这些复杂性挑战时，传统的民航业监管模式显得力不从心。这主要体现在以下几个方面：

（1）监管视野的局限：传统监管模式往往侧重特定环节或单一维度的监督与控制，难以形成对全局性、系统性问题的深入理解。例如，在无人机监管方面，传统模式可能只关注无人机本身的安全性能，而忽视了其与传统航班共融的潜在风险。

（2）信息整合的困难：传统监管模式在信息整合方面存在困难，难以有效整合各方面的信息，形成对航空运营全面、深入的认识。这导致监管部门在决策时往往缺乏足够的信息支持，难以制定出科学、合理的监管措施。

（3）监管协同的不足：传统监管模式在跨部门、跨领域的协同方面存在不足，难以形成有效的合作机制。这导致监管部门在应对复杂性挑战时往往力不从心，无法形成合力解决问题。

（三）被动应对与预防机制的缺失

在全球航空运输业蓬勃发展的今天，民航安全管理的重要性日益凸显。然而，在民航业监管中不难发现，合规性检查及其存在的问题往往占据了主导地位，而风险预防机制则相对缺失。这种现状不仅影响了民航安全管理的效果，也制约了行业的健康发展。

合规性检查是民航行业监管的重要组成部分，通过对航空运营活动的各个环节进行监督和检查，确保航空运营符合既定的法规和标准。然而，在实际操作中，合规性检查存在以下问题：

（1）机械式检查：合规性检查往往过于依赖既定的法规和标准，缺乏对实际情况的深入分析和判断。这种机械式的检查方式难以发现潜在的风险和问题，也无法提供有针对性的改进建议。

（2）监管资源有限：由于民航业的复杂性和广泛性，合规性检查需要投入大量的监管资源。然而，在实际操作中，监管资源往往有限，难以满足全面、深入的监管需求。这导致一些重要的环节、领域可能无法得到有效的监管和检查。

与合规性检查相比,风险预防机制在民航业监管中相对缺失。这主要体现在以下几个方面:

(1)预防意识不足:传统的民航业监管往往注重事后处理和合规性检查,缺乏对风险预防的重视。这导致从业人员和管理层对潜在风险的识别和控制能力较弱,难以有效地预防事故的发生。

(2)风险识别不全面:由于缺乏有效的风险预防机制,民航业在风险识别方面存在不足。一些潜在的风险和问题可能无法被及时发现和识别,从而增加了事故发生的可能性。

(3)应对措施滞后:风险发生后,由于缺乏有效的预防机制,民航业往往只能采取事后应对措施。这种滞后的应对方式不仅无法及时消除风险,还可能对航空运营造成更大的损失。

二、以企业整体为中心监管模式的必要性

随着民航业的快速发展,航空安全与运营效率成为行业内外关注的焦点。传统的监管模式往往侧重对单一专业领域的合规性检查,而忽略了企业作为一个整体在安全管理与运营效率方面的全面考量。然而,随着对民航业安全管理的深入研究与实践,研究者逐渐认识到,只有从企业整体层面出发,全面审视企业的安全文化、组织结构、管理体系等宏观因素,以及它们之间的相互作用,才能真正实现航空安全与运营效率的提升。

(一)以企业整体为中心的监管模式概述

以企业整体为中心的监管模式,是一种全新的监管理念和方法。它要求监管者不仅关注单个专业领域的合规性,更要从企业层面审视其安全文化、组织结构、管理体系等宏观因素,以及它们如何相互作用,共同影响航空安全和运营效率。这种监管模式的核心在于,将航空公司视为一个有机整体,通过对其内部各个要素的全面监管和评估,实现对企业运营的全面掌控和优化。

（二）促进全面风险管理

在以企业整体为中心的监管模式下，促进全面风险管理成为首要任务。监管者通过整合各专业领域的数据与信息，从更高层次识别企业运营中的风险点，推动航空企业建立并完善全面风险管理体系。这种全面风险管理体系不仅包括对飞行操作、机务维修、空管指挥等传统安全领域的监管，还涉及市场策略、财务管理、人力资源管理等非传统安全领域的风险管理。通过全面风险管理体系的建立和完善，航空公司能够更好地预见和应对各种潜在风险，提高运营效率和安全水平。

在全面风险管理的实施过程中，监管者需要注重以下几个方面：首先，要建立完善的风险识别机制，通过收集、分析各类数据和信息，及时发现和识别潜在风险；其次，要制定科学的风险评估标准和方法，对潜在风险进行量化分析和评估；最后，要制定有效的风险应对措施和预案，确保在风险发生时能够迅速响应并控制风险。

（三）强化安全文化与组织效能

安全文化与组织效能是航空企业安全运营的两大基石。在以企业整体为中心的监管模式下，强化安全文化与组织效能成为重要的监管目标。监管者通过将企业整体作为监管对象，深入分析和塑造企业安全文化，确保组织结构、政策制度、人员培训等均服务于安全目标。同时，监管者还注重提升组织效能，通过优化企业组织结构、完善政策制度、加强人员培训等措施，提高企业内部的自我监控与持续改进能力。

在安全文化的塑造过程中，监管者需要关注以下几个方面：首先，要营造积极向上的安全氛围，让员工充分认识到安全的重要性；其次，要加强安全教育和培训，提高员工的安全意识和技能水平；最后，要建立完善的安全奖惩机制，激励员工积极参与安全管理工作。

在组织效能的提升方面，监管者需要关注以下几个方面：首先，要优化企业组织结构，确保各部门之间的职责明确、协作顺畅；其次，要完善政策制度，确保企业运营符合法律法规和行业规范；最后，要加强人员培训和管理，提高员工的综合素质和执行力。

（四）适应性与灵活性

面对行业变革和技术创新，以企业为中心的监管模式更注重对航空公司的动态评估。监管者通过灵活调整监管重点和要求，促进技术创新与管理模式创新，增强行业整体的适应性与竞争力。这种适应性与灵活性不仅体现在对新技术、新设备的监管上，还体现在对新兴业态、新商业模式的监管上。加强对新技术、新设备的监管和评估，确保航空公司能够充分利用先进技术提升运营效率和安全水平；同时，加强对新兴业态、新商业模式的监管和评估，促进民航行业的创新发展和转型升级。

在增强适应性与灵活性的过程中，监管者需要关注以下几个方面：首先，要保持对新技术、新设备的敏感性和前瞻性，及时了解行业动态和技术发展趋势；其次，要加强对新兴业态、新商业模式的研究和分析，制定相应的监管策略和要求；最后，要与航空公司保持密切沟通和合作，共同推动行业创新发展和转型升级。

三、民航监管模式转型的实践路径

实现监管模式的转型是一项复杂且细致的工作，它要求在多个维度上做出细致入微的调整和努力，以确保转型过程既有效又合规。以下是在这一过程中需要特别关注的几个关键实践路径：

（一）构建监管数据集成与共享平台

监管单位应致力于构建一个安全且合规的数据集成与共享平台，专注于整合来自各个监管环节的数据，而非直接处理或分析航空企业的运营数据，以充分尊重数据隐私与商业秘密。这一平台应设计成一个高度安全的信息交换中心，允许在确保数据脱敏、去标识化处理的基础上，实现监管相关数据的实时交流与综合分析。监管数据的范围可以涵盖安全检查报告、合规审计结果、事故调查资料等，通过这些数据的整合，为监管决策提供全面的信息支撑，而不触及企业的敏感运营信息。同时，平台应支持多层次访问权限管理，确保不同级别、不同职责的监管人员能够获取到相应权限内的数据，以此来提高监管的针对性和有效性。

（二）强化数据分析能力

在不触碰企业运营数据隐私的前提下，监管单位应积极引入和开发先进的数据分析工具和技术，如人工智能、机器学习算法，专注于对监管数据集进行深度分析和模式识别。这些技术的应用能够帮助监管者从大量监管记录中快速发现趋势、异常和潜在的规律，如通过分析历史违规案例预测未来可能出现的监管漏洞，或识别监管资源分配的优化空间。同时，通过利用数据可视化技术，将复杂数据分析结果转化为易于理解的图表和报告，使监管决策过程更加直观、高效，确保监管行动的精准定位和及时响应。

（三）人才培养与国际合作

人才是监管模式成功转型的基石。监管机构应着重培养具有跨学科知识背景的复合型人才，特别是那些熟悉法律、信息技术、航空业务及风险管理的专家。通过定期培训、学术交流、实战演练等方式，监管人员的综合分析、决策支持和问题解决能力得以提升。此外，积极参与国际民航组织（ICAO）、国际航空运输协会（IATA）等国际机构的培训项目和研讨会，不仅可以学习借鉴国际最佳实践，还能促进国际的监管经验交流与标准一致性，为全球航空安全监管体系的协同工作打下坚实基础。

（四）政策与法规的修订与完善

为支撑监管模式的转型升级，有必要对现有政策与法规进行审慎评估和适时修订。确保政策导向能够体现以企业为中心的监管思想，鼓励企业自主建立健全的安全管理体系，同时明确界定企业在数据上报、事故通报等方面的义务与权利，保障企业数据隐私与商业秘密的同时，激励企业主动分享非敏感的安全相关信息。此外，应根据行业发展和技术进步（如无人机应用、空中交通管理创新）适时调整法规框架，确保监管政策的前瞻性和适应性，为新技术的合理应用和安全管理提供法律依据。

总之，通过构建监管数据集成与共享平台、强化数据分析能力、注重人才培养与国际合作、适时修订与完善政策法规，监管单位可以有效推进监管模式向以企业为中心的现代监管体系转型。这一转型不仅有助于提升监管效率与质量，还能促进航空企业的自我管理与持续改进，最终共同推动航空业的安全、高效和可持续发展。在此过程中，保持对数据隐私的尊重与保护，以及对国际合作的开放态度，将是实现全球航空监管协同进步不可或缺的关键要素。

第三节　以企业为中心的综合监管策略

在现代社会，民航业作为国家重要的交通运输方式，其安全和效率受到了极高的关注。因此，民航业的监管工作方式也在不断地演进和优化。现有的监管工作方式本质上是以专业为中心组织信息来开展的，将企业分割成不同的专业系统来管理和看待。这种方式在确保各专业领域的监管深度和专业性方面有其优势，但在处理跨专业、整体性问题时可能会显得力不从心。

一、组织系统理念的监管

民航业作为现代交通运输体系的重要组成部分，其安全、高效、有序的运营对于保障人民群众出行安全、促进经济社会发展具有重要意义。随着民航业的快速发展和市场竞争的加剧，民航企业的运营活动变得日益复杂和多元化，这对民航行业监管部门提出了新的挑战。传统的监管方式往往侧重对民航企业的各个专业领域进行分割式管理，但这种方式已经难以适应新的监管需求。因此，基于组织系统理念的监管方式应运而生，强调从全局的角度出发，关注民航企业作为一个整体的组织系统的问题。

（一）全局视角的监管

基于组织系统理念的监管方式要求民航业监管部门具备全局视角，将民航企业视为一个完整的组织系统。这意味着监管部门需要关注民航企业的各个方面，包括运营管理、飞行安全、服务质量、机场协同等，并了解这些方面如何相互关联、相互作用。

在全局视角的监管下，民航业监管部门可以更加全面地了解民航企业的运营状况和风险状况。例如，在评估民航企业的飞行安全时，监管部门不仅需要考虑飞行员的技能和经验、飞机的维护状况等因素，还需要考虑民航企业的运营管理、服务质量等因素对飞行安全的影响。这种全面的评估方式可以更加准确地反映民航企业的实际状况和风险水平。

（二）综合评估与监管

基于组织系统理念的监管方式强调对民航企业的综合评估与监管。这包括对民航企业的组织结构、管理体系、经营状况、财务状况、社会责任等方面进行全面的评估和监管。

在综合评估与监管中，民航业监管部门需要运用各种工具和方法，如数据分析、风险评估、现场检查等，对民航企业的各个方面进行深入了解和评估。通过综合评估与监管，民航业监管部门可以更加全面地了解民航企业的整体状况和风险水平，并据此提出更具针对性和有效性的监管建议。

（三）跨领域、跨专业的合作与交流

基于组织系统理念的监管方式要求民航业监管部门具备跨领域、跨专业的知识和能力。因为民航企业的运营活动涉及多个领域和多个行业，如飞行安全、机务维护、运营管理、市场营销等。因此，民航行业监管部门需要具备广泛的专业知识和实践经验，以便更好地了解民航企业的运营状况和风险状况。

在跨领域、跨专业的合作与交流中，民航行业监管部门可以与其他相关部门和机构进行密切合作与交流。例如，在评估民航企业的飞行安全时，民航行

业监管部门可以与飞行员、机务人员、空管人员等进行深入交流和合作，共同分析和解决飞行安全方面存在的问题。这种跨领域、跨专业的合作与交流可以更加全面地了解民航企业的运营状况和风险状况，提高监管的效率和效果。

二、信息共享平台的建立

在民航业中，为了确保飞行安全、提高运营效率以及维护消费者权益，对民航企业的严格监管至关重要。然而，传统的监管方式往往受限于信息分散、数据不透明等问题，导致对民航企业的监管存在盲点和不足。为了克服这些挑战，建立信息共享平台成为一种有效的解决方案。

（一）现有信息平台面临的挑战

民航现有信息平台面临着多方面的挑战，包括但不限于以下方面：

（1）信息分散：民航企业的运营数据、安全记录、客户反馈等信息往往分散在多个部门和系统中，导致监管部门难以获取完整、准确的信息。

（2）数据不透明：部分民航企业可能存在数据隐瞒或虚假报告的情况，导致监管部门难以了解企业的真实运营状况。

（3）监管效率低下：传统的监管方式往往需要人工收集、整理和分析大量数据，效率低下且容易出错。

（二）信息共享平台的建立要求

为了解决民航企业监管面临的挑战，可以建立一个专门针对民航企业的信息共享平台。该平台应具备以下特点：

（1）全面性：能够全面收集民航企业的运营数据、安全记录、客户反馈等信息，确保监管部门能够获取完整、准确的信息。

（2）实时性：能够实时更新民航企业的运营数据，确保监管部门能够及时了解企业的最新动态。

（3）安全性：采取一系列安全措施，确保平台数据的安全性和完整性，防止信息泄露和非法访问。

在建立信息共享平台时，需要注重以下几点：

（1）明确数据收集范围：根据监管需求，明确需要收集的数据类型、来源和范围，确保平台能够收集到全面、准确的信息。

（2）建立数据标准：制定统一的数据标准和规范，确保不同来源的数据能够相互兼容和比较。

（3）加强数据质量控制：对收集到的数据进行质量检查和控制，确保数据的准确性和可靠性。

（三）信息共享平台的功能特点

信息共享平台在民航企业监管中具有以下功能特点：

（1）数据整合与展示：将民航企业的各类信息进行整合和集中展示，方便监管部门快速了解企业的运营状况和安全状况。

（2）实时数据更新：实时更新民航企业的运营数据，确保监管部门能够及时了解企业的最新动态。

（3）数据分析与挖掘：运用数据挖掘、机器学习等先进技术，对民航企业的运营数据进行分析和挖掘，发现潜在的风险和问题。

（4）定制化服务：根据监管部门的不同需求，提供个性化的数据展示和分析服务，满足不同监管需求。

（四）信息共享平台在民航企业监管中的应用

信息共享平台在民航企业监管中具有广泛的应用前景，具体体现在以下几个方面：

（1）支持企业评估：通过信息共享平台，监管部门可以全面了解民航企业的运营状况、安全记录等信息，对企业进行客观、全面的评估。

（2）加强安全监管：实时获取民航企业的安全记录、事故报告等信息，对存在安全隐患的企业进行重点监管和整改，确保飞行安全。

（3）提高监管效率：通过信息共享平台，监管部门可以自动收集、整理和分析数据，减少人工操作，提高监管效率。

（4）促进企业自律：信息共享平台可以公开展示民航企业的运营数据和安全记录等信息，接受社会监督，促进企业自觉遵守法律法规和行业规范。

信息共享平台在民航企业监管中发挥着重要作用。建立信息共享平台，可以克服传统监管方式的局限性，提高监管效率和准确性，为民航企业的安全、高效运营提供有力支持。同时，在信息共享平台的建立过程中，需要注重信息安全和合规合法性的要求，确保平台的稳定运行和长期发展。

三、跨专业的综合研判

在民航业监管的精细化、系统化趋势下，跨专业的综合研判成为行业监管部门一个至关重要的环节。这一环节不仅要求行业监管部门对航空企业的各个方面有深入的了解，还需要具备跨专业的视野和综合能力。特别是在编制行政检查计划或进行企业情况的季度分析时，跨专业综合研判的重要性更是凸显无遗。

（一）跨专业综合研判的必要性

民航业的监管工作涉及飞行安全、机务维修、空中交通管理、旅客服务等多个专业领域，每个领域都有其独特的技术标准和管理要求。然而，在实际监管过程中，这些问题往往相互交织、相互影响，单一的专业知识难以全面、准确地评估航空企业的整体状况。因此，跨专业的综合研判成为行业监管部门的必然选择。它能够帮助监管部门整合不同专业的信息和资源，从更宏观、更全面的角度对航空企业进行分析和判断。

跨专业综合研判的必要性还体现在对潜在问题的发现和预防上。在监管过程中，不同专业处室可能会发现各自领域内的问题，但这些问题往往只是冰山一角。通过跨专业综合研判，行业监管部门可以将这些问题串联起来，揭示其背后的深层次原因，从而及时发现并消除潜在的安全隐患和管理漏洞。这种前瞻性的监管方式对于保障民航业的安全稳定具有重要意义。

（二）跨专业综合研判的实践路径

在民航业监管中，跨专业综合研判的实践路径主要包括以下几个步骤：

1. 信息归集与整理

在编制行政检查计划或进行企业情况的季度分析时，行业监管部门需要召集对该企业有监管职责的各专业处室，将涉及该企业的行政许可审查、持续监督检查过程中发现的问题以及同类企业高频发生问题的SID等信息归集在一起。这要求各专业处室在日常工作中加强信息共享和沟通协作，确保信息的准确性和完整性。同时，还需要建立专门的信息管理系统，对归集的信息进行整理、分类和存储，以便后续的分析和研判。

2. 定期召开跨部门会议

为了加强跨专业综合研判的针对性和实效性，行业监管部门需要定期召开跨部门会议。会议中不仅讨论单一航空企业的具体问题，还要讨论这些问题背后的原因以及如何通过改进监管策略来预防类似问题的发生。在会议中，各专业处室可以充分交流意见和看法，共同分析问题的症结所在，并提出切实可行的解决方案。这种跨部门协作的方式有助于打破专业壁垒，形成合力，共同推动民航业的健康发展。

3. 综合分析与研判

在跨部门会议的基础上，行业监管部门需要对归集的信息进行综合分析和研判。这包括对航空企业的整体状况进行评估、对存在的问题进行深入剖析、对潜在的风险进行预测和评估等。通过综合分析和研判，行业监管部门可以形成对航空企业全面、深入的认识，为后续的监管工作提供有力的支持。

4. 制定针对性的监管措施

在综合分析与研判的基础上，行业监管部门需要制定针对性的监管措施。

这些措施应该既符合民航业的整体发展趋势和要求，又能够针对具体企业的实际情况进行量身定制。例如：对于存在安全隐患的航空企业，可以加强对其的监督检查力度和频次；对于服务质量不佳的航空企业，则可以要求其加强员工培训和服务流程优化等。通过制定针对性的监管措施，行业监管部门可以更加精准地解决航空企业存在的问题，提升民航业的整体安全水平和服务质量。

综上所述，跨专业的综合研判在民航业监管中具有重要意义。它不仅能够帮助行业监管部门全面、深入地了解航空企业的整体状况并发现存在的问题，还能够为后续的监管工作提供有力的支持。未来，随着民航业的不断发展和变化以及新技术、新模式的不断涌现，跨专业综合研判的作用将会越来越重要。因此，行业监管部门需要不断加强对跨专业综合研判的研究和实践探索，以更好地服务于民航业的安全和发展。同时，也要意识到跨专业综合研判是一个复杂而繁琐的过程，需要各专业处室的密切配合和共同努力才能够取得实效。

第四节　数据驱动下的民航监管模式探索

随着信息技术的迅猛发展，数据已成为推动民航企业监管创新的关键力量。民航业监管部门正积极利用数据挖掘和分析技术，从海量数据中提取有价值的信息，以实现对民航企业运行状况的全面监控和精准管理。本节将探讨数据驱动下的民航企业监管新模式，分析其在提高监管效率、保障飞行安全方面的作用。

一、数据驱动监管的重要性

在民航领域，飞行安全始终是行业发展的基石，是每一个航空从业者不可动摇的核心目标。然而，随着民航业的不断壮大和复杂化，传统的监管方式已经逐渐显露出其局限性。传统的监管模式往往依赖于现场检查和事后调查，这种方式不仅效率低下，耗费大量的人力和物力资源，而且往往难以全面、准确地揭示民航企业运营过程中的潜在安全隐患。

相比之下，数据驱动的监管方式以其独特的优势，正逐渐成为民航监管领域的新宠。数据驱动监管的核心在于充分利用现代信息技术手段，对民航企业的运行数据进行深度挖掘和分析。这些运行数据包括飞行数据、维护记录、安全事件报告等，它们是企业运营过程中产生的宝贵资源，蕴含着丰富的信息。

通过数据驱动监管，民航业监管部门可以更加全面、准确地了解民航企业的运营状况和安全水平。通过对数据的深度挖掘和分析，监管单位可以发现企业运营过程中存在的问题和隐患，从而及时采取措施进行整改和完善。这种监管方式不仅能够提高监管效率，降低监管成本，还能够提高监管的针对性和有效性，更好地保障飞行安全。

此外，数据驱动监管还能够为民航企业提供更加科学、合理的监管决策支持。通过对数据的分析，监管单位可以了解企业的运营状况和发展趋势，为企业的战略规划和发展提供有价值的参考。同时，监管单位还可以根据数据分析结果，制定更加科学、合理的监管政策和措施，推动民航业的健康发展。

综上所述，数据驱动监管在民航领域具有重要的应用价值。它不仅能够提高监管效率、降低监管成本，还能够更好地保障飞行安全、推动民航业的健康发展。因此，民航业监管部门应该积极探索和实践数据驱动监管模式，为民航业的繁荣和发展贡献力量。

二、数据驱动监管的实践探索

（一）监管数据的深度挖掘

民航业监管部门实施数据驱动监管的实践中，旨在通过对民航企业运行过程中产生的大量数据进行细致、系统的分析，以揭示隐藏在数据背后的深层次问题，从而为监管决策提供有力支撑。

首先，监管单位可以对企业运行过程中产生的不安全事件信息进行深度挖掘。这些不安全事件信息包括但不限于飞行事故、事故征候、安全隐患等，它们都是企业运营过程中可能遇到的问题的直观体现。通过对这些信息的归类分析，监管单位能够识别出事件发生的规律、原因以及影响范围，进而评估其对飞行安全可能构成的威胁。

其次，监管单位还可以对监管过程中发现的问题进行深度挖掘。这些问题可能来自现场检查、专项检查、投诉举报等多个渠道，它们反映了企业在运营管理、安全保障等方面存在的不足。通过对这些问题的细致分析，监管单位能够发现企业在组织系统、管理体系、人员培训等方面的深层次问题，从而为企业提出有针对性的整改建议。

在深度挖掘的过程中，监管单位可以运用各种先进的数据分析技术和工具，如数据挖掘算法、机器学习模型等，以从数据中提取有价值的信息。例如，通过对飞行事故征候的深入分析，监管单位不仅可以发现导致事故发生的直接原因，如飞行员操作不当、机械故障、天气影响等，还可以进一步挖掘出这些原因背后的深层次因素，如企业管理体系的漏洞、人员培训的不足等。这样监管单位就能够更加全面、深入地了解企业的运营状况和安全水平，为后续的监管决策提供更为准确、科学的依据。

通过监管数据的深度挖掘，民航业监管部门能够及时发现企业存在的问题和隐患，并督促企业进行整改完善。这不仅有助于提升企业的安全水平，降低飞行事故的发生率，还能够为整个民航业的安全发展奠定坚实基础。同时，深度挖掘还能够为监管单位提供丰富的数据支持，帮助监管单位制定更加科学、合理的监管政策和措施，推动民航业的健康发展。

（二）引入第三方机构的数据分析支持

为了探索更全面洞悉民航企业运行机制的新途径，民航业监管部门可以考虑引入第三方专业数据分析机构作为一项重要的创新尝试。这一前瞻性的策略构思，旨在通过借助外脑的专业智慧和先进分析手段，拓宽信息获取的边界，深化数据解读的层次，从而为监管决策提供前所未有的洞察力与科学依据。

第三方数据分析机构凭借其在数据分析领域的深厚造诣和对民航业的深刻理解，有望为企业带来全新的视角和更高质量的数据分析报告。他们不仅能够扩大传统监管数据的收集范围，触及以往难以企及的角落，还能利用其卓越的数据处理能力，深挖数据背后的逻辑，揭示企业运营效率与安全管理中可能被忽略的细节。这种深度合作模式，预示着监管单位将能够以前所未有的精度，把握企业的实际运行状况和管理水平，为制定更加精准、高效的监管策略铺平道路。

在这一构想框架下，第三方机构将根据监管单位设定的目标与标准，系统性地追溯企业自成立以来的监管数据轨迹，并对照企业自主开展的法定自查数据进行详尽的对比分析。这样的双向验证机制，旨在通过外部视角与内部自查结果的碰撞，精准定位企业管理体系中的薄弱环节，诸如组织架构的不完善、管理流程的低效性等，进而对整个管理体系的健全性与效能进行全面、客观的评判。这些分析成果，无疑将成为监管单位制定政策、指导企业改进的重要基石。

为了充分挖掘数据的潜在价值，探索中的合作还可以利用最前沿的数据分析技术和工具，如大数据分析、人工智能算法等，对海量数据进行深度挖掘。这些技术的应用，将使分析超越表象，触及更深层的关联与趋势，为预测企业未来运营中的风险点、优化资源配置、提升服务品质提供强大的技术支持。

此外，考虑到民航企业运营的复杂性和外部环境的多变性，第三方机构的分析还将跨越单一领域，整合多方面的外部数据，形成一个多维度、立体化的分析体系。这一综合分析框架，不仅能够帮助监管单位更全面地了解企业如何在复杂环境中应对挑战，还能为促进行业的持续创新与健康发展提供精准的政策引导。

当然，鉴于引入第三方机构仍处于探索阶段，确保数据安全与隐私保护成为必须前置考虑的关键问题。未来合作模式的设计将严格遵守相关法律法规，建立严密的数据保护机制和伦理准则，确保所有分析活动在合法、合规的轨道上运行。同时，也会规划实施一套完善的评估体系，对第三方机构的资质、工作流程及分析质量进行持续监督，以维护合作的高效性与透明度。

总之，引入第三方数据分析机构作为探索民航企业运行监管新机制的尝试，不仅是对现有监管模式的一次革新，更是推动行业治理现代化、促进民航企业持续进步的重要一步。这一创新合作，有望开启一个数据驱动、科学决策的民航监管新时代，为实现民航业的长期繁荣与可持续发展奠定坚实基础。

（三）多维度数据分析的应用

在当今数据驱动的时代背景下，民航业监管部门在推动数据驱动监管的实践中，可以采用一种全方位、多层次的数据分析策略。这种策略不仅限于对单一数据的深入挖掘，而且将不安全事件数据、法规符合性数据、法定自查数据以及行政检查发现问题的相关整改数据等多维度信息深度融合，构建一个立体化的企业运营与安全监管画像。

1. 多维度数据的收集与整合

民航业监管部门首先面临的是如何收集并整合这些多维度数据。不安全事件数据是监管工作的基础，它记录了民航企业在运营过程中发生的各种不安全事件，包括飞行事故、机械故障、人为失误等。这些数据的收集和分析，有助于监管单位了解企业的安全状况，识别潜在风险。

同时，法规符合性数据也是监管工作的重要组成部分。它记录了企业在运营过程中是否遵循了国家法律法规和民航规章制度，是否达到了规定的标准和要求。通过对这些数据的分析，监管单位可以评估企业的合规水平，发现企业在法规执行上存在的问题，并采取相应的监管措施。

此外，法定自查数据和行政检查发现问题的整改数据也是监管工作的重要参考。法定自查是企业自我监督的一种方式，企业通过对自身运营情况进行定期或不定期的检查，发现问题并及时整改。而行政检查则是监管部门对企业的监督方式之一，对企业的运营情况进行现场检查，发现问题并要求企业整改。这些数据的收集和分析，有助于监管单位了解企业的自查自纠能力和整改效果，为监管决策提供依据。

2. 数据驱动的安全监管分析

在收集并整合了多维度数据之后，民航行业监管部门可以运用数据驱动的分析方法，对企业的安全状况进行全面评估。

首先，监管单位将不安全事件数据与飞行安全数据结合来进行分析，通过数据关联和模式识别，揭示安全问题的深层次原因及发展趋势。这种分析有助于监管单位识别系统性风险和偶发事件的共性特征，为制定预防策略提供科学依据。同时，监管单位还可以根据分析结果，对存在安全隐患的企业进行重点监管和指导，确保企业的安全运营。

其次，监管单位将法规符合性数据与不安全事件数据进行交叉比对，分析企业在遵循安全规定上的不足之处。通过数据对比和趋势分析，监管单位可以迅速定位企业在法规执行上的薄弱环节，并采取相应的监管措施。例如，对于频繁出现违规行为的企业，监管单位可以加强监督检查力度，要求其加强法规培训和执行力度，提高合规水平。

同时，监管单位还可以将安全相关数据与航班运行数据、旅客服务数据等运营指标进行综合分析，从更广阔的视角审视企业的运营健康度。例如，通过分析不安全事件与航班延误、取消率之间的潜在联系，监管单位可以探索如何在保障安全的同时提升运营效率；结合旅客服务数据，监管单位可以进一步理解安全和服务质量之间的平衡点，引导企业优化服务流程，提高旅客满意度和市场竞争力。

3. 数据驱动的监管效能评估

除了对企业安全状况进行评估外，民航业监管部门还利用数据分析来评估自身的监管效能。通过对比分析法定自查数据和行政检查发现问题的整改数据，监管单位可以了解企业自查自纠的能力和效果以及外部监管的成效。这种分析有助于监管单位发现自身在监管过程中存在的问题和不足，并采取相应的改进措施。

4. 数据驱动的精准监管实践

在数据分析的基础上，民航业监管部门实践精准监管策略。精准监管不仅要求监管单位对企业的安全状况进行全面评估，还要求监管单位根据企业的实际情况和风险评估结果，制定个性化的监管措施。

例如，对于安全状况较好的企业，监管单位可以采取较为宽松的监管策略，减少对企业的干扰和负担；而对于存在安全隐患或违规行为的企业，监管单位则需要加强监督检查力度，要求企业加强安全管理、整改问题和提高合规水平。此外，监管单位还可以根据企业的特点和需求，提供针对性的培训和指导服务，帮助企业提高安全运营能力和市场竞争力。

三、数据驱动监管的成效与展望

通过数据驱动监管的实践探索，民航业监管部门已经取得了一定的成效。一方面，通过深度挖掘和分析企业数据，监管单位能够及时发现企业存在的问题并督促其进行整改完善；另一方面，通过引入第三方机构参与数据分析工作并注重多维度数据分析的应用，监管单位能够全面了解企业的运营状况和发展趋势，为监管决策提供更加科学、准确的依据。

展望未来，民航业监管部门将继续深化数据驱动监管的实践探索。一方面，将进一步完善数据分析方法和工具，提高数据分析的准确性和效率；另一方面，将加强与企业的沟通和协作，推动企业加强自我管理和自我完善。同时，监管单位还将积极探索与其他行业部门的合作，共享数据资源，实现跨行业的数据驱动监管，共同推动民航业的安全发展和可持续发展。

第三章

民航差异化精准监管

《运输航空公司差异化精准监管实施办法（试行）》作为一项旨在提升航空公司安全管理和运行水平的政策，明确指出差异化精准监管的核心是基于航空公司的机队情况、财务状况、安全基础、管理水平等差异，按照"基于规模分类、基于风险分级"的原则进行分类、分级，并相应调整监管模式和监察大纲。通过这种方式，监管资源得以合理调配，行政检查频次和组织方式得以优化，确保监管措施能够更加精准地应对不同航空公司和机场的特定需求。民航行政机关负责对全国范围内的航空公司差异化精准监管进行统一指导，制定机场分类分级标准和基于差异化的航空公司行政检查计划编制规则，而管理局和监管局则根据本地区或辖区的情况具体实施监管。政策还强调了机场运行安全形势分析的重要性，要求定期进行分析并根据结果采取相应的监管措施，从而推动机场的安全管理水平不断提升。

差异化精准监管的理论基础主要包括风险管理理论、信息不对称理论以及行为经济学等。风险管理理论帮助识别和评估潜在风险，通过科学的数据分析和风险评估，实现监管资源的最优配置；信息不对称理论则强调通过技术手段和制度设计减少监管者与被监管对象间的信息不对称问题，提高监管的有效性；行为经济学揭示了人的非理性行为特征，通过设计合理的激励与约束机制，引导被监管者的行为，达到更有效的监管效果。在实施原则上，差异化精准监管强调精准性、灵活性、合法性、公开透明以及协同性原则，确保监管措施根据不同对象的风险特征和业务特性进行精细化设计，适应外部环境和内部条件的变化，同时确保所有监管活动都建立在法律的基础上，并通过公开透明的程序增强公信力，最终通过政府、市场和社会多方的协同合作形成监管合力。

在实践中，差异化精准监管已在金融服务领域得到了广泛应用，如广东银保监局针对辖内农商银行的不同规模和发展特点，实施"分类指导、激励相容、宽严相济、精准监管"的原则，引导农商银行走向差异化、特色化、专业化发展道路，有效支持了地方经济的发展。而在航空安全领域，差异化精准监管同样发挥了重要作用，通过对航空公司安保绩效的动态监控，合理调配监管资源，有针对性地监督关键问题和潜在风险，实现了监管资源利用效率的最大化。此外，在危险品航空运输领域，民航局通过发布一系列政策文件，强调建立精准高效的安全监管长效机制，确保危险品安全高效运输。从上述实践案例可以看出，差异化精准监管不仅提高了监管的针对性和有效性，还促进了监管资源的优化配置，进一步保障了民航系统的安全稳定运行。

第一节　运输航空公司差异化精准监管

为了主动适应航空运输行业的发展规模和结构的新变化，以及航空公司运行体系和模式的新特点，2022年10月民航局印发《运输航空公司差异化精准监管实施办法（试行）》。该办法旨在通过实施差异化、精准化的分类分级监管，推动民航安全领域的体制机制改革及监管模式转型，从而提高安全监管效率，增强行业安全治理能力，有效防范和化解风险。

该办法的制定是为了促进航空公司提升安全管理和安全运行水平，确保民航业的持续健康发展，依据《中华人民共和国民用航空法》《中华人民共和国安全生产法》《中华人民共和国行政许可法》《民用航空安全管理规定》和《大型飞机公共航空运输承运人运行合格审定规则》等相关法律法规，明确了实施差异化精准监管的必要性和合法性。

差异化精准监管是指基于航空公司机队情况、财务状况、安全基础、管理水平等方面的差异，按照"基于规模分类、基于风险分级"的原则对航空公司进行分类、分级，并据此调整监管模式和监察大纲后实施的安全监管。该办法适用于国内大型飞机公共航空运输承运人的差异化精准监管工作，主要涉及飞标、维修、航务及航卫方面的监管优化，而运输及空防安保等方面也可参照实施差异化精准监管。

航空公司差异化精准监管应当遵循客观公正、量化评定、实事求是、动态管理的原则。对于差异化精准监管带来的监管工作量变化和资源调配需求，由各地区管理局依法依规负责辖区内各监管局的监管资源调配，民航局依法依规负责各地区管理局的监管资源调配。这一办法的实施有助于实现监管资源的有效配置，提升监管效率和质量。

一、分类与分级

航空公司的分类主要基于其规模，包括机队情况和安全基础两个维度，涉及飞机数量、可用座位数、航线数量、飞行员数量等四个方面的指标。根据这些指标，航空公司被赋予不同的权重：飞机数量的权重为 0.5，飞机座位数的权重为 0.2，航线数量的权重为 0.2，飞行人员数量的权重为 0.1。综合计算这些指标得出一个分类总分（S 分类总分），用于确定航空公司的类别。

具体来说，航空公司分类总分的计算方法为：S 分类总分=W1·S 飞机数量+W2·S 飞机座位数+W3·S 航线数量+W4·S 飞行人员数量。根据分类总分的结果，航空公司被划分为 A、B 两类，其中 A 类航空公司指的是 S 分类总分大于等于 0.9 的航空公司，而 B 类航空公司则是 S 分类总分小于 0.9 的航空公司。此外，纯货运航空公司由于其管理模式和机队组成的特殊性，被单独列为 C 类。

在基于规模分类的基础上，航空公司还需根据其机队情况、财务状况、安全基础和管理水平等四个维度及相关指标进行风险分级。航空公司分级总分的计算方法为：S 分级总分=100-S 扣分总分+S 加分总分。每一类航空公司被细分为 1、2、3、4 共四个级别，级别从高到低分别对应 90 分（含）以上、80 至 90 分、50 至 80 分（含）、50 分（含）以下四个分数段。

每一类航空公司分为 1、2、3、4 共四级。1 级航空公司是指那些分级总分超过或等于 90 分的航空公司；2 级航空公司分级总分在 80 至 90 分之间；3 级航空公司的分级总分介于 50 至 80 分（含）之间；而 4 级航空公司则是指那些分级总分低于或等于 50 分的航空公司。对于 4 级航空公司，可能被视为不具备安全生产条件，依据相关法律法规和规章，可能面临暂停运行或实施运行限制的处罚。

分类和分级的过程不仅考虑了航空公司的规模和发展水平，还充分考量了其财务健康状况、安全管理基础以及运营管理水平。这样的分类分级标准旨在通过科学合理的评估体系，准确反映航空公司的实际运营状况，为后续的差异化精准监管提供依据。

值得注意的是，纯货运航空公司因其独特的经营模式和机队构成，被单独归类为 C 类，这体现了对不同类型航空公司特性的充分考虑。民航局对航空公司进行细致入微的分类与分级，旨在建立一个更加符合行业发展现状的监管框架，以提升整体的安全监管水平。

二、监管原则与实施

针对不同类别的航空公司，民航行政机关采用不同的监管模式，以适应不同规模和风险等级的航空公司，从而提高监管的有效性和针对性。对于行业内超大规模的运输航空公司（A 类航空公司），采用合格证属地管理局成立合格证管理办公室（CMO）以及分支机构所在地管理局成立联合监管组（CMT）的监管模式或其等效模式，侧重"盯组织、盯系统"，实施集中统一的安全监管。对于尚未达到超大规模、以客运为主的运输航空公司（B 类航空公司），则采用合格证管理局为主导，分支机构属地监管为辅助的模式，结合"盯组织、盯系统""盯人、盯事"的监管方式，以实现更为全面的安全监管。而对于纯货运航空公司（C 类航空公司），则重点关注人员和飞机等核心要素的可靠性，采用合格证管理局为主导，分支集散中心所在地为辅的模式实施安全监管。

针对不同级别的航空公司，监管介入的程度也有所不同。对于 1 级航空公司，由于其管理水平较高，以自主管理为主，监管机构仅需低频次开展现场监察，并允许其在部分运行规范的条款变更时简化审批程序，更多地依赖于航空公司提交的材料。2 级航空公司则以常态化的监管为主，按照正常频次进行现场监察，确保其运行符合标准。对于 3 级航空公司，监管重点在于加强现场监察的频次，以高频次的现场监察为主要手段，确保其安全运行。对于 4 级航空公司，若发现其存在重大安全隐患，可能被视为不具备安全生产条件，依据相关法律法规和规章，可能会被暂停运行或实施运行限制，直至整改达标为止。

在同一分类中，对于评级较高的航空公司，在新开航线、加班、包机、设立分公司等方面会给予一定的政策倾斜，鼓励其高质量发展。这种差异化精准监管模式不仅能提高监管工作的针对性和有效性，也能促进航空公司的健康发展，激励其不断提升自身的安全管理水平。

三、评定程序与附则

民航局负责制定航空公司差异化评估标准，并向各地区管理局和相关航空公司公布分类、分级评定结果。同时，民航局还将制定和发布差异化监察大纲。各地区管理局根据民航局制定的航空公司差异化评估标准，按照合法、可靠的途径收集相关数据，对辖区内航空公司进行评估，并将评估结果报民航局评定。根据评定结果及差异化监察大纲，合理调配辖区内的监管资源，制订和实施监察计划。

航空公司分类分级评定的周期为三年。原则上应在上一评定周期结束前六个月启动新一轮评定工作，并在随后三个月内完成评定工作。评定周期内，各航空公司应每年定期进行自我评估。如果机队情况、财务状况、安全基础、管理水平中的客观指标发生重大变化，导致公司不再属于原类别或级别时，航空公司应向所在地地区管理局提交相关自评材料，并提出调整分类分级的申请。

评定周期内，当航空公司出现以下情形之一时，民航局相关职能部门、所在地地区管理局应按标准及时评估，如发生分类、分级变化，应及时向民航局提出调整分类分级的申请。这些情形包括：发生民用航空器事故（不包括空防事故）、发生《民航行业信用管理办法》认定的涉及安全生产的严重失信行为、发生重大违规违章事件或重大舆情事件，以及民航局、地区管理局认为必要的其他情形。调整后的分类分级评定结果将在下一年度由民航局连同年度监察大纲一并发布。

诚信、高效的报告文化是差异化精准监管有效实施的基本保证。航空公司在差异化精准监管实施过程中如出现瞒报、谎报等不诚信行为，将视情节严重程度给予降级处理，三年内不得提出调高等级的申请，并按照民航局关于诚信管理的有关规定进行处理。

第二节 差异化精准监管的理论基础与实施原则

差异化精准监管是一种现代监管理念，主要基于对不同对象、领域和情形的特定需求和特性进行精准、有针对性的监督和管理。这种监管模式强调通过科学的数据分析和风险评估，实现监管资源的最优配置，提高监管效率和效果。下面详细介绍其理论基础和实施原则：

一、理论基础

（一）风险管理理论

差异化精准监管依据的核心是风险管理理论，通过对各种潜在风险的识别、评估和分类，采取相应的预防和控制措施。这种理论认为，不同的行业、企业乃至业务活动的风险程度不同，因此需要实施不同程度和方式的监管。其应用主要体现在以下几个方面：

（1）风险识别与评估：差异化精准监管首先需要对行业、企业的风险进行识别和评估。风险管理理论提供了一套系统的方法和工具，如风险矩阵、事件树分析等，帮助监管部门全面了解潜在风险，并确定监管重点。

（2）风险优先原则：风险管理理论强调将有限的资源优先用于管理高风险领域和活动。在差异化精准监管中，监管部门根据风险评估结果，将重点放在高风险行业、企业或活动上，确保监管资源的有效利用。

（3）风险控制与治理：风险管理理论提供了一系列风险控制和治理措施，如风险转移、风险规避、风险减轻等。监管部门可以根据实际情况采取相应的监管措施，帮助企业有效管理和控制风险。

（4）监控与反馈：风险管理理论强调持续监控和反馈，及时调整风险管理策略和措施。在差异化精准监管中，监管部门需要建立有效的监测机制，对监管对象的风险状况进行跟踪和评估，及时调整监管策略，确保监管的有效性和适应性。

通过应用风险管理理论，差异化精准监管可以更加科学和有效地进行，有助于提高监管的准确性、精准性和效率性。

（二）信息不对称理论

在经济活动中，监管者与被监管对象之间往往存在信息不对称的问题。差异化精准监管通过技术手段和制度设计，尽可能减少信息不平衡，提高监管的有效性。信息不对称理论在差异化精准监管中扮演重要角色，其应用主要体现在以下几个方面：

（1）风险识别和评估：监管部门通常无法获取与企业相同的信息水平，导致信息不对称现象。差异化精准监管通过风险评估和数据分析，尽可能弥补信息不对称的影响，以便更准确地识别和评估行业、企业的风险水平。

（2）监管重点确定：信息不对称可能导致监管部门对行业和企业的真实情况缺乏全面了解，因此在确定监管重点时，监管部门需要依赖风险评估和数据分析等手段，以尽量减少信息不对称对监管决策的影响。

（3）监管手段和工具选择：监管部门在制定差异化精准监管策略时，需要考虑到信息不对称的存在，选择适合的监管手段和工具，以最大限度地弥补信息不对称带来的不利影响，并提高监管的有效性。

（4）信息共享和透明度提升：为缓解信息不对称，监管部门可以推动行业和企业信息的共享，提高监管透明度和公开度，使监管对象和监管部门之间的信息对称程度得以提升，从而更好地实现差异化精准监管的目标。

通过克服信息不对称的问题，差异化精准监管可以更加客观、科学地进行，提高监管的准确性和有效性，促进市场的健康发展。

（三）公共选择理论

此理论指出，监管机构和监管者也有追求自身利益最大化的倾向，可能会导致监管失灵或过度监管。差异化精准监管力求通过明确监管目标和责任，减少这种自利行为的影响。在差异化精准监管中，公共选择理论可以应用于以下几个方面：

（1）制定合理的监管框架：公共选择理论指出，监管过程容易受到特定利益集团的影响，因此需要建立公正、透明的监管框架，以确保监管政策不偏向某些特定利益集团，而是服务于整个社会的利益。

（2）引入专业评估和独立机构：为了减少特定利益集团对监管政策的影响，可以引入独立的专业评估机构或监管机构，负责对政策的制定和执行进行评估，确保政策符合整体社会的利益。

（3）公众参与和透明度：通过促进公众参与和增加政策制定的透明度，可以减少特定利益集团对政策的影响，增加政策的合法性和公正性。

（4）政策评估和调整：定期对监管政策进行评估和调整，以确保政策能够有效地达到预期的监管目标，并及时纠正可能出现的偏向或不足。

因此，公共选择理论可以帮助指导差异化精准监管的实践，确保监管政策能够更好地服务于整个社会的利益。

（四）行为经济学

行为经济学揭示了人的非理性行为特征，差异化精准监管利用这些知识，通过设计合理的激励与约束机制，引导被监管者的行为，达到更有效的监管效果。因此，在差异化精准监管中，行为经济学可以应用于以下几个方面：

（1）理解行为模式：通过分析人们的行为模式和决策偏差，可以更好地理解监管对象的行为，从而有针对性地设计监管政策。

（2）设计行为干预：基于行为经济学的理论，可以设计行为干预措施，引导监管对象做出符合监管目标的行为。比如，利用默认选项、奖励机制或者提供清晰简明的信息来影响监管对象的行为。

（3）提高遵从性：通过了解人们的心理和行为特征，可以设计更加有效的监管措施，提高监管对象的遵从性。比如，通过社会认可、名人效应或者群体影响来促进监管对象的合规行为。

（4）优化监管政策：行为经济学可以帮助评估监管政策的效果，并根据实际效果调整政策，使其更加贴合监管对象的行为特征和实际情况。

总的来说，行为经济学可以提供深入的洞察和指导，帮助设计和实施差异化精准监管，以更有效地实现监管目标。

二、实施原则

（1）精准性原则：监管措施需要根据不同对象的风险特征和业务特性进行精细化设计，确保监管的针对性和有效性。

（2）灵活性原则：监管策略和措施要能够灵活调整，适应外部环境和内部条件的变化，以应对新的挑战和风险。

（3）合法性原则：所有监管措施必须建立在法律的基础上，确保监管的正当性和法律的支持。

（4）公开透明原则：监管过程和结果应当公开透明，使监管对象、公众都能够理解监管的标准和依据，增强监管的公信力和接受度。

（5）协同性原则：监管不是单一机构的责任，需要政府、市场与社会多方协同合作，形成监管合力。

由以上理论基础和实施原则的应用可知，差异化精准监管旨在达到监管资源的最大效用，减少不必要的行政负担，同时提高监管的适应性和效果。这种监管模式在许多领域，特别是在金融、石油化工等领域已经开始实施和推广。

第三节 差异化精准监管的实践案例

在金融服务领域，差异化精准监管已被广泛应用，尤其是通过大数据和人工智能技术，监管机构能够更精确地分析金融机构的行为模式，从而实现更为有效的监管。例如，广东银保监局就根据辖内农商银行的不同规模和发展阶段，实施了差异化的监管措施，促进了农商银行的健康发展和地方经济的支持。同样，中国央行和银保监会对不同规模的银行采取差异化的监管政策，既能保证大型银行的稳健运营，又能支持小型银行服务地方经济发展。在航空安全领域，差异化精准监管的应用也颇具成效。将航空公司按规模和风险进行分类分级，并据此调整监管模式，实现了资源的合理配置。这不仅提高了监管效率，也促使航空公司加强自身的安全管理和运行水平，最终提升了行业的整体安全性。

这些实践表明，差异化精准监管通过精细化、个性化的监管措施，能够更好地适应被监管对象的特点和风险状况，进而提高监管的针对性和有效性。这种方法不仅减少了不必要的行政负担，还增强了监管措施的适应性和效果，为其他行业提供了有益的借鉴。

一、金融服务领域

金融服务领域的差异化精准监管是指针对不同类型的金融机构或金融产品，采取个性化、精准化的监管措施。这种监管模式在当前的金融市场中有着重要的意义，因为传统的一刀切监管模式可能会对市场产生过度的影响，同时也不能有效地应对日益复杂的金融创新和变革。

多数国家和地区正在逐步从传统的统一监管模式转向差异化精准监管模式。例如，欧盟、美国和中国都已经在不同程度上实施了针对不同类型金融机构的监管政策。随着大数据、人工智能等技术的发展，监管机构能够更准确地分析金融机构的行为模式，实现精准监管。如通过分析交易数据，可以更早地识别市场操纵行为或洗钱活动。监管重点逐渐从合规性检查转向风险评估和管理，强调对高风险领域和机构的重点监管。

（1）广东银保监局聚焦辖内农商银行市场定位和"大中小"差别，按照"分类指导、激励相容、宽严相济、精准监管"的原则，积极探索差异化监管方式方法，引领辖内农商银行走差异化、特色化、专业化发展道路。

农商银行在我国银行体系中扮演着重要角色，特别是在为"三农"和县域经济提供金融服务方面发挥着关键作用。它们坚持正确的改革发展方向，对于建立多层次、广泛覆盖、有针对性的金融市场体系，以更好地满足实体经济的结构性需求和多元化金融服务需求至关重要。在广东地区，农商银行的整体规模庞大，数量众多，但其发展存在明显的不均衡性，各家银行之间在资产规模、风险状况、经济环境和业务复杂程度等方面存在显著差异。

近年来，广东银保监局针对辖内农商银行的市场定位和"大中小"差异，遵循"分类指导、激励相容、宽严相济、精准监管"的原则，积极探索差异化监管的方式和方法，引导辖内农商银行朝着差异化、特色化、专业化的发展方向前进，为广东全面推进乡村振兴战略，促进区域协调可持续发展提供了有力的金融支持。

（2）中国央行和银保监会针对不同规模的银行制定了差异化的监管政策。

针对中国四大国有银行之一的工商银行，监管部门会更加注重其资本充足率、风险管理等方面的监管，以确保其在国内外金融市场的稳健运营。而对于小型农村商业银行，监管部门则更加注重其服务地方经济和小微企业的能力，采取灵活的监管手段支持其发展。

差异化精准监管在金融服务领域正逐渐成为主流，其能够更加准确地识别和应对系统性风险，提高金融市场的稳定性和抗风险能力。相比于一刀切的监管模式，差异化精准监管可以更好地适应金融创新的需求，为金融机构提供更大的发展空间。监管机构还可以根据不同机构的实际情况制定相应的监管政策，避免了资源的浪费。

但同时差异化精准监管在金融服务领域也面临诸多挑战和困难，差异化精准监管要求监管机构必须具备高度的专业能力和强大的技术支持，对监管机构的要求较高。如果监管标准不统一，可能会导致金融机构之间的不公平竞争，一些机构也可能会利用监管差异寻求监管套利。此外，制定和执行差异化精准监管政策需要大量的数据分析和管理工作，增加整体的监管成本。监管机构需要不断优化监管策略，合理利用科技手段，确保金融市场的稳定健康发展。

二、民航安全领域

安保绩效管理是航空安保管理体系（SeMS）中的一个关键组成部分，用于评估航空公司安保运行的整体能力水平。其有效性不仅关注结果，也关注达成安保目标的过程。因此，安保绩效管理旨在对达成安保目标的过程进行管理，包括基于安保数据、安保风险和安保运行趋势的动态监控。而这些因素也是监管机构执行差异化精准监管的重要依据。正确理解安保绩效管理有助于推动安保监管工作的有效开展。

安保体系差异化精准监管意味着根据航空公司安保运营的综合水平和安保绩效监测结果，合理调配监管资源，有针对性地监督关键问题和潜在风险，以实现监管资源利用效率的最大化。其目的在于将有限的监管资源集中用于企业相对薄弱的领域或环节，从而最大化监督效果。

以差异化精准监管为导向的安保绩效管理，对中国民航安保管理质量意义重大，是确保行业持续安全的关键支撑。

三、危险品航空运输领域

在危险品航空运输领域，民航局在政策层面陆续发布了《"十四五"航空物流发展专项规划》（民航发〔2022〕7号）、《民航局关于促进公共航空运输危险品高质量发展的指导意见》（民航发〔2021〕53号）等重要文件，旨在建立精准高效的安全监管长效机制。精准监管已成为危险品安全高效运输的首要要求。

在实际工作层面，危险品航空运输作为运输领域中最直接涉及安全的监管内容，具有高风险、高收益、高专业性和高关注度等特点。由于其运输链条长、涉及主体多、管理难度大，过于笼统的监管方法既会浪费资源，又会降低监管效果。引入精准监管理念能够使有限的监管资源发挥更大效能。有效监管将推动危险品航空运输高质量发展，对国民经济生产、人民健康生活、航空安全和航空物流服务质量提升具有重要意义。

例如，监管单位通过盯组织、盯系统、盯人、盯事的方式进行监管，关注行政相对人的运行环境和条件、新业态和新产品的进入等。同时，还需强调问题导向和预防性风险管控。可见，精准监管可以促进危险品航空运输的安全和高质量发展。

四、石油产业领域

中国石油辽河油田兴隆台采油厂位于中国辽宁省，是中国石油公司旗下的一个重要采油基地之一。2021年，该站创新开展了一体化监管、差异化监管、交叉-剖析式监督、党建+剖析式监管，累计检查生产作业场所3 141个，监管高风险施工741个，专职监督层面问题同比减少了338项，减少了10.5%，监督效能得到充分释放。

"差异化监管"改变了以往对所有井站"大水漫灌"的监督检查模式，依据站均问题率、问题整改率、标准化程度，动态地将井站分为三个层级，设置不同的监督周期，侧重对风险大、位置偏、隐患多的井站高密度"精准滴灌"。

不仅是专职监督，其他层级员工也没有成为安全管理的旁观者和局外人。该厂搭建厂级、科级、站队级"三级"监督架构，发挥专业、专职、属地"三位一体"联合监督效能，推行程序化、标准化、差异化监督。

精准管控，实施项目"清单制"管理。针对高风险生产和作业，辽河油田认真摸排15项业务重点项目风险，列出149条升级管理清单并下发，进一步明确所有高风险作业实施24小时以上预约管理，实现"5个升级"管控：作业许可审批升级、管控措施升级、现场监护升级、监督检查升级、调查问责升级。

强化落实，构建纵横一体管控体系。辽河油田研判生产现场风险点源，划分区域，实行"网格管控"：每日编制《施工（服务）情况分级监督表》，建立施工预约机制和管控责任清单，按施工内容、施工地点，确定一（红）、二（黄）、三（蓝）级风险管控登记，对应派出驻点监督，构建"整体区域、井场站场、重点部位"纵向监管网络。

这些具体案例展示了在不同行业中，监管机构如何针对不同公司的特点和业务模式，实施差异化精准监管，以确保其合规运营并促进行业的可持续发展。

第四章

基于数据驱动的民航生产经营单位安全运行水平评价

在 21 世纪这个数据洪流的时代，民用航空作为全球交通网络的动脉，其安全运行的重要性不言而喻。随着航班量的激增和航空技术的飞速发展，传统的安全管理方式正面临着前所未有的挑战与变革。这些挑战不仅源自技术故障、自然环境变化，还涉及人为错误、组织文化、信息交流不畅等多个层面，要求安全管理策略必须更为精细、敏捷和高效。在此背景下，数据驱动的理念逐渐成为提升民航安全管理水平的新航标。

本章从全球民航安全的宏观视角出发，首先探讨了民航生产经营单位组织体系建设，强调了组织体系在提升安全运行水平方面的重要性，并详细阐述了这一标准与基于数据驱动的安全运行水平评价之间的关联。其次概述了数据驱动安全理念的兴起背景与重要意义，探讨其在应对现代航空安全挑战中的独特优势。最后深入剖析数据驱动评价方法的核心要素，包括数据源的多样性、数据预处理的必要性、评价指标体系的构建原则与关键指标选择，以及分析模型与预测算法的应用。本章通过理论与实践的紧密结合，展现如何将庞杂的数据转化为可操作的安全管理洞察，助力民航生产经营单位实现安全运行水平的量化评价与动态监控。

第一节 民航生产经营单位组织体系建设

本节探讨了民航生产经营单位组织体系建设标准，并详细阐述了这一标准与基于数据驱动的民航生产经营单位安全运行水平评价之间的关联。通过对安全文化与风险管理、组织设计与结构、人力资源与授权、学习与改进以及监控与评估等五个维度的深入分析，本节揭示了如何通过构建稳健的组织体系来提升民航业的安全运行水平。

安全文化和风险管理维度强调了零缺陷意识文化的建设，通过制度化实施首要安全原则和推广可靠性文化，确保组织能够在日常运营中有效识别并管理潜在风险。这与基于数据驱动的安全运行水平评价相辅相成，因为高质量的数据收集和分析是发现问题、解决问题的关键。

组织设计与结构维度通过分散式决策支持系统、关键环节冗余策略实施以及扁平化沟通与跨级合作，旨在创建一个能够快速响应变化并有效处理突发事件的组织架构。这种结构上的优化有助于提高基于数据的安全评价结果的准确性和及时性。

人力资源与授权维度则通过一线员工赋权、多层次专家网络搭建以及持续职业发展路径规划，确保组织内员工具备必要的技能和动力来维持高水平的安全标准。这对于数据驱动的安全运行水平评价至关重要，因为员工的表现直接关系到数据的质量及其应用的效果。

在学习与改进及监控与评估维度中，通过事故反馈循环、预期管理和应急模拟训练、创新与技术采纳促进机制，以及综合性监控体系的构建和数据驱动的性能评估与优化，组织能够不断进步并在安全管理上达到更高的标准。这些措施有助于确保安全运行水平评价的持续改进，并且是基于实际数据和经验教训的科学评估。

总之，民航生产经营单位组织体系建设标准的各个维度共同作用于提升组织的安全运行水平，并且与数据驱动的安全运行水平评价相互促进，形成了一个良性循环，推动着民航业向着更加安全的方向发展。

一、安全文化与风险管理

（一）构建零缺陷意识文化

构建零缺陷意识文化是民航生产经营单位提升整体安全水平的关键举措之一。这种文化的核心在于培养一种对偏差和错误零容忍的态度，确保每个员工都意识到即使是微小的失误也可能引发严重的后果。组织需要从高层领导到基层员工全面树立起"安全第一"的观念，让每个人都成为安全的守护者。例如，航空公司可以定期举办安全意识培训，邀请行业内的安全专家举办讲座，分享国内外安全事故案例，以此来强化员工的安全责任意识。

为了使零缺陷意识文化真正落地生根，必须建立一套有效的透明报告机制。这套机制应该鼓励员工积极报告任何异常情况，无论是实际发生的偏差还是潜在的失败迹象，而无需担心因此受到惩罚或责备。例如，某航空公司在内部设立了匿名报告热线和电子报告平台，员工可以随时提交他们观察到的问题，无论是飞行中的技术故障，还是地面服务中的安全隐患。这样的机制不仅能够及时捕捉到问题，还能通过数据分析预测未来的风险点，从而防患于未然。

此外，对于报告上来的问题，组织应设立专门的团队负责跟进和分析。这个团队需要有能力对所有异常情况进行深入调查，找出根本原因，并制定出具体的纠正措施。比如，当发现飞机维护过程中存在某些重复出现的小问题时，分析团队就应该仔细研究这些问题背后的原因，是因为流程上的漏洞、操作上的失误还是工具设备上的不足。只有这样，才能确保类似问题不会再次发生，进而提升整个系统的安全性。

最终，所有的报告和分析结果都应该被用来作为提高安全性的宝贵信息来源。组织可以通过定期的安全总结会议，将这些信息汇总起来，形成经验教训的集合，供全体员工学习参考。例如，通过编制《安全警示通报》或者内部发布《安全简报》,把分析结果和改善建议传达给每一位员工,使其明白每一个细节的重要性,从而在日常工作中更加注重安全细节的把控。这种持续的信息共享机制不仅能增强员工的责任感,还能促进安全文化的不断深化和发展。

(二)首要安全原则的制度化实施

首要安全原则的制度化实施是确保民航生产经营单位能够长期稳定运行的基础。这意味着在制定任何业务决策时,首先要考虑的是安全因素,而不是成本、效率或其他经济利益。这种原则不能仅仅停留在口号上,而是要在制度和实践两方面得到落实。为此,组织需要制定一套完整的安全管理体系,将安全优先的理念融入各项规章制度中去。

首先,要在制度层面上明确安全优先的地位。这要求企业在制定年度工作计划和长期发展战略时,都要将安全目标放在首位。例如,某航空公司可能会在其企业愿景中明确提出"安全是首要使命",并在公司的各项规章制度中反复强调这一点。此外,公司还可以设立专门的安全管理部门,由高级管理人员直接领导,以确保安全管理拥有足够的权威和资源。

其次,安全优先的原则还体现在日常运营中。企业应当建立和完善一系列的安全管理程序,如定期的安全审计、风险评估以及应急预案的演练等。通过这些程序,组织可以确保所有的业务活动都在安全可控的状态下进行。例如,在飞机维护领域,每一次检修都需要按照严格的安全检查表来进行,确保每一项检查都不遗漏,任何不符合安全标准的情况都要立即整改。

为了使安全成为一个持续关注的焦点,企业还需要建立一个持续的风险管理流程。这个流程应该包含风险识别、风险评估、风险控制和风险监测等多个环节。例如,在航班调度中,如果遇到恶劣天气预报,相关部门就必须重新评估飞行计划的风险,并采取相应措施,如调整航线或推迟起飞时间,以确保旅客和机组人员的安全。

另外,为了进一步巩固安全文化,企业还需要将安全绩效纳入员工的绩效考核体系中。这意味着在评价员工的工作表现时,安全记录将是一个重要的考量因素。例如，对于飞行员来说，除了飞行技术和乘客满意度外，他们的安全飞行记录也将直接影响个人的晋升机会和奖金分配。这样不仅可以激励员工更加重视安全，还可以帮助企业在人才选拔和培养过程中更好地识别那些具有强烈安全意识的优秀员工。

最后，要确保安全优先原则的制度化实施，企业还需要不断地进行安全教育和培训，以提升员工的安全意识和技术水平。通过定期的安全培训课程，如紧急撤离演练、防火防爆知识讲座等，员工可以时刻保持警惕，并掌握最新的安全操作规程。这样，即使是在面对突发状况时，员工也能够迅速做出正确的反应，从而最大限度地减少事故的发生。

（三）可靠性文化的普及与深化

可靠性文化的普及与深化对于民航生产经营单位而言至关重要，它不仅涉及日常运营的每一个细节，更是组织长期发展的基石。这一理念要求每个员工都能够自觉地参与到风险识别和预防中来，形成一种全员参与的安全氛围。

首先，普及可靠性文化需要从员工培训入手。组织应定期开展各种形式的安全教育和培训，确保每位员工都了解自己的岗位职责，知道如何在工作中识别潜在风险。例如，某航空公司可以针对不同岗位的员工设计专门的培训课程，如针对地勤人员的行李搬运安全培训，针对空乘人员的紧急撤离演练等。这些培训不仅能提升员工的专业技能，也能让他们在日常工作中更加警觉，能够及时发现并上报任何可能威胁到安全的问题。

其次，要深化可靠性文化。组织还需要建立一个开放的信息交流平台，鼓励员工分享自己的经验和观察到的问题。这种平台可以是一个内部网站、论坛或是定期召开的经验交流会。例如，通过每月的安全研讨会，员工可以分享各自在工作过程中遇到的安全隐患，讨论解决方案，并提出改进建议。这种做法不仅能增强员工之间的沟通与协作，还能够集中大家的智慧，共同寻找最佳实践。

除此之外，组织还应当避免对问题进行简单化的解释，而是要深入挖掘问题的本质，从根本上解决问题。这意味着在处理安全事件时，不仅要追究直接责任人的责任，更重要的是通过根本原因分析找出导致问题发生的深层次原因。例如，当发生一起飞机滑行过程中轮胎爆裂的事件后，除了对维修人员进行调查外，还需要进一步审查供应链管理、零部件质量控制以及日常维护流程等方面是否存在不足，从而避免类似事件的发生。

为了进一步提高组织对复杂系统管理的可靠性，企业还需要建立一套完善的问题反馈机制。员工在发现潜在风险或实际问题时，应该有一个便捷的渠道可以迅速报告，并且能够得到及时的响应。例如，通过设立一个全天候开放的热线电话或在线报告系统，员工可以随时提交他们的发现，而专门的团队则负责跟踪处理，确保每一条反馈都能得到有效回应。

此外，组织还应定期进行模拟演练，以测试员工的应急反应能力和系统的抗压能力。例如，通过模拟一次重大航空事故的场景，组织可以检验从一线员工到管理层的协调配合能力，以及应急预案的执行效果。这种实战演练不仅能够发现预案中存在的不足，还能够锻炼员工在真实危机面前的心理素质和应变能力。

最后，为了确保可靠性文化能够深入人心，组织还需要通过不断地宣传和激励机制来强化这一理念。比如，通过表彰那些在日常工作中发现并成功避免潜在事故的员工，树立正面典型，激发其他员工的积极性。同时，还可以通过设置"安全之星"等奖项，鼓励员工持续关注安全问题，营造一种"人人都是安全员"的良好氛围。

二、组织设计与结构

（一）分散式决策支持系统

分散式决策支持系统在民航生产经营单位中扮演着至关重要的角色，它使一线操作者在面对紧急情况时，能够迅速做出响应，从而提高对突发状况的应对效率。这种系统的设计思路是将决策权力分散到各个关键的操作节点上，确保信息能够在最短时间内到达决策者手中，并被有效利用。首先，分散式决策

第四章 基于数据驱动的民航生产经营单位安全运行水平评价 ◎

支持系统的核心在于信息的快速传递与处理。在现代航空运营中，信息的时效性往往决定了决策的准确性与及时性。例如，在航班调度中心，如果突然遇到恶劣天气影响，需要快速调整航班计划。此时，分散式系统能够确保气象信息、航班状态以及机场容量等关键数据第一时间同步到所有相关方手中，使一线操作人员能够根据实际情况迅速做出反应，调整航班安排，避免延误和取消带来的损失。

其次，这种系统的另一个重要特点是分权化管理。在传统的集权式管理模式下，很多决策都需要经过层层上报审批，在紧急情况下往往会延误时机。相比之下，分散式决策支持系统通过授权给一线操作者，使他们能够在特定范围内独立做出决策。例如，当机场遭遇突发的大雾天气时，塔台指挥员可以根据实时气象数据和能见度情况，立即决定是否暂停飞机起降，并通知相关部门启动应急预案，而无需等待上级指令，从而大大缩短了响应时间。

此外，为了确保这种快速决策的有效性，组织还需要建立一套完善的通信网络。这包括但不限于高效的内部通信平台、实时更新的数据库以及便捷的信息共享工具。例如，某航空公司开发了一款移动应用程序，该程序不仅可以让地勤人员实时接收到来自空中交通管制部门的最新信息，还能让他们即时上传现场照片或视频资料，以便快速识别问题并采取行动。这种即时通讯工具极大地提高了信息流转的速度和决策的效率。

同时，为了使一线操作者能够充分利用这种分散式决策支持系统，组织还必须加强员工培训，提升其在紧急情况下的应变能力。例如，通过定期的模拟训练和应急演练，员工能熟悉各种紧急情况下的标准操作程序（SOPs），并熟练掌握使用各种信息工具的方法。这样一来，即使在面对未曾预见的情况时，员工也能够凭借所学知识迅速找到应对方案。

再者，为了保证分散式决策的质量，组织还需要建立一套有效的监督与反馈机制。这包括对决策过程的监控以及对决策结果的评估。例如，航空公司可以设立一个专门的监督小组，负责审核一线操作者的决策过程是否符合既定的规章制度，并收集反馈意见用于改进。同时，通过事后复盘分析，总结成功的经验和存在的不足，为未来类似情况提供参考依据。

最后，分散式决策支持系统的成功实施还需要依赖于一个开放包容的企业文化。在这种文化中，员工被鼓励大胆尝试新的决策方式，并能够从错误中学习成长。例如，如果某位机长在一次紧急降落中采用了非常规的着陆方式，尽管最终保证了所有乘客的安全，但仍需进行详细的事故分析。此时，管理层应以开放的心态听取机长的解释，并从中提炼出有价值的信息，用于指导今后的安全培训。

（二）关键环节冗余策略实施

在民航生产经营单位的组织体系建设中，实施关键环节冗余策略是提升系统韧性和应对不确定性冲击的重要手段。在关键操作环节部署适当的冗余系统，不仅能够减少单点故障的影响，还能确保在面对不确定性的冲击时，组织仍然能够稳定运行。

1. 组织层面的冗余设计

在组织层面引入冗余策略意味着要从顶层设计开始考虑系统的多重备份。例如，在组织架构中，可以设立双重甚至多重的决策支持中心。这些中心不仅能够独立运作，还可以在主要中心因故停摆时迅速接手，确保决策链条的连贯性。例如，某航空公司可以建立两个独立的调度中心，一个位于总部，另一个设在远离总部的另一座城市。当总部遭遇极端天气或其他紧急情况时，备用调度中心能够立即接管航班调度任务，确保航班计划不受影响。

2. 操作流程的多重备份

在操作流程中，冗余策略同样不可或缺。例如，在机场的登机口管理系统中，除了常规的电子登机牌验证系统外，还应配备手动验证工具，如纸质名单和便携式条形码扫描器。这样，在电子系统出现故障时，工作人员便可以迅速切换到手动模式，继续完成乘客的登机手续办理，确保航班按时起飞。

3. 资源配置的多样化

在资源配置上，冗余策略同样有着广泛的应用空间。比如，在维修保障环节，可以建立多层次的物资储备体系。在主要仓库外，设立多个小型储备点分布于不同区域，这样即便某一仓库因故无法及时供货，也可以从邻近的储备点调运所需物资，保证维修工作的顺利进行。此外，与多家供应商建立合作关系，可以进一步分散风险，确保在主要供应商出现问题时，能够迅速找到替代来源。

4. 员工培训与应急演练

在人员培训方面，冗余策略同样重要。组织应当为关键岗位的员工提供交叉培训，确保他们不仅能够胜任自己当前的岗位职责，还能在必要时顶替其他岗位的工作。例如，地勤人员除了掌握基本的地勤操作外，还可以接受额外的急救培训和消防技能培训。这样在紧急情况下，他们可以发挥更大的作用，减轻专业应急队伍的压力。此外，定期进行应急演练，让员工熟悉在不同紧急情况下的标准操作程序（SOPs），能够大大提高他们在实际操作中的应变能力。

5. 信息技术的支持

在信息技术层面，冗余策略同样不可或缺。例如，对于航空公司的信息系统，可以采用分布式云计算技术，将数据存储和处理能力分布在多个地理区域的数据中心。这样即使某个数据中心遭受攻击或自然灾害，系统也能迅速切换到其他数据中心继续运作。此外，采用区块链技术来记录关键交易，可以确保数据的完整性和不可篡改性，即使部分节点受损，整个系统依然能够正常运转。

6. 预案制订与持续改进

组织还需要制订详尽的应急预案，并根据实际情况进行持续改进。这些预案不仅要涵盖常见的紧急情况，还应考虑到一些极端情况。例如，当某条航线面临长时间的飞行禁令时，组织应有一套完整的应对方案，包括航班调整、客户退票政策以及员工调配计划等。通过不断演练和修订这些预案，组织可以确保在各种不确定情况下，都能迅速有效地响应。

（三）扁平化沟通与跨级合作

扁平化沟通与跨级合作是民航生产经营单位组织体系建设中不可或缺的一环。建立有效的跨部门沟通与协作机制，可以打破层级障碍，确保信息和专家意见能够无障碍地传达到管理层，并直接影响决策过程，从而提升决策质量和响应速度。

1. 打破层级障碍的重要性

在传统的等级分明的组织结构中，信息往往需要逐级上报，这不仅耗时较长，还可能导致信息失真或遗漏。为了解决这一问题，民航生产经营单位需要构建一个扁平化的沟通环境。例如，可以定期举行跨部门的联席会议，让来自不同部门的代表坐在一起，共同讨论涉及多个领域的议题。这种做法不仅能够促进信息的及时共享，还能够让不同层级的员工有机会直接交流，减少中间环节的信息损耗。

2. 跨部门沟通机制的建立

为了促进跨部门间的有效沟通，可以建立一个统一的信息共享平台。例如，某航空公司可以开发一个内部协作系统，类似于企业版的社交媒体平台，员工可以在这个平台上发布工作进展、提出问题或分享想法。这种平台不仅能方便信息的快速传播，也便于管理层及时获取一线员工的反馈，从而做出更加贴近实际需求的决策。

3. 强化横向沟通的途径

横向沟通是指不同部门之间的直接沟通与合作。为了强化这种横向沟通，可以定期组织跨部门的工作坊或项目组。例如，在策划一个新的航班路线时，可以从市场部、运营部、客户服务部等多个部门抽调人员组成临时项目组。这些来自不同部门的成员能够从各自的专业角度出发，共同讨论并制定出最优的方案，从而提升项目的整体效果。

4. 专家意见的直达渠道

为了确保专家意见能够直接上达管理层，需要建立一个专家咨询委员会。例如，某航空公司可以邀请资深的飞行员、维修工程师以及安全顾问等组成一个专家团，他们可以直接向公司高层提出专业建议。这种机制不仅能够让管理层听到一线的声音，还能够促使决策更加科学合理。此外，还可以通过定期举行的"问政"会议，让管理层面对面听取专家的意见，进一步增强决策的民主性和科学性。

5. 提升决策质量和响应速度

扁平化沟通与跨级合作不仅能够提升决策的质量，还能够加快决策的响应速度。例如，在处理航班延误或取消等问题时，跨部门的协同工作，可以迅速调动各部门的资源，及时通知受影响的乘客，并尽快安排后续服务。这种高效的响应机制不仅能够减少乘客的不满情绪，还能够展示出公司的专业形象。

6. 持续改进与文化培育

为了使扁平化沟通与跨级合作机制能够持续发挥作用，组织还需要不断改进现有的沟通方式，并在企业文化中强化这种合作精神。例如，可以定期进行沟通技巧的培训，鼓励员工开放表达自己的观点，并学会倾听他人的意见。同时，表彰那些在跨部门协作中表现出色的团队和个人，树立正面榜样，进一步激发员工的参与热情。此外，还可以组织各类团队建设活动，增进员工之间的了解和信任，为跨部门合作打下良好的基础。

三、人力资源与授权

（一）一线员工赋权与参与

一线员工赋权与参与是提升民航生产经营单位安全运行水平的关键环节。赋予一线员工更多的自主权，可以激发他们在日常工作中主动发现并解决安全问题的积极性，从而提升操作层面的灵敏度和效率。

1. 赋予一线员工更多自主权

一线员工是安全问题的第一道防线，他们对实际操作过程中的潜在风险最为敏感。因此，赋予一线员工更多的自主权是非常必要的。例如，航空公司可以制定政策，允许飞行员在遇到紧急情况时，根据实际情况做出决策，而不需要等待上级指示。这种自主权的授予不仅能够提升飞行员的决策效率，还能在关键时刻挽救生命。同样，地勤人员在面对恶劣天气或其他紧急情况时，也应该有权立即采取行动，如暂停装卸作业或引导旅客进入安全区域，以确保人员安全。

2. 鼓励员工主动发现问题

为了鼓励员工主动发现并报告潜在的安全问题，组织需要建立一个开放和支持的环境。例如，某航空公司可以设立一个"安全建议箱"，员工可以匿名提交他们在日常工作中发现的安全隐患或改进建议。对于提出的有效建议，组织应给予奖励或表彰，以激励更多员工积极参与安全管理工作。同时，定期举办安全知识竞赛或经验交流会，可以进一步激发员工的安全意识和责任感。

3. 提升操作层面的灵敏度和效率

为了提升操作层面的灵敏度和效率，组织还应该注重培养员工的应急处置能力。例如，定期开展应急演练，如模拟火灾疏散、飞机紧急迫降等场景，让员工在模拟环境中学习如何正确应对各种紧急情况。这样不仅能够提高员工的实际操作能力，还能让他们在真正面对危机时，能够冷静应对，迅速采取有效措施。

4. 确保操作敏感性

确保操作敏感性意味着要让员工深刻理解自己的工作对安全的重要性。例如，航空公司可以通过组织"安全大使"项目，挑选一批责任心强、业务熟练的员工担任安全大使。安全大使在日常工作中不仅要严格遵守安全规程，还要起到模范带头作用，向其他员工传授安全知识和经验。这种做法不仅能够提升员工的安全意识，还能在组织内部形成一种"人人都是安全员"的良好氛围。

5. 将一线操作的重要性提升至战略层面

将一线操作的重要性提升至战略层面，意味着要将一线员工的贡献视为组织整体战略的一部分。例如，航空公司可以设立"一线杰出贡献奖"，表彰那些在日常工作中发现重大安全隐患并及时采取措施的员工。同时，在制定公司战略规划时，也要充分考虑一线员工的意见和建议，确保他们的声音能够被听到，并且被纳入决策过程中。

6. 定期评估与持续改进

为了确保一线员工赋权与参与机制能够持续发挥作用，组织还需要定期进行评估和改进。例如，通过设立一个专门的安全绩效评估小组，定期审查一线员工的安全表现，并根据评估结果调整相关政策和培训计划。此外，还可以通过问卷调查、访谈等形式，收集员工对现有机制的反馈意见，不断优化和完善一线员工赋权与参与的相关措施。

（二）多层次专家网络的搭建与利用

在民航生产经营单位的组织体系建设中，重视并尊重各层级专家的意见是提升决策质量的关键所在。建立多层次的专家网络，并定期举行跨职能会议，整合专业知识，可以优化决策过程，确保决策的科学性和可靠性。以下是对此策略的具体展开：

1. 专家网络的构建

需要在组织内部构建一个多层次的专家网络。这个网络不仅包括最高级别的决策层专家，还应涵盖各个业务板块的技术专家和一线操作人员。例如，航空公司可以成立一个由首席安全官、资深飞行员、维修工程师、地面服务经理组成的专家委员会，负责定期审查和更新公司的安全标准和操作流程。此外，还可以吸纳来自不同部门的年轻技术人员和具有丰富实践经验的一线员工加入，确保网络覆盖到所有关键环节。

2. 跨职能会议的组织

为了充分发挥专家网络的作用，需要定期组织跨职能会议。这些会议可以是专题研讨会、案例分析会或技术交流会等，旨在汇集不同领域的专家，共同探讨和解决实际问题。例如，当遇到新的航空安全挑战时，可以邀请来自飞行、维修、地勤等部门的专家共同参与讨论，通过集思广益，找到最佳解决方案。这种跨职能会议不仅能够促进知识的交流与融合，还能提高决策的全面性和针对性。

3. 专业知识的整合与优化

在跨职能会议中，通过整合来自不同领域的专业知识，可以显著提升决策的质量。例如，在讨论飞机维护周期调整的问题时，维修工程师可以提供技术层面的分析，而飞行员则可以从实际操作的角度出发，提出自己的见解。这种多角度的综合分析，可以更全面地评估决策的可行性与风险，从而做出更加科学合理的判断。

4. 信息自由流动的促进

为了确保信息在专家网络中自由流动，需要建立一套高效的信息共享机制。例如，可以利用数字化平台，如企业内部社交网络或云文档协作系统，让专家能够随时随地分享最新的研究成果、行业动态或个人经验。这种透明的信息共享机制不仅能够促进知识的快速传播，还能增强专家之间的相互理解和信任。

5. 尊重专家意见的重要性

在决策过程中，尊重专家意见是非常重要的。这意味着在形成最终决策之前，必须认真听取并考虑每一位专家的观点。例如，在讨论是否引入某种新型航空材料时，不仅需要听取材料科学家的专业意见，还需要考虑维修人员的可操作性以及飞行员的安全顾虑。只有在充分尊重并综合考虑各方意见的基础上，才能做出更加可靠和可行的决策。

6. 决策后的反馈与持续改进

为了确保决策的有效性和适用性,需要建立一个决策后的反馈机制。例如,在一项新的安全措施实施后,可以邀请相关专家进行效果评估,收集实际操作中的反馈意见,并据此进行调整。这种持续改进的过程不仅能够确保决策始终适应实际需求的变化,还能不断优化专家网络的功能,进一步提升决策的质量。

(三)持续职业发展路径规划

在民航生产经营单位中,持续职业发展路径规划对于提升员工技能、确保其与时俱进、适应不断变化的安全挑战至关重要。通过制订全面的职业发展与培训计划,组织可以确保从新员工到管理层,乃至高资历员工技能的连续性和前瞻性。

1. 新员工的入职培训与适应

对于新入职的员工,组织应当提供系统的入职培训,帮助他们快速融入团队,并掌握必要的安全知识和操作技能。例如,航空公司可以为新加入的飞行员设计为期数周的培训课程,内容涵盖公司文化、安全政策、飞行操作规范等。此外,还可以安排经验丰富的老员工作为导师,通过一对一辅导的方式,帮助新员工更快地适应工作环境。这种导师制度不仅有助于新员工掌握技能,还能增强他们的归属感和忠诚度。

2. 换岗员工的过渡与再培训

对于因工作需要而换岗的员工,组织应为其提供必要的过渡期培训,确保其能够顺利适应新岗位的要求。例如,当一名地勤人员转岗成为客户服务专员时,组织可以为其安排一段时间的客户服务培训,包括沟通技巧、投诉处理流程等。这种有针对性的再培训,可以帮助员工快速掌握新岗位所需的技能,提高工作效率。

3. 管理层的领导力与战略思维培养

对于管理层而言，除了业务技能的培训外，还需要加强领导力和战略思维的培养。例如，航空公司可以定期邀请外部专家为中高层管理人员举办领导力研讨会，内容涵盖团队建设、危机管理、变革领导等主题。此外，还可以通过海外考察、行业交流等方式，拓宽管理层的视野，帮助他们更好地把握行业发展动向，做出更具前瞻性的决策。

4. 高资历员工的终身学习与技能更新

对于具有多年工作经验的高资历员工，组织应鼓励他们持续学习，不断更新自己的知识体系。例如，航空公司可以为资深维修工程师提供最新的航空技术培训，包括新型发动机维护、复合材料修理等内容。这种持续的学习，不仅能帮助高资历员工保持其专业优势，还能带动整个团队的技术水平提升。

5. 技能的连续性与前瞻性规划

为了确保技能的连续性和前瞻性，组织需要制订一套长期的职业发展计划。例如，航空公司可以为员工设定清晰的职业发展路径，从初级职位到高级职位，每个阶段都有相应的培训和发展目标。此外，还可以通过定期的职业发展规划会议，帮助员工制订个人发展计划，并提供必要的支持和资源。

6. 培训资源的整合与利用

为了最大化培训效果，组织需要整合内外部资源，为员工提供多样化的学习渠道。例如，航空公司可以与知名大学合作，开设在线课程或在职学位项目，让员工在工作之余也能获得系统化的学习机会。此外，还可以利用虚拟现实（VR）技术，为飞行员和维修人员提供沉浸式的模拟训练，提高培训的真实感和效果。

四、学习与改进维度

（一）事故反馈循环与知识转化

在民航生产经营单位，建立从事故中学习的机制是提升安全管理水平和组织自我修正能力的重要手段。事故回顾、根本原因分析与知识分享，可以确保每次事故的教训转化为组织的长期记忆，形成一个持续改进的闭环。

1. 事故回顾机制的确立

事故回顾机制是事故反馈循环的基础。当发生任何安全事故时，组织需要迅速启动事故回顾程序，对事件进行全面细致的回顾。例如，当某航空公司的一架飞机在降落过程中遭遇险情时，公司应立即成立专门的事故调查小组，由经验丰富的安全专家和技术人员组成，负责对整个事件进行复盘。这个过程不仅包括对事件本身的详细描述，还包括对当时情景的模拟重现，确保所有细节都被充分记录和分析。

2. 根本原因分析的重要性

在事故回顾之后，接下来的关键步骤是进行根本原因分析。这要求调查小组深入挖掘导致事故发生的所有潜在因素，包括人为错误、系统漏洞、环境因素等。例如，在前述飞机险情案例中，调查小组需要分析飞行员的操作是否符合标准操作程序（SOPs）、飞机的机械状态是否良好、地面支持是否到位等。这样深入的根本原因分析，可以揭示事故背后的系统性问题，为后续的改进提供依据。

3. 知识分享与教训转化

为了确保事故的教训能够转化为组织的长期记忆，需要建立一个有效的知识分享机制。例如，航空公司可以编写一份详细的事故分析报告，其中包括事故的全过程、根本原因分析以及具体的改进建议。这份报告不仅要在内部进行广泛传播，还可以通过组织定期的安全研讨会或培训课程，邀请全公司员工参与讨论，共同学习事故中的教训。此外，还可以将这些案例汇编成册，作为新员工入职培训的教材，确保每个人都能够从中汲取经验。

4. 持续改进的闭环机制

为了使事故反馈循环真正发挥作用，组织还需要建立一个持续改进的闭环机制。这意味着在每次事故分析之后，都必须有明确的行动计划，并且需要定期跟踪这些计划的执行情况。例如，在完成前述险情的根本原因分析后，调查小组应提出具体的整改措施，如改进飞行员培训、加强飞机维护检查等。随后，这些措施应被纳入公司的安全管理体系中，并定期评估其实施效果，确保改进措施真正落地生效。

5. 教训转化为预防措施

通过事故反馈循环机制，组织不仅能够从过去的事故中总结经验教训，还能将这些经验教训转化为具体的预防措施，从而避免类似事件的发生。例如，如果多次事故分析显示飞行员在紧急情况下的决策能力不足，那么公司就可以调整培训计划，增加更多模拟紧急情况的训练科目，提高飞行员的应急处置能力。此外，还可以通过技术手段，如安装先进的飞行数据监控系统，实时监控飞机状态，提前预警潜在风险。

6. 促进组织自我修正能力的提升

最终，事故反馈循环机制的目的在于提升组织的自我修正能力。通过不断从事故中汲取教训，并将这些教训转化为具体的改进措施，组织可以逐步完善其安全管理体系，形成一个持续改进的良性循环。例如，航空公司可以通过设立一个"安全改进基金"，鼓励员工主动报告安全隐患，并对提出有效改进建议的员工给予奖励。这种机制不仅能够激励员工积极参与安全管理工作，还能促进整个组织的安全文化建设和自我修整能力的提升。

（二）预期管理与应急模拟训练

在民航生产经营单位中，实施模拟演练与预期管理策略是确保应急响应高效性和有效性的关键措施。模拟高风险情境训练员工，可以提前识别并准备应对可能的危机，从而提升组织的整体应急能力。

1. 模拟演练的设计与实施

为了确保应急响应的有效性，组织需要设计和实施一系列的模拟演练。这些演练应尽可能地接近真实情境，以便员工能够在接近实战的环境下训练应对技能。例如，航空公司可以组织一次全面的应急撤离演练，模拟飞机在起飞或降落过程中发生紧急情况,要求所有机组人员和地勤人员按照预定的应急程序行动。这种演练不仅能够检验员工的反应速度,还能帮助发现流程中的潜在问题,为进一步改进提供依据。

2. 预期管理策略的应用

预期管理策略是通过对潜在危机的预判和准备,提前制定应对措施,从而降低风险影响。例如,在台风季节来临前,航空公司可以提前做好航班调整预案,与气象部门密切合作,获取最新的天气预报信息,并根据预报情况提前安排航班变更或取消计划。这种预期管理,可以最大限度地减少因天气原因造成的航班延误或取消对乘客的影响,提高服务质量。

3. 高风险情境的模拟训练

为了提升员工在高风险情境下的应对能力,组织应定期开展针对性的模拟训练。例如,航空公司可以模拟一次严重的燃油泄漏事故,训练地勤人员如何迅速关闭泄漏源,使用专用设备进行清理,并按照环境保护法规妥善处理污染物。这种模拟训练不仅能够提升员工的应急处置能力,还能确保他们在实际操作中遵循正确的安全程序,防止次生灾害的发生。

4. 早期预警信息的利用

在模拟演练和预期管理的过程中,组织应高度重视早期预警信息的利用。例如,建立一套先进的飞行数据监控系统,可以实时监控飞机的各项运行参数,并在出现异常时自动触发警报。当系统检测到发动机温度异常升高或燃油系统压力波动等情况时,可以立即提醒机组人员,并通过模拟训练中积累的经验,迅速采取正确的应对措施,避免事态恶化。

5. 应急响应的高效与有效性

为了确保应急响应的高效与有效性,组织需要制定一套标准化的操作流程,并在模拟演练中不断优化这些流程。例如,在处理突发公共卫生事件时,航空公司可以预先制定详细的应急指南,规定从发现疑似病例到隔离转运的每一个步骤，并通过反复演练确保所有相关人员都熟悉这些流程。这样，在实际应对疫情时，就能够迅速启动应急预案，高效有序地完成各项任务。

6. 持续改进与经验积累

通过不断地模拟演练和预期管理，组织不仅能够提升自身应急响应的能力，还能积累宝贵的经验，为未来的应急准备提供参考。例如，每次演练结束后，都可以组织一次复盘会议，总结演练中的亮点和不足之处，提出改进建议。这种持续改进的过程不仅能够不断完善应急响应机制，还能增强员工的安全意识和责任感，形成良好的安全文化氛围。

（三）创新与技术采纳促进机制

在民航生产经营单位中，鼓励组织成员探索新技术和新方法是提升安全性及可靠性的关键策略之一。建立创新与技术采纳促进机制，不仅能够提高安全管理水平，还能确保组织在面对复杂系统时具备更强的适应性和灵活性。

1. 推动技术创新的内部激励

为了激发员工的创新潜力，组织需要建立一套内部激励机制，鼓励员工积极尝试新技术和新方法。例如，某航空公司可以设立一个"技术创新奖"，表彰那些在工作中引入先进技术和管理方法的团队或个人。这种激励机制不仅能够激发员工的创新热情，还能形成一种积极向上的企业文化，吸引更多的人才加入创新活动。

2. 新技术的探索与应用

组织成员需要积极探索并应用新技术，以提高安全性和可靠性。例如，在航空维修领域，可以引入先进的无损检测技术（NDT），如超声波检测或射线照相技术，来提高飞机结构件的检测精度和效率。这些先进技术的应用，不仅可以发现潜在的安全隐患，还能提高维修工作的质量和效率，从而提升整个系统的可靠性。

3. 技术价值链管理的建立

为了确保技术创新的有效实施,组织需要建立一套完善的技术价值链管理体系,包括从技术研发、测试验证到推广应用的全过程管理。例如,某航空公司可以与科研机构合作,共同研发新型航空材料,并通过严格的测试验证其性能。一旦证明新技术可行,再逐步将其应用于实际生产中。这种方式可以确保技术从实验室到实际应用的顺利过渡。

4. 规范工艺危害分析方法

在采用新技术的同时,组织还需要规范工艺危害分析方法,确保新技术的应用不会带来新的安全风险。例如,在引入自动化维修机器人后,需要对机器人作业过程进行详细的工艺危害分析,识别潜在的风险点,并制定相应的防护措施。这种规范化的分析,可以确保新技术的安全性和可靠性。

5. 提升预防和控制工艺危害的能力

为了进一步提升预防和控制工艺危害的能力,组织还需要加强员工的技术培训和安全教育。例如,某航空公司可以为维修人员提供专项培训,教授他们如何使用最新的检测设备,以及如何解读检测结果。这种培训,不仅能够提升员工的操作技能,还能增强他们对新技术的理解和掌握程度,从而更好地预防和控制工艺危害。

6. 持续改进与经验积累

在新技术的采纳过程中,组织还需要注重持续改进和经验积累。例如,在引入新的飞行管理系统后,可以通过持续的跟踪评估,收集实际运行中的反馈信息,并根据这些信息不断优化系统功能。同时,还可以通过案例分享的形式,在组织内部推广成功经验,形成一种良好的学习氛围,促进技术的持续创新与发展。

五、监控与评估维度

（一）综合性监控体系构建

在民航生产经营单位中，建立严格的监控与评估体系是确保组织可靠性和安全性表现的重要手段。定期审查，全面覆盖人员、设备、环境和流程等措施，可以形成一个全方位的监控网络，从而提升组织的整体管理水平。

1. 全面覆盖的监控网络

为了确保监控体系的全面性，需要从各个维度出发构建一个综合性的监控网络。例如：在人员方面，可以通过定期的安全培训和技能考核来监控员工的安全意识及技术水平；在设备方面，则需要通过严格的维护记录和定期的技术检测来确保设备处于最佳状态；在环境方面，可以建立环境监测站，实时监控机场周边的噪声污染、空气质量等；在流程方面，则需要对日常操作流程进行定期审计，确保所有操作都符合安全标准。这种多维度的监控，可以确保各个层面的安全管理措施得到有效实施。

2. 监控与评估体系的建立

为了使监控与评估体系能够有效运行，组织需要建立一套科学合理的评估标准和流程。例如，航空公司可以设立一个由安全专家和技术人员组成的监控与评估小组，负责定期对组织的安全管理体系进行审查。这个小组可以制定详细的评估指标，如员工的安全培训覆盖率、设备的定期检查频率、环境监测数据的合格率等，并通过定期的现场检查、资料审查等方式，对这些指标进行量化评估。

3. 定期审查与反馈机制

为了确保监控体系的有效性，需要定期进行审查，并建立反馈机制。例如，可以每季度组织一次全面的安全审查会议，由监控与评估小组汇报近期的监控结果，并提出改进建议。在审查过程中，可以邀请各相关部门的负责人参加，共同讨论发现的问题，并制定具体的改进措施。此外，还可以建立一个在线反馈平台，让所有员工都能够随时提交自己发现的安全隐患或改进建议，形成一个全员参与的安全监督网络。

4. 动态调整与持续改进

监控与评估体系需要根据实际情况进行动态调整和持续改进。例如，随着新技术的应用或外部环境的变化，原有的监控指标可能不再适用。这时就需要对监控体系进行适时调整，确保其始终与组织的实际需求相匹配。例如，在引入新的航空导航系统后，可以调整监控重点，加强对导航系统运行状态的监测，并根据新的技术特点制定相应的评估标准。

5. 数据驱动的决策支持

为了提升监控体系的科学性和有效性，需要充分利用数据驱动的方法。例如，可以建立一个集成化的数据管理平台，收集来自各个监控点的数据，如设备的运行参数、员工的安全表现、环境监测结果等。通过大数据分析技术，深度挖掘这些数据，发现潜在的安全风险点，并为决策提供数据支持。例如，分析历史飞行数据，可以发现某些机型在特定气候条件下的故障率较高，从而及时采取预防措施。

6. 长期规划与短期调整相结合

为了确保监控体系的持续有效，需要将长期规划与短期调整相结合。例如，航空公司可以制定一个五年期的安全管理规划，明确未来几年内监控的重点领域和技术发展方向。同时，根据每年的监控结果，对规划进行适时调整，确保监控体系能够适应不断变化的安全形势。此外，还可以通过设立专项基金，支持监控体系的技术升级和方法创新，确保其始终保持行业领先水平。

（二）数据驱动的性能评估与优化

在民航生产经营单位中，采用数据驱动的决策支持系统，通过收集并分析关键指标，为管理决策提供实证基础，是提升组织性能的重要手段。这种方法不仅能够确保决策基于翔实的数据分析，还能持续优化组织的各项管理活动。

1. 收集关键指标的数据

为了确保决策的科学性和有效性，首先需要收集关键指标的数据。例如，在设备完好性保证方面，可以通过安装物联网传感器，实时监控飞机发动机的工作状态、机翼的磨损程度等关键参数。这些数据不仅能够帮助及时发现设备潜在的问题，还能为设备的定期维护提供依据。例如，航空公司可以利用物联网技术，实时采集飞机飞行过程中的各项数据，并通过大数据分析，预测可能出现的故障，从而提前进行维护，避免飞行中的突发故障。

2. 分析与评估系统

有了关键指标的数据之后，需要通过专业的分析与评估系统来处理这些数据。例如，可以开发一套集成化的数据分析平台，将来自不同渠道的数据进行整合，利用数据挖掘和机器学习算法，对数据进行深入分析。例如，在事故管理方面，分析历年来发生的各类事故数据，能够发现事故发生的规律和趋势，从而为预防措施提供科学依据。这种基于数据的分析，可以更精准地识别风险点，并采取针对性的防控措施。

3. 实证基础的决策支持

在实际决策过程中，需要依托这些翔实的数据分析结果，为管理层提供决策支持。例如，在人员变更管理方面，分析员工的工作表现、健康状况、培训记录等数据，可以更好地评估员工的适岗能力，为人员的晋升、转岗或调整提供科学依据。例如，航空公司可以利用人力资源管理系统，记录每位员工的工作表现和培训成绩，通过数据分析，为员工的职业发展路径提供个性化的建议，从而提升员工的工作满意度和组织的整体效能。

4. 持续优化与改进

数据驱动的决策支持系统，不仅可以帮助管理层做出更加科学合理的决策，还能实现持续优化与改进。例如，在设备完好性保证方面，对历史维修记录和设备故障数据的分析，可以发现某些类型的故障发生频率较高，从而优化维修计划，延长设备使用寿命。此外，还可以通过定期的数据审查会议，邀请各部门负责人参与，共同讨论数据反映出的问题，并制定相应的改进措施，确保组织在不断变化的环境中保持竞争力。

5. 决策的反馈与调整

为了确保决策的有效性，需要建立一个决策反馈机制。例如，航空公司可以设立一个专门的决策评估小组，负责定期回顾已实施的决策效果，并根据反馈结果进行调整。例如，在人员变更管理方面，如果发现某一岗位频繁出现人员流动，可以通过数据分析找出背后的原因，如工作强度过大、培训不足等，并据此调整工作安排或加强员工培训，从而提高员工的满意度，降低人员流失率。

6. 技术与管理的结合

为了实现数据驱动的决策支持系统的有效运行，需要将技术与管理相结合。例如，在事故管理方面，开发一套集成化的事故报告系统，可以方便员工在发生事故时迅速上报，并自动触发事故处理流程。同时，管理层可以通过系统实时查看事故处理进度，并根据数据反馈不断优化处理流程。这种技术与管理的紧密结合，不仅能够提升事故处理的效率，还能确保每个环节都有据可查，为后续的改进提供参考。

第二节　数据驱动评价方法概述

在探讨基于数据驱动的民航生产经营单位安全运行水平评价方法时，深入理解数据驱动的概念、重要性及其在民航安全领域的应用尤为重要。同时，有效管理和处理数据来源，实施精确的数据预处理，是构建高效评价体系的基石。本节将详尽展开这两个方面的内容，以期为后续的安全运行水平评价提供坚实的基础。

一、数据驱动的概念与重要性

（一）数据驱动的定义与核心要素

数据驱动是一种管理哲学，它强调在决策过程中充分利用数据资源，通过数据分析和建模来揭示隐藏的模式、趋势和关联，从而指导策略的制定和执行。在这一框架下，数据不再是决策的辅助工具，而是决策过程的核心。数据驱动的核心要素包括以下内容：

（1）数据收集：广泛获取与业务相关的各种类型的数据，包括结构化数据（如数据库记录）和非结构化数据（如文本、图像）。

（2）数据分析：运用统计学、数据挖掘、机器学习等技术对收集到的数据进行深入分析，提取有价值的信息。

（3）决策支持：基于分析结果，为决策者提供直观的报告、预测和建议，增强决策的科学性和精确性。

（4）持续优化：将决策实施后的反馈纳入新的数据循环中，持续迭代优化模型和策略。

（二）数据驱动在民航安全领域的应用价值

民航安全作为一项高度复杂的系统工程，涉及众多变量和不确定性因素。数据驱动方法在该领域的应用，具有以下几方面的显著价值：

（1）风险预见：通过分析历史安全事故数据，识别出事故发生的前兆和规律，提前采取预防措施。

（2）效率提升：优化资源配置，如通过分析航班延误数据，改善航班调度和维护计划，减少不必要的时间和成本浪费。

（3）智能化管理：借助人工智能和机器学习技术，实现安全风险的自动监测和预警，提高安全管理的响应速度和精确度。

（4）文化塑造：数据透明化有助于形成以事实为基础的安全文化，鼓励员工报告潜在风险，增强团队的安全意识和责任感。

二、数据来源与预处理

(一) 数据来源的多样性

民航安全数据来源广泛且多样，涵盖了运营的各个环节，主要可以归纳为以下几个方面：

（1）飞行数据记录：包括黑匣子记录的飞行参数、航迹信息，是事故调查和安全分析的重要依据。

（2）航空器健康管理（AHM）系统：实时监控飞机性能，记录发动机状况、燃油效率、部件故障等数据。

（3）空中交通管理系统（ATM）数据：提供空中交通流量、航班延误、管制指令等信息，帮助分析空中交通拥堵和管制效率。

（4）维修与维护记录：包含定期检查、故障维修、零部件更换等详细记录，是评估维护质量和效率的关键。

（5）员工报告与调查：包括飞行员、乘务员、地面工作人员的安全报告，以及事故征候、近似错误的调查资料。

（6）乘客反馈与社交媒体：提供服务体验、安全感知等软性信息，有助于从客户视角评估安全文化和服务质量。

（7）气象与环境数据：包括气温、风速、能见度等，对飞行安全有直接影响。

(二) 数据预处理的必要性与步骤

数据预处理是数据分析前必不可少的环节，目的是提高数据的质量和可用性，主要包括以下几个步骤：

（1）数据清洗：去除重复记录、纠正错误输入、处理缺失值和异常值，保证数据的准确性和一致性。

（2）数据整合：统一来自不同源头的数据格式，解决数据异构问题，便于后续分析。

（3）数据转换：根据分析需求，将原始数据转换成适合分析的形式，如将类别数据编码、对数值型数据进行标准化或归一化处理。

（4）数据筛选：基于分析目标选择相关性强的数据子集，排除无关或噪声数据，提高分析效率和准确性。

（5）数据安全与隐私保护：在处理个人或敏感信息时，遵循相关法律法规，采取脱敏、匿名化等措施保护数据安全与个人隐私。

实施上述数据预处理，可以显著提高数据质量，为后续的分析和建模提供可靠的基础，进而支持更准确、更高效的民航安全运行水平评价。

第三节 安全运行水平评价指标体系构建

在明确了数据驱动评价方法的概况与重要性之后，转向构建安全运行水平评价指标体系这一核心环节。这一构建过程是实现基于数据驱动的安全管理实践的桥梁，旨在通过精心设计的评价指标，将抽象的数据转化为对民航生产经营单位安全运行水平的精准描述与评估。以下是构建这一评价体系所遵循的原则与核心指标的深入解析，它们共同构成了评价体系的骨架与血肉，为安全管理水平的持续提升奠定了坚实的基础。

一、评价指标选取原则

构建一套科学、全面的民航生产经营单位安全运行水平评价指标体系，其核心在于确立一套既能够全面覆盖安全要素，又能够精确反映安全状况，同时具备适应性和前瞻性的指标集合。这一过程需遵循以下四个基本原则：

（一）全面性

全面性原则要求评价指标体系应覆盖"人、机、环、管"四大要素，即人的因素（包括人员素质、培训、疲劳管理等）、机的因素（涉及飞机维护、设备状态、技术性能等）、环境因素（包括天气、空域、地面设施等）和管理因素（安全管理政策、程序、文化等）。这样的全面覆盖确保了评价的广度，避免了安全评估的盲区。

（二）可量化

可量化原则是指评价指标应当能够通过量化的数据进行评估，确保评价结果的客观性和可比性。这意味着需要将定性指标转化为定量数据，或是直接选用可以直接测量的指标，如事故率、延误时间、培训小时数等，便于计算和分析。

（三）针对性

针对性原则强调指标的选择应紧密贴合民航业的特殊性，关注行业内的关键风险点和安全挑战。例如：针对高密度空域管理的挑战，设置空中交通冲突次数；针对飞机维护，设定飞机平均延误维修时间等，确保评价体系能够准确反映民航安全运行的实际情况。

（四）动态性

随着技术的进步、行业的发展以及安全威胁的变化，评价指标体系也需保持动态调整，以适应新的安全挑战。动态性原则要求定期审查和更新指标，引入新的安全指标，淘汰过时或不再敏感的指标，确保评价体系的时效性和有效性。

二、核心指标设计示例与解析

基于上述原则，下面将列举几个核心指标的设计示例，并对其背后的逻辑和应用进行解析：

（一）事故率与事故征候率

指标说明：事故率通常是指一定时间内每百万飞行小时的事故数量，事故征候率则是每百万飞行小时的事故征候数量。这两个指标直接反映了安全事件的发生频次，是衡量安全水平的基本指标。

设计逻辑：事故和事故征候虽然严重程度不同，但都是安全风险的直接体现。统计分析事故率和事故征候率，可以直观地评估安全管理体系的有效性，识别风险集中区域。

应用实例：航空公司可根据历史数据，设定年度事故率降低的目标，并通过数据分析找出导致事故征候的主要因素，针对性地加强管理和培训。

（二）维修延误率

指标说明：维修延误率是指因维修问题导致的航班延误占总延误航班的比例。

设计逻辑：维修延误率间接反映了飞机维护质量和效率。较高的延误率可能意味着维护计划不合理、维修资源分配不足或维修质量不高等问题。

应用实例：通过监测维修延误率，航空公司可以评估维修部门的工作效率，优化维修流程，确保飞机得到及时、有效的维护，减少因维护造成的航班延误。

（三）飞行员疲劳指数

指标说明：飞行员疲劳指数通过飞行员的工作时间、睡眠质量、轮班模式等因素综合计算得出，用以评估飞行员的疲劳程度。

设计逻辑：飞行员疲劳是影响飞行安全的重大因素之一。合理的休息安排可以显著降低人为错误的风险。疲劳指数通过量化疲劳程度，为合理排班和疲劳管理提供依据。

应用实例：航空公司可利用疲劳管理软件，根据飞行员的疲劳指数调整飞行计划，确保飞行员在最佳状态下执行任务，减少由疲劳引发的飞行安全事件。

（四）安全文化调查得分

指标说明：通过定期对员工进行安全文化问卷调查，收集对安全政策、管理措施、领导支持、信息沟通等方面的评价，汇总后形成安全文化调查得分。

设计逻辑：良好的安全文化是实现安全运行的基础。调查得分可以反映员工对安全的重视程度、参与度及对现有安全体系的信任感，为安全文化的培养和改进提供方向。

应用实例：企业可依据调查结果，识别安全文化中的薄弱环节，如沟通不畅、上报机制不健全等，进而采取措施，如加强安全教育、改进信息反馈渠道，营造积极的安全氛围。

（五）信息技术系统稳定性

指标说明：通过记录和分析自动化系统、通信系统、导航系统等信息技术系统的故障次数、修复时间等数据，评估其稳定性和可靠性。

设计逻辑：现代民航高度依赖信息技术系统，其稳定性直接影响飞行安全和运营效率。该指标有助于评估技术投资的成效，指导系统的维护与升级。

应用实例：监测到某系统频繁出现故障时，应立即启动应急预案，同时分析故障原因，是否因硬件老化、软件漏洞或是外部干扰，据此制定相应的改善措施，提升系统稳定性。

综上所述，构建安全运行水平评价指标体系是一个系统工程，需要综合考虑多个维度，既要确保指标的全面性和针对性，又要兼顾可量化和动态调整的特性。通过上述核心指标的设计与应用，民航生产经营单位可以更好地把握安全态势，精准施策，持续提升安全运行水平，为乘客提供更加安全可靠的航空服务。

第四节 数据分析与评价模型

在构建了全面且具有针对性的安全运行水平评价指标体系之后，如何有效地利用这些指标来评估和提升安全管理水平成为下一个关键步骤。本节将深入探讨如何运用数据分析技术与建立科学的评价模型，以数据驱动的方式精准识别风险、预测潜在问题，并对民航生产经营单位的安全运行水平进行全面、客观的评价。

一、描述性统计分析：数据的初步探查

描述性统计分析是数据分析的起点，对数据集进行初步的探索，理解数据的分布特征，识别潜在的异常或趋势，为后续深入分析奠定基础。

（一）数据分布特征的揭示

1. 中心趋势

中心趋势分析是评估数据集中典型或代表性水平的关键步骤。在安全运行水平评价中，这一分析有助于识别安全指标的一般表现水平，为制定基准和目标提供依据。

（1）平均值（Average Value）：最直观反映数据平均水平的指标，将所有观测值之和除以观测值数量计算得到，但易受极端值影响。

（2）中位数（Median）：将所有数据按大小顺序排列后位于中间的值，不受极端值影响，更能代表"典型"安全表现。

（3）众数（Mode）：数据中出现次数最多的值，若存在多个众数则称为多峰分布，反映出安全事件可能存在的集中类型或情境。

对比这三项指标，可以更全面地理解安全绩效的集中趋势。例如：若平均值与中位数接近，表明数据分布较为均匀；若平均值远大于中位数，则可能有少数极端事件拉高了整体水平，提示需要关注这些个别事件的影响。

2. 离散程度

离散程度分析聚焦于数据的分散状态，揭示安全表现的稳定性及潜在的风险波动。了解这一点对于识别管理控制的松紧度至关重要。

（1）方差（Variance）：量化每个观测值与其平均值之间差异的平方和的均值，数值越大说明数据间的差异越大。

（2）标准差（Standard Deviation）：方差的平方根，提供了一个更易于解释的离散程度量度，便于比较不同规模数据集的波动性。

（3）极差（Range）：数据集中的最大值与最小值之差，直观展示了安全表现的最大跨度，但不如方差和标准差敏感。

高方差或标准差暗示着安全指标波动大，可能指示安全管理体系的不稳定性或存在未被有效管控的风险源。极差的异常增大则直接指出了最极端情况之间的巨大差异，需要进一步探究背后的原因。

3. 偏态与峰态

偏态和峰态描绘了数据分布的形状特征，对于识别安全事件的特殊模式和潜在的极端事件具有重要意义。

（1）偏度（Skewness）：衡量数据分布的不对称程度。正偏态（右偏）意味着长尾在右侧，负偏态（左偏）反之，零偏态则表示对称。安全数据的偏态可能揭示特定类型的事件偏多，如低频但后果严重的事故。

（2）峰度（Kurtosis）：描述数据分布的峰态，即分布顶部的尖锐程度相对于正态分布。高峰度（尖顶）表明数据集中在中心附近且两侧分布较稀疏，而低峰度（扁平）则相反，可能存在多峰或宽广的分布。安全运行中，高峰度可能意味着大多数安全指标表现稳定，但也要警惕极端事件的潜在风险。

通过偏度和峰度的分析，可以识别出安全数据的特殊结构，从而有针对性地设计预防措施或调整评价体系。例如：针对右偏的数据（高风险事件虽少但后果严重），企业可能需要加强应急准备和危机管理；而对于扁平分布，可能需要增强日常监控，减少波动。

(二)潜在问题区域的识别

1. 箱线图

箱线图,又称盒须图,是一种高效展现数据分布并突出异常值的图形工具。在安全数据分析中,通过绘制每个安全指标的箱线图,可以直观地识别那些偏离正常范围的数据点,这些离群值往往对应于安全事件的异常爆发或是管理监控上的盲区。箱线图由五个关键数值组成:最小值、下四分位数、中位数、上四分位数和最大值,其外的点即为离群点。通过对这些离群点的深入调查,企业能够快速定位到安全系统中的薄弱环节或突发事件,进而采取针对性的改进措施,预防类似事件的发生。

2. 直方图与密度图

直方图通过柱状图的形式展示了各个数值区间内数据点的频数或频率,而密度图则进一步展示了数据分布的平滑曲线,两者结合使用能更精确地描绘出单个安全指标的分布特征。通过观察安全事件的密集区间,可以明确哪些安全水平是普遍发生的,为制定风险预警阈值和风险等级划分提供科学依据。例如,如果某类安全事件的频率在某一区间陡增,这可能标志着该区间为高风险区域,需要优先关注和资源倾斜。此外,密度图还能揭示分布的连续性和潜在的多模态特性,为复杂的安全态势分析提供更加细腻的视角。

3. 交叉表

在面对包含多个分类变量的数据集时,交叉表分析(又称列联表分析)成为识别特定情境下安全隐患的有效手段。通过对不同维度(如机型、航线、时间段等)的交叉分类,构建交叉表来统计各类别组合下的安全事件发生频次,可以清晰地显现某些特定条件下的高事故率模式。例如,如果交叉表显示某型飞机在夜间飞行时事故率显著高于其他时段,那么就明确了需要重点优化的领域。此外,结合卡方检验或相关性分析,可以进一步验证这些关联是否具有统计学意义,避免误判。通过这种多维度的分析,安全管理团队能够更有针对性地制定预防措施,优化资源配置,从而从根本上提升安全管理水平。

二、预测模型构建：安全风险的前瞻性洞察

（一）机器学习算法的选择与应用

1. 随机森林

随机森林算法以其高度的并行性和强大的抗过拟合能力，在安全风险管理中占据一席之地。它通过构建多棵决策树，并集成它们的预测结果来提高整体预测的准确性和稳定性。在处理涉及众多因素（如天气状况、设备状态、操作人员技能等）的高维度安全数据时，随机森林能够识别出那些复杂的交互效应和非线性关系，从而准确预测安全风险的出现概率和潜在影响范围。这种算法的另一个优势在于其提供的特征重要性评估，帮助决策者理解哪些因素对安全风险的贡献最大。

2. 神经网络

神经网络，特别是深度学习模型，通过模拟人脑神经元网络的结构和功能，非常适合处理安全数据中的非线性关系和模式识别。在安全风险管理中，多层神经网络能够捕获不同安全指标间深层次、复杂的相互作用，如预测特定维护周期后设备故障的概率。对于大规模、高维度且含有隐藏模式的数据集，卷积神经网络（CNN）和循环神经网络（RNN）等变体能够提供更加精细的分析，尤其是在处理时间序列数据时。

3. 时间序列分析

针对安全事件随时间变化的趋势预测，时间序列分析技术如自回归积分滑动平均模型（ARIMA）和长短时记忆网络（LSTM）发挥着核心作用。ARIMA模型擅长处理平稳时间序列，通过分析过去的趋势和季节性变化来预测未来。而LSTM作为一种特殊的循环神经网络，能更有效地处理长期依赖问题，对于非平稳、有复杂周期性的安全数据预测尤其有效，如预测未来某一时间段安全事故率的波动。

（二）特征选择与模型优化

1. 特征工程

特征工程是预测模型成功的关键步骤，它要求结合领域知识从原始数据中提炼出最具预测价值的信息。例如，将飞行员的累计飞行小时数、维修记录的频率以及环境因素等转化为模型易于理解的特征形式。此外，创造性的特征构造，如通过计算设备故障间隔时间的统计特征，可以进一步提升模型的解释力和预测能力。

2. 模型评估与优化

模型评估阶段，采用交叉验证、接收者操作特征（ROC）曲线和曲线下面积（AUC）值等指标，能够全面评估模型在不同子集上的性能，确保模型不仅在训练数据上表现良好，也能在未见过的数据上有稳定的预测效果。这些评估，可以及时发现并解决过拟合问题，保持模型的泛化能力。

3. 超参数调优

为了最大化模型的性能，超参数调优是不可或缺的一环。通过网格搜索或随机搜索等策略，系统地尝试不同的参数组合，找到最优的参数设置。这一过程对提升模型的准确率和鲁棒性至关重要。自动化调参工具和框架的应用，如贝叶斯优化，能进一步加速这一过程，使模型优化更加高效和智能化。通过上述细致入微的特征处理和模型优化流程，构建的安全风险预测模型具备更高的准确度和实用性，为预防性安全管理提供强有力的科学支撑。

三、关联规则分析挖掘安全隐患深层

关联规则分析不仅是一种强大的工具，用于探索数据集中不同元素之间的有趣关联，而且在网络安全、物理安全及操作安全等领域中，对于识别和预测潜在风险具有重要价值。以下是关联规则分析及其相关高级技术在挖掘安全隐患深层关联中的进一步扩展应用：

（一）增强型 Apriori 算法与动态阈值设定

在传统 Apriori 算法的基础上，增强型 Apriori 算法通过引入动态支持度和置信度阈值，以及高效的剪枝策略，能更好地适应不同场景下的安全数据分析需求。这种灵活性使安全分析师能够针对特定安全领域（如网络入侵检测、供应链安全）调整参数，发现更加精准和实用的关联规则，如识别特定时间段内高发的安全漏洞组合。

（二）分布式 FP-growth 算法与云计算平台整合

随着数据规模的不断膨胀，分布式 FP-growth 算法成为处理大规模安全日志和事件数据的有效手段。该算法通过将数据分割并行处理，再合并结果来发现全局的关联规则，极大地提高了处理速度和效率。将其与云计算平台整合，不仅可以实现弹性资源分配，还能方便地进行跨地域的安全数据分析协作，为全球性企业或跨国安全监控提供强有力的支持。

（三）深度学习辅助的异常检测与关联规则挖掘

结合深度学习技术，特别是自动编码器、RNN（循环神经网络）或 LSTM（长短期记忆网络），可以在无监督或半监督的情况下从高维安全数据中发现异常行为模式。这些模式可以作为新的"项"输入到关联规则分析中，帮助识别更复杂、非直观的安全隐患组合。深度学习的加入不仅提高了关联规则的发现能力，还使模型能够自学习和适应安全威胁的演变。

（四）高级因果推理与图模型

传统的因果推断基础上，采用贝叶斯网络、结构方程模型（SEM）或因果推断图（Causal Graph）等高级图模型，可以更深入地理解安全事件背后的因果机制。这不仅有助于识别直接的因果关系，还能揭露隐藏的中介变量和调节效应，从而制定更加精准有效的安全干预措施，减少误报和漏报，提高安全策略的针对性和效率。

（五）实时关联规则监控与预警系统

将上述技术集成至实时监控和预警系统中，可以实现对安全环境的持续监控和即时响应。通过流处理技术和在线学习算法，系统能够实时分析数据流，及时发现并报告新出现的安全隐患关联，为安全团队提供宝贵的早期预警信息，缩短响应时间，有效遏制安全事件的发展。

关联规则分析及其扩展技术在挖掘安全隐患的深层关联方面展现出巨大潜力，通过不断地进行技术创新和融合，将进一步提升安全管理水平和应急响应能力。

四、综合评价模型在多维度安全指标融合与评估中的深入应用

多维度指标的融合与评估是安全管理中的一项关键技术，它通过集成多种安全性能指标，形成一个统一的安全运行水平评分体系，为决策者提供了清晰、可量化的安全状况概览，有利于高效指导资源配置与策略调整。

（一）层次分析法（AHP）

层次分析法不限于基本的定性转定量分析，其在安全领域的应用可进一步细化为多层次结构，将宏观安全目标分解为具体的子目标和指标，每个层级都通过专家打分或历史数据分析确定权重。利用一致性检验确保判断的合理性，AHP能够处理如信息安全、物理防护、人员培训等多个维度的安全指标，实现各维度间权重的科学分配，为管理层提供一种系统化、层次分明的安全评估框架。

（二）模糊综合评价

模糊综合评价法在处理安全指标不确定性时，可通过引入隶属函数和模糊数学运算，使评价过程更加贴近实际情况。优化方面，可采用动态权重调整策略，根据安全态势的变化适时调整各指标的权重，增强模型的适应性。此外，结合灰色系统理论或云模型，模糊综合评价法能更好地处理数据稀缺或信息不

完全明确的问题,提供更加稳健的综合评判结果,帮助决策者在模糊环境中做出合理判断。

(三)神经网络集成评价模型

神经网络集成评价模型通过深度学习技术,如卷积神经网络(CNN)和循环神经网络(RNN),可以捕捉安全数据的时间序列特征和复杂模式。进一步整合强化学习机制,模型能在持续的学习过程中优化评价策略,根据反馈调整权重分配和评价逻辑,以适应安全环境的动态变化。这种方法不仅能提高评价的准确性和鲁棒性,还能自我改善,预测未来可能的安全风险趋势,为决策提供前瞻性的智能支持。

(四)多准则决策分析(MCDA)与案例推理(CBR)

除了上述方法,多准则决策分析(MCDA)框架能够整合各种评价模型和决策准则,为复杂安全决策提供全面支持。结合案例推理(CBR),学习历史安全事件和成功应对措施,可以为新出现的安全问题提供相似案例的解决方案建议,增强综合评价模型的实践指导意义。

综上所述,综合评价模型的深入应用不限于单一方法,而是通过多方法融合、技术迭代与智能化升级,构建起一个既能全面覆盖安全指标,又能灵活适应变化、提供深度洞察的综合评估体系,为安全管理提供强有力的支持。

五、实践案例与应用策略

(一)实践案例

某国际航空公司为了提升飞行安全与运维效率,采用了上述提到的数据分析与评价模型,特别是时间序列分析与机器学习技术,针对其机队中的一款主力机型进行深入分析。

首先,该公司整合了飞机维护记录、传感器数据、飞行员报告等多源数据,构建了一个全面的数据库。其次，应用时间序列分析预测飞机关键部件的磨损情况，并结合随机森林算法识别影响维修需求的关键因素，如飞行小时数、起降次数、环境因素等。最后，基于模型预测，航空公司能够提前规划维护任务，在故障发生前更换或修复潜在问题部件，显著降低了因机械故障导致的航班延误或取消。实施一年后，该航空公司记录到因维护不当导致的飞行安全事故减少了近40%，同时维修成本因预防性维护策略得到有效控制。

（二）策略建议：数据驱动安全评价的全面实施框架

1. 组织架构调整

成立跨部门的数据安全分析团队，包括IT、安全、运营等部门，确保数据的全面收集与分析工作的协调一致。设立首席数据官（CDO）职位，负责推动数据战略的制定与执行，促进数据文化在组织内部的普及。

2. 数据管理流程优化

强化数据质量管理，建立数据清洗、标准化与验证流程，确保分析基础的准确性。实施数据生命周期管理，从数据采集、存储、分析到销毁的全过程管控，保障数据安全与合规。

3. 人才培养与团队建设

开展定期的数据分析与安全评价技能培训，提升员工的数据素养与分析能力。引进或培养高级数据科学家和安全分析师，专注于复杂模型的开发与应用。

4. 技术平台建设与集成

构建集成化数据分析平台，集成数据仓库、机器学习工具、可视化软件等，简化数据处理与分析流程。采用云计算与边缘计算技术，提高数据处理能力与分析速度，支持实时安全监控与预警。

5. 持续优化与反馈机制

建立模型性能评估与反馈机制，定期审视模型效果，根据业务发展与外部环境变化进行调整优化。鼓励跨部门沟通与知识共享，形成持续改进的文化氛围。

第五节　结果应用与持续改进策略

构建基于数据驱动的安全运行水平评价模型并完成分析后，将产生的洞见转化为实际的安全管理决策是关键的一步。应确保分析结果以清晰、直观的方式呈现给决策者，如使用图表、仪表板或报告等形式，使复杂的分析结果易于理解。通过这种方式，管理层可以迅速把握安全运行的整体态势，识别出哪些环节表现良好，哪些需要改进，以及哪些是紧急的潜在风险点。

一、风险干预与预防措施

基于预测模型和风险识别结果，立即采取预防措施。例如，如果模型预测某条航线在特定季节的事故率将上升，航空公司可以提前调整飞行计划，增加维护检查频次，或者对飞行员进行针对性培训。对于识别的特定机型问题，可能需要与制造商合作，进行技术改进或设计变更。此外，通过特征工程发现的高风险因素，如特定维修人员的技能不足，应及时加强培训或调整工作分配。

二、持续监控与动态调整

安全环境并非一成不变，因此，建立持续监控机制是必要的。这意味着安全指标的跟踪不应仅限于定期的评估，而应是实时的、动态的。利用自动化监控系统和预警机制，一旦数据偏离正常范围或模型预测到潜在风险，立即触发警报，使管理层能够迅速响应。同时，随着新数据的累积，模型需要定期校准和优化，确保预测的准确性不随时间而衰减。

三、闭环反馈与文化培育

构建安全文化，将数据驱动的安全理念深植于组织之中，是长期安全策略的重要组成部分。这包括建立一个鼓励员工报告安全事件和近似错误的环境，无论是正面还是负面的反馈都应视为改进的机会。定期的安全会议、培训和工作坊分享分析结果，能让员工理解他们的行为如何影响安全指标，以及他们如何能参与到安全改进中来。同时，建立一个反馈回路，将改进措施的实施效果反馈到模型中，形成持续改进的闭环。

四、技术与方法论创新

随着技术的快速发展，持续追踪最新的数据分析和机器学习技术，如深度学习、自然语言处理在文本报告分析中的应用，以及 AI 在事故预测中的创新使用，是提升安全分析能力的关键。同时，探索跨学科方法，如结合运筹学优化安全资源分配，利用心理学原理提升安全文化，都是提升安全管理水平的有效途径。

五、政策与法规适应性

安全评价体系和模型的应用需考虑政策与法规的适应性。随着国际民航组织、各国政府对安全标准的不断更新，模型和评价体系需随之调整，确保符合最新的法律要求和国际标准。同时，积极参与行业交流，了解最佳实践，与监管机构合作，促进模型的合规性和推广，提高行业整体的安全水平。

总之，将数据驱动的安全运行水平评价结果转化为具体行动，要求有一个持续迭代、灵活适应、全员参与的过程。不断优化模型、实施干预措施、培育安全文化，最终实现从被动应对到主动预防的安全管理转变，保障民用航空的长期安全与可持续发展。

第五章 以企业为中心的监管数据组织方式构建

本章探讨了以企业为中心的监管数据组织方式在民航业中的实践创新和发展趋势。首先,看到了数据融合技术如何成为推动民航监管领域变革的关键驱动力。通过将飞行前、飞行中和飞行后的各种数据源整合成一个统一的视图,数据融合技术不仅改善了飞行安全和运营效率,还优化了客户服务体验。美国联邦航空管理局的 NextGen 计划就是这一技术革新的一个典型例子,通过利用 GPS 技术替代传统雷达跟踪,实现了对飞机位置的高精度实时监控,并且整合了包括天气预报系统、飞行计划数据库等在内的多种信息源,从而增强了空中交通管理的效率和安全性。

此外,跨领域协同监管在民航安全中的突破同样值得关注。跨领域协同监管强调综合性与协同性,它不仅需要技术的融合与创新,还需要政策制定、组织架构调整及文化理念的变革。通过将航空产业链的各个关键环节紧密结合,并建立高效的信息共享平台和协作机制,跨领域协同监管有助于确保安全相关信息能够迅速传递并转化为具体的改进措施。国际民航组织(ICAO)推出的全球航空安全计划(GASP)就是一个很好的实例,它通过信息共享和风险管理策略,帮助成员国识别和处理安全威胁。

为了确保数据处理活动的合规性，民航企业还需实施数据生命周期管理策略，从数据产生到销毁的每个阶段都需严格把控。这不仅有助于降低法律风险，还能提升企业信誉度和市场竞争力。法定自查数据作为民航安全管理体系中的重要组成部分，通过对这些数据的收集、整理和分析，可以全面了解民航生产经营单位的合规情况，发现存在的问题和隐患，为制定针对性的监管措施提供依据。

行政检查数据在民航安全管理中占据了举足轻重的地位，它有助于及时发现安全隐患并督促相关单位整改，从而防范和减少安全事故的发生。同时，行政检查还能提升民航业的整体服务水平，确保乘客享受到安全、舒适的航空服务。通过细致记录与分析行政检查数据，民航行政机关能够为行业提供更精确的风险评估和预防措施，进而推动民航安全的可持续发展。

第五章 以企业为中心的监管数据组织方式构建

第一节 监管数据组织方式的实践创新

一、数据融合在民航监管中的力量

在民航监管领域，数据融合技术的引入和应用已经不仅仅是概念上的革新，而是正在逐步演化为推动整个行业变革的关键驱动力。随着航空运输量的持续增长和空中交通密度的不断上升，传统监管手段面临的挑战日益严峻。在此背景下，数据融合技术以其独特的优势，重塑了监管的逻辑和边界，为确保飞行安全、提升运营效率、优化客户服务体验开辟了全新的路径。

航空业的数据生态系统复杂且多元化，涵盖了从飞行前的航班计划、气象预报，到飞行中的飞机状态监控、飞行员操作，再到飞行后的维修记录、客户反馈等全方位信息。这些数据源各自独立，但它们之间存在着千丝万缕的联系，共同构成了航空安全和效率的基石。数据融合技术的核心在于，通过先进的算法和平台，将这些孤立的数据源整合起来，形成一个统一、全面的视图。这种整合不仅限于数据的物理集中，更重要的是通过数据清洗、标准化、关联分析等手段，挖掘出数据背后的价值，从而为决策提供更加坚实的基础。

美国联邦航空管理局的NextGen计划，作为数据融合技术在民航监管中的标志性案例，生动展现了如何利用现代信息技术重构空中交通管理体系。NextGen计划的核心目标是通过一系列技术升级和流程优化，实现空中交通管理的现代化。具体来说，它利用GPS卫星技术替代传统的雷达跟踪方式，实现了对飞机位置的高精度、实时监控。这一转变不仅极大地提高了监控的准确性，而且降低了地面基础设施的依赖，为更加灵活的飞行路径规划打开了空间。

在数据融合层面，NextGen计划整合了多种信息源，包括但不限于天气预报系统、飞行计划数据库、航空公司运营数据，甚至是飞机的实时状态报告。这些数据的融合，使监管者能够从宏观和微观两个层面进行更加精细的管理。宏观上，通过分析历史飞行数据和当前气象条件，系统能够预测并规划最优飞行路线，减少因天气或其他因素导致的延误。微观上，实时监控飞机状态和飞行员操作，能够及时发现并预防潜在的安全隐患，提升飞行安全等级。

NextGen 计划通过数据融合技术的应用，显著提升了空中交通管理的效率和安全性。一方面，优化的飞行路线减少了飞行时间，降低了燃油消耗，节约了成本，同时也减少了温室气体排放，符合环保要求。另一方面，实时的数据监控和分析能力，让监管者能够迅速响应紧急情况，提前干预潜在风险，有效防止事故的发生。此外，通过分析飞行数据，监管机构还能发现运营中的瓶颈，为机场容量管理、空域规划提供科学依据，进一步提升整体运行效率。

数据融合技术在民航监管中的应用，不仅是一次技术层面的革新，更是对整个行业管理思维和模式的深刻变革。FAA 的 NextGen 计划作为这一变革的先锋，为展示如何通过集成多源数据，构建一个高效、安全、环保的空中交通管理体系。随着技术的不断进步和应用的深入，数据融合将继续在提升飞行安全、优化运营效率、增强客户服务等方面发挥不可估量的作用，推动全球民航业向更加智能化、精细化的管理方向迈进。

二、跨领域协同监管在民航安全中的突破

跨领域协同监管在民航安全中的突破，是一个多维度、多层次的系统工程，它不仅涉及技术层面的融合与创新，还深刻触及政策制定、组织架构调整以及文化理念的变革。在过去的数十年里，随着航空运输量的急剧增长和全球化进程的加速，民航安全问题日益成为国际社会关注的焦点。传统的监管模式往往侧重单一环节或领域的安全管理，而跨领域协同监管则标志着一个新时代的到来，它致力于构建一个更加紧密、协调一致的安全保障体系。

跨领域协同监管的核心在于其综合性与协同性。它要求打破以往孤立运作的模式，将航空产业链上的各个环节，包括航空公司、机场运营商、空中交通

管理系统（ATM）、飞机及零部件制造商、维修服务提供商、监管机构乃至乘客代表等紧密联结起来。建立高效的信息共享平台和协作机制，确保各类安全相关信息能够迅速传递、准确分析，并转化为具体的安全改进措施。

技术进步是推动跨领域协同监管实施的关键。大数据、云计算、人工智能等现代信息技术的应用，使海量飞行数据的收集、处理和分析成为可能。这些技术不仅能够实时监控航班运行状态，提前预警潜在的安全隐患，还能通过对历史数据的深度挖掘，揭示出安全事件背后的复杂因果关系。例如，通过分析飞行记录器（黑匣子）数据、维护记录、飞行员操作习惯等多源信息，可以更精准地识别风险点，制定针对性的预防策略。

为了保障跨领域协同监管的有效实施，需要建立一套完善的政策与法规框架。这包括但不限于：明确各参与方的权利与义务、设定数据共享的标准与规则、保护敏感信息安全、建立跨国界的法律协作机制等。国际民航组织（ICAO）在此方面发挥了核心作用，通过发布全球航空安全计划（GASP），为各国提供了指导原则和行动蓝图，促进了国际安全标准的统一与合作。

ICAO 的全球航空安全计划（GASP）是跨领域协同监管实践的一个典范。该计划于 2009 年启动，旨在通过全球范围内的合作，系统性地降低航空安全风险。GASP 的核心策略包括以下内容：

（一）信息共享

鼓励成员国建立安全信息报告系统（SIRS），确保航空安全事件、险情及良好实践能在全球范围内及时传播。通过 I-SARPs（国际民用航空公约附件 19 安全管理体系的要求）等工具，推动标准化的安全数据报告和分析流程。

（二）风险管理

推广基于风险的安全管理（RSMS）方法，帮助成员国识别、评估并优先处理最紧迫的安全威胁。ICAO 提供培训和技术支持，帮助各国民航机构建立健全的风险管理机制。

(三)全球协调

GASP 强调全球航空安全政策的一致性和连贯性,通过国际合作项目、研讨会和专家小组,促进最佳实践的交流与采纳。例如,通过全球航空安全行动计划(GASPP),针对特定安全风险领域制订联合行动计划。

(四)持续改进

GASP 鼓励成员国持续审查和改进其安全管理体系,确保其适应不断变化的安全环境。通过定期的安全绩效审计和同行评审,促进安全水平的不断提升。

自 GASP 实施以来,全球航空安全记录显著改善。航空事故率显著下降,这得益于全球范围内对安全信息的透明共享、统一的安全标准实施以及跨领域合作的加强。然而,跨领域协同监管也面临着诸多挑战,如数据隐私保护、文化差异导致的合作障碍、资源分配不均等问题。此外,随着无人机、商业航天等新兴航空业态的兴起,跨领域协同监管的边界还需进一步拓展和适应。

跨领域协同监管在民航安全中的突破,是全球航空业安全管理水平提升的重要标志。它不仅要求技术与制度的革新,更依赖于国际社会的广泛共识与深度合作。面对未来航空运输的持续增长和复杂化,持续优化跨领域协同监管机制,加强全球协同,将是确保每一趟航班安全起降、每一位旅客平安抵达的必由之路。随着智能科技的不断融入与全球治理体系的完善,跨领域协同监管的潜力将进一步释放,引领民航安全进入一个更为高效、智能的新时代。

三、实时监管报告在民航运营中的革命

实时监管报告在民航运营中的革命,标志着航空安全管理进入了智能化、高效化的新纪元。随着技术的飞速发展,尤其是自动化与数字化转型的浪潮,实时监管已成为确保航空安全、提升运营效率不可或缺的一环。其中,自动相关监视-广播(ADS-B)技术的应用尤为突出,它不仅改变了传统航空监视的面貌,还在提高空中交通管理效率、增强飞行安全、促进环境保护等方面展现了巨大潜力。

实时监管报告的核心价值在于其即时性、全面性和准确性。在航空运营中，每一秒都至关重要，实时获取航班运行状态、设备健康状况、飞行员操作细节等信息，能够使航空公司、空中交通控制中心以及相关安全监管机构快速做出响应，有效避免事故的发生或减轻其后果。这种即时反馈机制，为预防性维护、飞行路径优化、紧急情况应对等提供了强有力的支持，显著提高了航空系统的整体安全性与可靠性。

ADS-B技术是实时监管报告技术的杰出代表，它的应用彻底改变了传统的雷达监视方式。这项技术利用GPS全球卫星定位系统确定飞机的位置，随后通过数据链路自动广播飞机的位置、高度、速度、航向、识别码以及其他关键飞行参数给地面接收站和附近的其他飞机。与依赖地面雷达的监视系统相比，ADS-B具有以下几大优势：

（1）提高精度与更新频率：ADS-B提供的位置数据精度可达厘米级，且更新频率远高于传统雷达系统，通常可达每秒一次或更快，极大地提升了空中交通管理的精确度和实时性。

（2）增强空中交通透明度：飞机之间的直接通信能力使每架飞机都能"看到"周围其他飞机的位置和动向，有效降低了因视线受阻或雷达盲区导致的飞行冲突风险。

（3）降低运营成本：由于ADS-B不需要像雷达那样建设庞大的地面基础设施，长期来看，它能显著降低空中交通管理系统的建设和维护成本。

（4）环境友好：通过优化飞行路径和高度层分配，ADS-B有助于减少飞行时间、燃油消耗和碳排放，以符合航空业的可持续发展目标。

在全球范围内，ADS-B技术的应用案例不胜枚举。美国联邦航空管理局（FAA）自2020年起要求所有在美国空域内运行的飞机装备ADS-B Out（向外广播）功能，以提升空中交通的监控效率和安全性。欧洲空域同样积极部署ADS-B系统，特别是在繁忙的空域和复杂的飞行环境中，ADS-B已经成为提升空域容量、减少延误的关键技术之一。

在中国，ADS-B技术的应用也是近年来民航现代化建设的重点之一。中国民用航空局（CAAC）推进ADS-B地面站网络建设，结合北斗卫星导航系统，形成了覆盖全国的高性能监视网络，不仅提升了空中交通管理的效能，也为通用航空的发展和低空空域改革提供了重要技术支持。

尽管 ADS-B 技术带来了显著的益处，但其广泛应用也面临一些挑战，如数据安全与隐私保护、全球标准统一、老旧飞机改造成本以及在偏远地区和海洋上空的覆盖问题等。为克服这些挑战，国际民航组织（ICAO）正与其他国际机构合作，推动全球 ADS-B 标准的统一，同时鼓励技术创新，如加密技术和多路径数据传输，以强化数据安全。

未来，随着物联网、大数据、人工智能等技术的深度融合，实时监管报告将更加智能化。ADS-B 技术也将与这些先进技术结合，实现更加精细化的空中交通管理，如基于预测分析的冲突预警、动态空域管理等，进一步提升航空安全和运营效率。此外，随着无人机和城市空中交通（UAM）概念的兴起，ADS-B 技术及其衍生的新型监视解决方案，将在更广泛的航空领域发挥重要作用，继续推动民航运营的革命性变革。

四、预测性分析在航空安全管理中的前沿应用

预测性分析在航空安全管理中的前沿应用，是当前航空业技术革新的一个重要方向。随着大数据、人工智能（AI）、机器学习（ML）等技术的迅猛发展，航空业界开始探索如何更有效地利用这些技术来提升安全管理的效率与精确度。预测性分析作为这一探索过程中的关键技术之一，正逐步改变着航空维护的传统模式，从被动应对转向主动预防，显著提高了航空运营的安全性与经济性。

预测性分析依赖于对海量数据的收集、整理、分析与解读。在航空安全管理领域，数据来源广泛，包括但不限于飞行数据记录器（黑匣子）、发动机性能参数、气象信息、维护记录、飞行员报告等。通过大数据技术，这些数据被整合并清洗，形成可供分析的高质量数据集。随后，运用机器学习算法对数据进行深度挖掘，识别出数据间的复杂关联和隐藏模式，从而预测未来可能出现的故障或风险。

人工智能，特别是机器学习，是预测性分析背后的核心驱动力。机器学习算法通过训练过程学习历史数据中的模式，然后应用这些学习成果来预测未知情况下的结果。在航空安全管理中，这意味着系统可以自动识别特定飞行条件、维护周期、部件老化等与潜在故障之间的关联，甚至能够在问题出现之前，根据细微的变化趋势发出预警。

案例研究聚焦于航空公司发动机健康管理系统的前沿应用，以 GE 航空的 Predix 平台为例。Predix 是一个工业互联网平台，专门设计用于处理和分析航空业产生的大量数据。通过集成各种传感器数据，如发动机温度、振动频率、油耗等，Predix 平台利用先进的机器学习算法对这些数据进行实时分析，以预测发动机的健康状况。

这一系统的优势在于其超前的预警能力。传统的维护模式通常依赖于定期检查或故障后的修复，而 Predix 能够提前数周乃至数月识别出发动机的潜在故障，使航空公司有足够时间安排维护，避免了突发故障导致的航班取消或延误，显著降低了非计划停机率。这种预测性维护不仅保障了飞行安全，还优化了维护资源分配，减少了不必要的检查和维修，从而节省了大量成本。

尽管预测性分析在航空安全管理中展现出巨大潜力，其实际应用仍面临若干挑战。首先，数据的质量和完整性是预测准确性的基础，而数据收集、存储和传输过程中可能存在噪声干扰或数据丢失的问题。其次，算法的解释性也是一个重要考量，确保机器学习模型的决策过程可追溯、可解释，对于建立信任和合规性至关重要。此外，随着技术的快速迭代，如何持续升级系统，保持其领先性和适应性，也是航空公司和制造商必须面对的问题。

未来，预测性分析在航空安全管理中的应用将更加广泛和深入。随着物联网技术的普及，更多的飞机部件将配备智能传感器，生成更丰富的数据流，为预测模型提供更多维度的输入。同时，随着算法的不断优化和 AI 技术的进步，预测的准确性和时效性将进一步提升。此外，集成化的航空安全管理平台将把预测性分析与其他安全管理模块紧密结合，如风险管理、应急响应、人员培训等，形成一个全方位、智能化的安全管理体系。

预测性分析作为航空安全管理的前沿技术，正逐步成为行业标准，推动航空安全迈向更高水平。它不仅代表着技术的进步,更是航空业对乘客安全承诺的体现,是未来航空安全管理不可或缺的一部分。

五、开放数据在促进民航透明度与信任中的未来

开放数据在促进民航透明度与信任中的未来,不仅是技术进步的体现,更是全球民航管理理念的一次深刻变革。随着信息技术的飞速发展,数据已成为现代社会的宝贵资产。而在民航领域,开放数据政策的实施更是对传统信息管理模式的一次重大突破,它不仅提升了行业内部的协作效率,还极大地增强了公众对航空安全的信心,塑造了一个更加透明、可靠的航空环境。

开放数据是指那些可以被任何人自由访问、使用、修改和分享的数据,其核心在于消除信息壁垒,促进知识的自由流动。在民航领域,开放数据涵盖了从飞行安全记录、航空公司绩效指标、航班延误原因到机场运营状况等各类信息。通过开放这些数据,民航机构和企业不仅能够展示其对安全的承诺,还能激发外部创新,促进服务和安全标准的持续改进。

EASA 数据门户是开放数据在民航领域应用的一个典范。该门户不仅公开了详尽的航空事故与事件报告,还涵盖了航空法规、认证要求、安全建议等关键信息,为研究学者、新闻媒体、乘客以及行业内各参与方提供了前所未有的数据访问权限。这种开放姿态不仅促进了学术界对航空安全的深入研究,推动了新技术和服务模式的开发,还鼓励公众参与到航空安全的监督之中,构建了一个多方共赢的生态系统。例如:通过分析 EASA 提供的事故数据,研究人员能够识别出安全风险的新趋势,提出针对性的改进建议;而乘客则能基于这些信息做出更为明智的出行选择,进一步增强了对航空系统的信任。

开放数据的实施,通过以下几个方面促进了民航的透明度与信任:

(1)提升公众知情权:公众可以直接获取到关于航空安全、服务质量等信息,有助于消除信息不对称,增强公众的参与感和信任感。

(2)加强行业自律:当航空公司的安全记录、运营表现等数据对外公开时,自然会形成一种竞争压力,促使各公司不断提升自身标准,以获得市场和公众的认可。

（3）促进技术创新与合作：开放数据为科研机构、初创企业提供了丰富的数据资源，激励他们开发出新的应用程序、分析工具，以及改善安全和运营效率的解决方案。

（4）强化监管效能：监管机构可以利用大数据分析，实现对航空安全的实时监控和预测性管理，及时发现并解决潜在问题，有效预防事故的发生。

随着技术的不断演进，开放数据在民航领域的应用将更加广泛和深入。例如，区块链技术的引入，能为数据的不可篡改性和追溯性提供更强的技术保障，进一步提升数据的可信度。同时，人工智能和机器学习技术的应用，将使数据分析更为精准高效，帮助行业快速识别风险，制定预防措施。

此外，未来的开放数据策略还将更加注重数据隐私保护和数据伦理，确保在提升透明度的同时，妥善处理个人隐私和商业敏感信息。通过建立更加完善的开放数据框架和标准，实现数据的有序开放与合理利用，民航业将向着更加智能、安全、透明的方向持续迈进，为乘客提供更加安心、便捷的航空旅行体验。总之，开放数据在促进民航透明度与信任方面的潜力巨大，它不仅是提升行业安全水平的关键，也是推动民航业可持续发展的重要驱动力。随着技术的不断创新和国际合作的加深，开放数据将成为构建未来智能、透明航空生态系统的核心要素。

第二节　民航业监管数据标准与规范

在当今全球化的航空运输网络中，数据不仅是驱动效率提升的关键要素，更是确保飞行安全的基石。本节将深入探索国际民航组织（ICAO）、各国及地区民航管理局（CAA）制定的一系列数据管理与报告标准，特别是围绕安全管理信息系统（SMS）的数据要求，解析如何将这些国际和地区性的规范无缝融入企业的数据组织体系，以实现数据的标准化、规范化收集与上报，全面满足日益严格的民航安全监管需求。

一、国际民航组织（ICAO）的标准框架

ICAO 作为全球民用航空的最高指导机构，其发布的《安全管理手册》（Doc 9859）为全球航空安全管理体系（SMS）设定了基准。该框架强调了数据在风险评估、安全保证、安全促进等方面的核心作用。具体而言，ICAO 要求航空公司和机场必须建立一套全面的数据收集、分析、反馈和持续改进机制，确保安全相关信息的准确无误和及时传递。这包括但不限于事故/事件报告、安全审计结果、风险评估数据及员工安全报告等。

（一）安全管理手册（Doc 9859）的核心元素

ICAO 的《安全管理手册》（Doc 9859）是构建全球航空安全管理体系（SMS）的蓝图，它不仅是一个理论框架，而且提供了实施 SMS 的实践指导。手册围绕四个核心支柱展开：

1. 安全政策与目标设定

明确企业的安全愿景、政策和目标，确保从最高管理层向下贯穿至基层员工，形成自上而下的安全文化。数据在此环节用于设定可量化的安全绩效指标，用以衡量安全政策的实施效果。

2. 风险管理

这是 SMS 的核心过程，涉及对所有飞行活动及相关地面操作中的潜在危险进行识别、评估、控制和监控。ICAO 要求采用数据驱动的风险评估方法，如通过历史事故数据、近似事故数据、员工报告等多元数据源，识别风险因素，量化风险等级，并采取相应措施降低风险。

3. 安全保证

安全保证旨在提供持续的监督和评估，确保 SMS 的有效运行，包括内部审计、安全绩效监测、安全数据分析等，通过这些手段验证安全政策和风险管理措施是否达到预期效果。ICAO 推荐使用数据管理系统自动收集、分析数据，

实现安全绩效的实时监控和趋势分析。

4. 安全促进

旨在提高全体员工的安全意识和参与度，包括安全培训、沟通机制、安全文化的培养等。数据在此阶段用于评估培训效果、识别安全沟通的盲点，以及通过员工报告系统收集一线的安全信息，以促进持续学习和改进。

（二）数据在 SMS 中的具体应用示例

（1）事故/事件报告系统：建立一个无惩罚性的报告机制，鼓励员工报告任何安全隐患或事故/事件。通过数据分析，识别趋势和潜在风险，采取预防措施。

（2）安全审计与检查：利用数据对安全程序和标准进行定期审计，确保符合国际和国内的安全要求。审计结果反馈至管理系统，促进整改行动的实施。

（3）风险评估数据库：建立包含历史事件、行业数据、外部威胁信息的风险数据库，使用统计分析和预测模型，进行前瞻性风险评估。

（4）员工安全报告与反馈：鼓励员工通过各种渠道提交安全建议或隐患报告，建立数据分析平台，对报告进行分类、分析，以发现系统性问题并促进改善措施的实施。

二、各国及地区民航管理局的实施与细化

在全球民航领域中，国际民航组织（ICAO）无疑是引领航空业前行的明灯，为各国及地区制定了一系列严格的标准和指南。这些标准和指南是确保航空运输安全、有序和高效运行的基石。然而，值得注意的是，尽管 ICAO 的全球性标准为各国及地区提供了统一的框架和准则，但在实际操作中，各国及地区的民航管理局仍需根据本国的国情和区域特点，对这些标准进行进一步的细化和补充，以制定出更加贴合本国实际的数据管理与报告规范。

美国联邦航空管理局（FAA）在遵循 ICAO 标准的同时，紧密结合美国航空运输的实际情况，推出了航空安全信息分析与共享系统（ASIAS）。这一系统的核心在于集成多个关键数据源，包括详尽的飞行数据、详尽的维护记录、

实时更新的气象信息等。通过运用先进的数据分析技术，ASIAS 系统能够精准地识别出潜在的安全隐患，并为 FAA 提供及时、准确的决策支持。这种对安全问题的早期识别与干预，无疑为美国的航空运输安全筑起了一道坚实的屏障。

欧洲航空安全局（EASA）在数据管理与报告方面也展现了其独特的智慧。EASA 在其法规中明确强调了数据保护与隐私的重要性，这不仅是对乘客权益的尊重，也是确保航空数据安全的基础。在此基础上，EASA 积极推动数据共享，通过加强各国民航管理局之间的数据交换与合作，构建了一个全球范围内的航空安全信息网络。这一网络汇聚了全球各地的航空安全信息，形成了更为全面、准确的航空安全数据库。这一数据库不仅为各国民航管理局提供了宝贵的决策支持，还为航空公司、机场等相关机构提供了重要的参考信息，助力他们更好地应对各种挑战。

中国民用航空局（CAAC）也在数据管理与报告方面取得了显著的成果。CAAC 结合中国航空运输的实际情况，制定了一系列具有中国特色的数据管理与报告规范。这些规范对飞行数据的采集、存储和分析进行了详细的规定，要求航空公司必须按照规定的格式和标准，将飞行数据上传至指定的数据中心。此外，CAAC 还加强了对数据的监管和审核力度，确保数据的真实、准确和完整。这些措施的实施，不仅提高了中国航空运输的安全水平，也为全球民航领域的发展提供了有益的借鉴。

此外，也不能忽视其他国家和地区的民航管理局在数据管理与报告方面的努力。例如，一些国家针对其特殊的地理环境和气候条件，制定了专门的航空安全数据管理与报告规范；而一些地区则通过加强国际合作与交流，共同推动航空安全数据的共享与利用。

总之，各国及地区的民航管理局在遵循 ICAO 全球标准的同时，还需根据本国国情和区域特点，对数据管理与报告规范进行进一步的细化和补充。这种细化和补充不仅是对 ICAO 标准的补充和完善，更是对各国及地区航空运输安全的保障和提升。只有这样，才能确保航空运输的安全、有序和高效，为全球民航领域的发展做出更大的贡献。

三、数据标准化与规范化实践

(一) 数据分类与编码: 统一语言的基石

在航空安全数据管理中，数据分类与编码的标准化是构建可互操作性数据体系的第一步。遵循 ICAO Doc 8643 等国际标准，企业需建立一套详尽的数据字典，将各类航空安全数据（如事故类型、飞机部件故障代码、天气条件等）进行精确分类，并赋予统一的编码规则。这不仅确保了数据的准确归类，还便于跨部门、跨机构间的有效交流与数据共享，提升了数据的全球可比性。例如，采用行业标准术语和编码，可以简化事故报告的填写过程，减少误解和错误分类，从而加快信息处理速度。

(二) 数据质量控制: 打造可靠的数据供应链

构建一个高效的数据质量管理体系，是确保数据可用性和决策准确性的关键。企业应实施多层数据质量检查机制，从源头开始，即从数据采集阶段，就确保数据的准确性、完整性、一致性和时效性。利用自动化工具进行数据清洗和验证，减少人为错误。同时，实施定期的数据审核流程，包括数据完整性校验、逻辑一致性检查以及与历史数据的对比分析，以发现并纠正数据偏差。此外，建立数据问题反馈机制，确保数据质量问题能得到及时追踪和解决。

(三) 技术平台建设: 赋能数据处理与分析

随着大数据和云计算技术的发展，构建基于云的数据仓库和数据湖成为提升数据处理能力的重要途径。企业应选择符合安全合规要求的云服务提供商，利用其弹性计算资源和高级分析工具，实现对海量航空安全数据的高效存储、处理和分析。数据湖的架构设计应支持原始数据的存储以及数据湖内数据的结构化处理，便于进行高级分析和机器学习模型的训练，从而挖掘出隐藏的安全模式和风险趋势。同时，采用加密技术、访问控制和数据脱敏等手段，确保数据在云端的安全与隐私保护。

(四)人员培训与意识提升:培育数据驱动文化

人员是数据管理中的关键因素。企业应开展分层次、分专业的数据素养培训计划,包括对一线操作人员进行数据录入的准确性培训,对中层管理者进行数据驱动决策的思维培养,以及对高层管理者进行数据战略规划的教育。采用工作坊、在线课程、模拟演练等多种形式,提高全员对数据重要性的认识,确保每位员工都能在日常工作中正确处理和利用数据。此外,还应建立数据冠军制度,激励员工主动参与到数据质量改进和创新应用中来,营造积极的数据文化氛围。

(五)持续改进机制:适应变化,追求卓越

面对不断演进的监管要求和快速发展的技术环境,企业必须建立一个灵活的反馈与优化机制。这意味着要定期对数据管理系统的性能、效率和合规性进行评估,包括但不限于数据处理的时效性、数据质量的稳定性以及数据安全措施的有效性。基于评估结果,及时调整数据管理策略和流程,引入新技术和工具,以应对新出现的挑战。同时,建立与监管机构的常态沟通机制,确保企业数据管理实践与最新的监管指导保持同步,从而在变化中持续提升数据管理的成熟度和效能。

四、行业监管部门在数据标准化与规范化中的角色与责任

(一)制定与更新标准指南

行业监管部门,如各国民航局,应当积极参与国际标准的制定与修订,同时根据本国航空业的发展现状与特点,制定具体的实施指南和细则。这包括定期审查现有标准的适用性,适时更新数据分类与编码规则,确保其与国际接轨同时满足国内行业需求,促进全球航空安全信息的兼容与共享。

(二)推动技术创新与应用

监管部门应鼓励和支持技术创新,如云计算、人工智能、区块链等技术在

航空数据管理中的应用，提供政策指导和资金支持，促进技术示范项目和试点工程的实施。同时，与科研机构、高校和企业合作，研究新兴技术在数据隐私保护、数据质量提升、数据分析效率等方面的应用潜力，推动行业整体技术水平的提升。

（三）建立监管与服务并重的平台

构建或升级监管服务平台，提供数据上报、查询、分析一站式服务。平台应具备高可用性、高安全性，支持数据的标准化上传、自动验证、实时监控等功能，减轻企业负担，提高数据处理效率。同时，该平台应开放接口，允许数据在符合规定的条件下，在行业内乃至跨行业共享，促进数据价值的最大化利用。

（四）加强培训与交流

监管部门应定期举办数据管理与安全相关的培训和研讨会，不仅面向监管人员，也向航空企业开放，提升整个行业对数据重要性的认识，加强数据处理技能的普及。采用经验分享、案例分析、最佳实践交流等方式，促进知识更新与技术扩散，构建学习型行业生态。

（五）强化监督与激励机制

建立和完善数据管理的监督评估体系，对航空企业数据标准化、规范化工作的实施情况进行定期评估和考核，公开评估结果，对表现优异的企业给予表彰或政策优惠，对不符合要求的企业提出整改意见，并跟踪改进进展。同时，建立数据泄露或滥用的问责机制，确保数据安全与隐私保护措施得到有效执行。

（六）促进国际合作与交流

在全球化的背景下，行业监管部门应积极参与国际民航组织和其他国际安全论坛，加强与其他国家和地区的交流合作，共享数据管理的最佳实践，协调解决跨境数据流动中的法律与技术障碍，共同提升全球航空安全水平。

第三节　数据驱动的民航安全与性能优化

在航空领域，安全与性能优化是永恒的主题，而数据已成为实现这一目标不可或缺的驱动力。本节将深入探讨如何利用飞行数据记录器、维修日志、飞行员报告等关键数据集，结合先进的数据分析技术，如机器学习和大数据分析，转化为预测性安全预警信号，同时提升航空运营的整体效率。在此过程中，也将强调在处理敏感信息时的数据保护措施，确保合规性与安全性并行不悖。

一、深入分析特定数据集

在航空领域中，数据对于洞察飞行安全、维护效率和操作流程优化至关重要。飞行数据记录器（黑匣子）、维修日志、飞行员报告系统、民航行政检查、企业法定自查以及不安全事件报告等是宝贵的数据集，这些数据集具有独特的价值和洞察能力。下面将对这些数据集进行深入分析，探讨它们如何转化为对民航运营安全的深入理解以及操作层面的优化建议。

（一）飞行数据记录器（黑匣子）

飞行数据记录器，即通常所说的"黑匣子"，是航空事故调查中的核心证据。它记录了飞行期间的多种关键参数，如飞行姿态、发动机状态、系统警告等。这些数据通过高精度的时间戳进行标记，能够详细还原飞行过程中的每一个环节。

利用高级数据分析技术，可以对飞行数据记录器中的数据进行深入分析。例如，模式识别算法可以识别出异常的飞行模式，这些模式可能与飞行员的操作失误、机械故障或环境因素有关。此外，数据分析还可以揭示发动机性能的衰退趋势，为预防性的维护决策提供数据支持。

（二）维修日志

维修日志详细记录了飞机在服役期间所经历的每一次检查、维修和更换零件的情况。这些数据是评估飞机健康状况、预测潜在故障以及优化维护周期的重要依据。

对维修数据进行深入挖掘，可以发现维护过程中的优化空间。利用时间序列分析和机器学习模型，可以预测关键部件的故障概率，从而提前进行更换或维修，避免非计划停飞事件。此外，维修日志还可以揭示出不同机型或不同批次飞机在维护方面的差异，为制造商提供改进建议。

（三）飞行员报告系统

飞行员报告系统是一个重要的反馈机制，允许飞行员报告他们在飞行过程中遇到的各种情况，包括接近错失事故、系统异常体验等。这些报告包含了大量的第一手飞行经验和观察，对于识别潜在的安全隐患和改进操作流程具有重要意义。

利用文本挖掘和自然语言处理技术，可以从飞行员报告中提取出有价值的信息。例如，关键词分析，可以发现飞行员普遍关注的问题或频繁出现的异常情况。这些发现可以为飞行员培训和操作规程的优化提供依据。此外，情感分析技术还可以了解飞行员对于不同飞行任务或操作程序的满意度和反馈，从而进一步优化飞行操作流程。

（四）民航行政检查发现行政相对人的问题数据集

民航行政检查是确保航空公司、机场和其他民航企业遵守相关法规及标准的重要手段。在检查过程中，行政检查人员会记录发现的问题，这些问题可能涉及安全操作、服务质量、设备维护等方面。对这些问题数据集的利用，对于民航管理部门来说，具有以下价值：

（1）识别普遍性问题：分析数据集，可以识别出民航企业普遍存在的问题，如安全操作不规范、服务质量不达标等。这有助于民航管理部门制定针对性的监管措施，提高整个行业的合规性水平。

（2）评估企业合规性：数据集记录了每家企业的违规情况，通过对比不同企业的数据，可以评估每家企业的合规性水平。这有助于民航管理部门对企业进行分类管理，对违规严重的企业采取更严格的监管措施。

（3）预测风险：利用历史数据和统计分析方法，可以预测企业未来可能出现的问题和风险。这有助于民航管理部门提前采取预防措施，减少潜在的安全风险。

（五）民航企业法定自查发现问题的数据集

民航企业法定自查是企业自我监督、自我完善的重要机制。在自查过程中，企业会记录发现的问题，这些问题可能涉及内部管理、操作流程、设备状态等方面。这些数据集的利用，对于民航企业来说，具有以下价值：

（1）识别内部管理问题：通过分析自查数据集，企业可以识别出内部管理存在的问题，如制度不完善、流程不合理等。这有助于企业及时改进内部管理，提高运营效率和服务质量。

（2）优化操作流程：自查数据集记录了企业在操作流程中发现的问题。通过分析这些问题，企业可以优化操作流程，减少人为错误和事故风险。

（3）提高设备可靠性：自查数据集还包括设备状态的信息。通过分析这些信息，企业可以及时发现设备故障和潜在风险，提高设备的可靠性和使用寿命。

（六）民航企业不安全事件的数据集

民航企业不安全事件的数据集记录了企业发生的各种不安全事件，如飞行事故、地面事故、设备故障等。这些数据集的利用，对于民航企业和民航管理部门来说，具有以下价值：

（1）分析事故原因：分析不安全事件的数据集，可以深入了解事故的原因和机理，为事故调查和责任追究提供依据。

（2）识别风险点：不安全事件的数据集揭示了企业存在的风险点和薄弱环节。通过分析这些数据，企业可以制定针对性的预防措施，降低事故发生的概率。

（3）评估企业安全状况：不安全事件的数据集可以反映企业的安全状况和管理水平，通过对比不同企业的数据，可以评估每家企业的安全状况和管理水平。这有助于民航管理部门对企业进行分类管理，对安全状况较差的企业采取更严格的监管措施。

二、数据保护措施与合规性在民航业的应用

在民航业中，数据保护措施与合规性不仅是企业运营的关键，也是行业监管的重要方面。随着技术的不断进步和数据量的快速增长，如何确保数据的安全性、合规性以及保护旅客隐私成为民航业面临的重大挑战。

（一）数据加密与访问控制

在民航业中，数据的安全传输和存储至关重要。为了保障敏感数据（如航班信息、旅客数据、安全记录等）的安全，实施端到端加密技术变得尤为关键。这种技术确保数据在传输过程中被加密，只有拥有正确密钥的接收方才能解密数据，从而有效防止数据被窃取或篡改。

此外，严格的访问控制策略也是民航业不可或缺的一部分。实施基于角色的访问控制（RBAC）或基于属性的访问控制（ABAC），可以确保只有经过授权的人员才能访问敏感数据。同时，记录所有访问活动对于审计和追踪潜在的违规行为至关重要。这不仅有助于及时发现并处理安全威胁，还能为监管机构提供必要的数据支持，以评估企业的合规性。

（二）隐私保护与去标识化

在民航业中，个人隐私保护是企业必须高度重视的问题。为了符合GDPR、

CCPA 等数据保护法规的要求，民航企业需要对个人数据进行去标识化处理。这意味着在不影响数据分析效果的前提下，去除个人数据中直接或间接可识别个人身份的信息，如姓名、地址、电话号码等。通过去标识化，企业可以在保护旅客隐私的同时，继续利用数据进行业务分析和优化。

为了确保去标识化过程的合规性，民航企业应制定详细的数据处理流程和操作规范，并对相关人员进行培训。此外，企业还应定期与数据保护机构沟通，了解最新的法规要求和技术标准，以确保其数据处理活动始终符合法规要求。

（三）数据生命周期管理

在民航业中，数据生命周期管理对于确保数据处理活动的合规性至关重要。一个完整的数据生命周期管理策略应包括数据产生、存储、使用和销毁等各个环节。

在数据产生阶段，民航企业应明确数据的来源、用途和存储要求，以确保数据的准确性和可靠性。在数据存储阶段，企业应选择安全的存储介质和存储方式，并对数据进行备份和恢复测试，以确保数据的可用性和完整性。在数据使用阶段，企业应制定明确的数据使用规范和流程，并对相关人员进行培训和监督，以确保数据被合法、合规地使用。在数据销毁阶段，企业应根据数据保护法规的要求，及时销毁不再需要的数据，以减少不必要的数据保留和降低数据泄露风险。

通过实施数据生命周期管理策略，民航企业可以确保数据处理活动的合规性，并降低因数据泄露或滥用而引发的法律风险。同时，这也有助于提升企业的信誉度和市场竞争力，为民航业的可持续发展提供有力保障。

第四节 民航政府监管数据的种类

一、法定自查数据

在民航安全管理体系中，法定自查工作是确保民航生产经营单位持续符合相关法律法规要求、实现安全高效运营的重要机制。2015年起，中国民用航空局（以下简称"民航局"）在行业内推广法定自查工作，旨在通过民航生产经营单位的自我检查、自我纠正和自我完善，推动形成主动合规、持续合规的长效机制。随着民航事业的快速发展，确保民航安全、高效、合规运营尤为重要。为深入贯彻落实习近平总书记关于民航安全工作的系列重要指示精神，中国民用航空局于2022年9月28日制定并印发了《民航单位法定自查工作规范》，旨在推动民航生产经营单位落实主体责任，形成主动合规、持续合规的长效机制。本规范在原有基础上进行了扩展和完善，以更好地适应民航发展的新形势、新要求。在民航安全监管数据分析中，法定自查数据是不可或缺的一部分。通过对法定自查数据的收集、整理和分析，民航局可以全面了解民航生产经营单位的合规情况，发现存在的问题和隐患，为制定针对性的监管措施提供依据。同时，法定自查数据的积累和分析，还有助于发现行业共性问题，推动整个行业的持续改进和提升。

（一）法定自查的定义

法定自查，即法定要求的符合性自查，是民航生产经营单位基于监管事项库，建立法定自查事项清单，并利用该清单，采取技术和管理措施，持续检查、监控生产经营过程各要素、各环节，确保符合适用的民用航空相关法律、法规、规章、行政规范性文件、标准等要求的活动。这一工作不仅涉及安全生产，还涵盖经营运行、内部管理、程序标准、行为规范等多个方面。

（二）法定自查的目的

法定自查的主要目的在于推动民航生产经营单位落实主体责任，通过单位领导履行领导责任、从业人员履行岗位责任，持续提升行业的合规能力和合规运行水平。通过法定自查，民航生产经营单位能够主动发现存在的问题和隐患，及时纠偏，确保生产经营活动的合规性，为民航的安全、高效发展提供有力保障。

（三）法定自查的工作原则

（1）全面参与：民航生产经营单位应全员参与法定自查工作，提升全员参与的自觉性。同时，民航行政机关通过行政检查等监管手段，督促企业实施法定自查。

（2）倡导提升：鼓励民航生产经营单位按照更高级别的标准要求开展法定自查工作，不断提升法定自查工作水平。

（3）鼓励共享：民航生产经营单位在法定自查过程中，应主动总结并在行业中共享成功经验和有效做法，促进整个行业的共同进步。

（4）有效融合：法定自查工作应融入民航生产经营单位自身的管理体系中，与各类检查、审核和审计相结合，形成合力，提高管理效率。

二、民航行政机关行政检查数据

民航行政机关的行政检查是指民航行政机关及其委托的组织、个人和法律法规授权的组织依据国家法律、法规和民航规章的规定，对从事民用航空活动的公民、法人或其他组织实施的查看、了解和掌握其遵守有关法律法规和规章情况，督促其履行义务的行为，在民航安全管理中有着举足轻重的作用。它不仅是对民航运营活动是否符合国家法律法规和规章制度的一次全面审视，更是确保航空安全、维护公众利益的关键环节。行政检查能够及时发现行政相对人潜在的安全隐患，促使相关单位采取必要的措施进行整改，从而防范和减少安全事故的发生。此外，行政检查还能提升民航业的整体服务水平，确保乘客享受到安全、舒适、便捷的航空服务。因此，民航行政机关的行政检查对于保障民航安全、促进民航业的健康发展具有重要意义。

（一）《民用航空行政检查工作规则》

行政管理体制改革之后的民航行政机关承担着繁重的行业监管职责。为了贯彻落实国务院《全面推进依法行政实施纲要》，保证民航行政机关依法行政，充分发挥行政监管职能,推进行政检查工作制度化、规范化,同时也为了保护公民、法人和其他组织的合法权益,中国民用航空总局于2006年2月20日发布了《民用航空行政检查工作规则》(CCAR-13)。

该规则对民航行政检查的定义、行政检查的实施机关和人员、行政检查的管辖、行政检查的实施、行政检查中的强制措施以及行政检查的法律责任等内容进行了规定。在起草该规则时,着重以下几方面内容:

(1)统一工作制度,注重行政执法行为之间的衔接。行政检查与行政许可、行政处罚、行政强制等行政执法行为关系密切,但在实践中存在规则不统一,或缺少规范的情况。例如,民航局业务部门根据不同专业的需要,在出台相关监察大纲或规范性文件时,规定了不同的行政检查工作规范。在有关行政许可和行政处罚的相关法律法规中,也有一些行政检查的规定,但过于粗略或不统一,给行政检查工作带来一定难度。因此,在规则起草时,特别注意将散见于《中华人民共和国安全生产法》《中华人民共和国行政许可法》《中华人民共和国行政处罚法》等相关法律法规中关于行政检查的程序性规定融合提炼,使行政检查与行政处罚、行政强制等行政执法行为相衔接,以达到行政执法的有效统一,便于检察员开展全面的行政监管工作。

(2)在明确行政检察权的同时,注意保护行政相对人的合法权益。规则明确规定了民航行政机关及其委托的组织和法律法规授权的组织的行政检查权,但同时规定行政检查应当遵循依法、公开、便民、合理的原则,最大限度地保障行政相对人的合法利益,不影响公民、法人以及其他组织的正常生产经营活动,在执法与守法之间,力求达到一种平衡。

(3)按照行政机关职能部门的职责,科学分工,促进行政检查工作的顺利开展。民航行政检查工作的直接目的在于落实安全监管和市场监管职责。这是一项复杂的系统工程,需要各部门相互支持,分工合作。因此,规则规定民航行政机关应当编制行政执法手册和年度检查计划,并对各项工作的分工和配合做出了规定,有利于行政检查机关职能部门相互合作,协调一致,开展行政检查工作。

（4）明确了行政检查中的强制措施。行政强制措施是行政机关在履行行政管理职责时必要的行政手段，尽管我国目前还没有专门的行政强制法，但《中华人民共和国安全生产法》规定，负有安全生产监督管理职责的部门具有行使查封、扣押等行政强制措施的职权。因此，为了使行政强制措施在民航行政执法工作中得以有效运用，规则专门规定了行政检查过程中可以采用的几种行政强制措施及实施程序。

（二）监管数据

民航行政机关在行政检查过程中产生的监管数据，是评估民航运营安全状况、指导行业发展的重要依据。这些监管数据包括飞行安全记录、设备维护情况、机组人员素质等多个方面，能够全面反映民航运营的真实情况。通过对监管数据的分析，民航行政机关可以准确识别行业中的风险点，为制定和调整相关政策提供有力支持。同时，监管数据还能促进民航行业的自我完善和提升，推动相关单位加强内部管理，提升服务质量。

首先，行政检查数据扮演着"体检报告"的角色，它详尽记录了对航空器、机场设施、维修保养程序及人员操作规范的定期与不定期检查详情。这些数据不仅直接反映出现存的安全隐患与缺陷，还为后续的风险评估与预防措施提供了科学依据，确保问题得到及时有效的整改。通过分析这些数据的趋势与模式，监管机构能够精准定位安全管理的薄弱环节，有的放矢地强化监督指导，不断提升行业的整体安全标准。

其次，行政许可与行政约见数据则是行业准入与合规管理的直接体现。许可数据关乎航空服务提供者及其从业人员是否满足国家规定的安全、技术及服务质量标准，是确保市场参与者具备基本安全运营能力的第一道门槛。而行政约见作为非惩罚性的监管手段，侧重通过沟通指导帮助企业识别并纠正潜在问题，这些数据记录了监管灵活性与企业自我完善的过程，促进了法规遵从文化的形成。两者相结合，既保证了行业的规范化运作，又激励了业界主动提升安全管理水平。

最后，行政处罚与行政强制措施产生的数据，构成了民航安全监管体系中"硬约束"的一面。通过对违规行为的记录与公开，不仅彰显了法律法规的严肃性与执行力，也通过负面案例教育警示全行业，形成了强大的外部压力，促使各主体严格自律。这些数据的分析还能揭示行业安全问题的新动向与规律，为制定更加精准的预防策略和法律法规修订提供实证支持。综上所述，民航行政机关产生的各类监管数据，通过多维度、多层次的分析应用，共同编织了一张严密的安全防护网，为推动民航安全的可持续发展奠定了坚实的基础。

三、事件信息数据

为了规范民用航空安全信息收集、分析和应用，实现安全信息共享，推进安全管理体系建设，及时发现安全隐患，控制风险，预防民用航空事故，根据《中华人民共和国安全生产法》《中华人民共和国民用航空法》等国家法律、行政法规，交通运输部于2022年修订并施行了《民用航空安全信息管理规定》，进一步明确了事件信息的定义，即在民用航空器运行阶段或者机场活动区内发生航空器损伤、人员伤亡或者其他影响飞行安全的情况。主要包括：民用航空器事故（以下简称"事故"）、民用航空器征候（以下简称"征候"）以及民用航空器一般事件（以下简称"一般事件"）信息。

《民用航空安全信息管理规定》要求，企事业单位负责管理本单位民用航空安全信息工作，制定包括自愿报告在内的民用航空安全信息管理程序，建立具备收集、分析和发布功能的民用航空安全信息机制。企事业单位的民用航空安全信息管理程序应当报所属地监管局备案。民航局通过分析民用航空安全信息，评估行业总体安全状况。地区管理局和监管局通过分析民用航空安全信息，评估辖区总体安全状况，明确阶段性安全监管重点。

第六章 数据治理与隐私保护

在民航企业监管模式的创新研究中,数据治理与隐私保护是不可或缺的关键环节。随着大数据技术的广泛应用,民航企业积累了海量数据。这些数据不仅为监管提供了有力支持,同时也使数据管理和隐私保护成为一大挑战。因此,本章将深入探讨数据治理的策略、隐私保护的机制,以及如何在民航企业监管中平衡数据利用与隐私保护的关系。

第一节　民航数据治理体系构建

随着全球航空运输业的迅猛发展，民航业已经成为连接世界各地的重要纽带，不仅促进了国际贸易和旅游业的增长，还极大地便利了人们的出行。在这一过程中，数据成为推动民航业变革的核心力量之一。尤其是在信息技术高度发达的今天，大数据、云计算、物联网、人工智能等新兴技术的应用日益广泛，为民航业带来了前所未有的机遇和挑战。

民航业作为现代交通运输体系的重要组成部分，其发展直接关系到国家经济的整体运行状况。一方面，航空运输是全球供应链中不可或缺的一环，它加速了商品和服务的流通速度，提高了全球经济活动的效率；另一方面，航空旅行已成为人们生活中不可或缺的一部分，无论是商务出行还是休闲旅游，都离不开航空公司的服务。因此，民航业的发展直接影响着旅游业、酒店业、餐饮业等多个相关产业的发展。

进入21世纪以来，数据逐渐被视为一种新的生产要素，与传统的土地、劳动力、资本并列。特别是在民航领域，每天都会产生大量的数据，这些数据涵盖了航班时刻表、旅客信息、货物运输记录、飞机维护状态、天气预报等多个方面。对这些数据的有效管理和利用，不仅可以优化运营效率，降低成本，还能提高服务质量，增强客户满意度。

然而，面对如此海量且复杂的数据，如何有效地收集、存储、处理和应用这些数据，成为摆在民航企业面前的一项重大课题。如果不能妥善解决这些问题，就可能造成数据资源的浪费，甚至影响企业的正常运作和发展。因此，构建一套完善的民航数据治理体系尤为重要。

一、民航数据治理的重要性

民航数据治理是确保民航企业能够高效、安全地管理和使用数据的关键环节。随着航空运输业的快速发展和技术的进步，数据量呈爆炸性增长，数据质量、共享、安全等问题日益凸显。良好的数据治理不仅可以提升企业的运营效率，还能增强决策能力，提高服务水平，最终为企业带来竞争优势。民航数据治理的重要性体现在以下方面：

（一）提升数据质量

数据质量是指数据的准确性、一致性、完整性、时效性和可靠性。在民航业中，数据质量问题可能导致严重的后果，如航班延误、行李丢失、客户服务投诉增加等。通过有效的数据治理，可以实现以下目标：

（1）数据清洗与整合：清理冗余数据，消除重复记录，确保数据的唯一性和准确性。

（2）标准化数据输入：制定统一的数据录入标准，减少人为错误，提高数据的一致性。

（3）数据验证与监控：建立数据质量监控机制，定期进行数据校验，及时发现并纠正错误。

例如，在航班时刻表管理中，准确无误的数据可以帮助航空公司合理安排航班计划，避免因数据错误导致的调度失误。

（二）促进数据共享

民航企业内部通常存在多个业务部门，如飞行运营、客户服务、市场营销、财务等，每个部门都有各自的数据需求。数据共享能够打破信息孤岛，实现数据的价值最大化。

（1）内部共享：通过建立统一的数据平台，各部门能够快速访问所需数据，提高工作效率。

（2）外部合作：与机场、政府机构、第三方服务商等进行数据交换，共同提升服务质量。

（3）标准化接口：开发 API（应用程序编程接口），便于不同系统之间的数据交互，降低集成难度。

例如，通过共享旅客信息，航空公司可以更好地了解乘客的需求和偏好，提供个性化的服务体验。

（三）增强决策能力

（1）数据治理有助于企业从海量数据中提炼出有价值的信息，支持科学决策，推动业务发展。

（2）数据分析与挖掘：运用先进的数据分析工具和技术，如大数据分析、机器学习等，发掘数据背后的规律和趋势。

（3）数据驱动型决策：基于数据洞察做出更精准的战略规划和运营调整，减少决策风险。

（4）实时监控与预警：建立实时数据监测系统，及时发现潜在问题并采取预防措施。

例如，通过对历史航班数据的分析，航空公司可以预测未来的市场需求变化，合理调整航线布局。

（四）其他方面

除了上述几个主要方面外，民航数据治理还有助于实现更多的商业价值和社会效益：

（1）成本节约：优化数据管理流程，减少不必要的开支，降低运营成本。

（2）效率提升：加快数据处理速度，缩短决策周期，提高整体运营效率。

（3）客户体验改善：基于个性化数据分析，提供定制化服务，提升顾客满意度。

（4）合规性保障：确保数据处理符合法律法规要求，保护企业和乘客隐私。

（五）数据治理与民航业的未来发展

随着民航业数字化转型的不断推进，数据治理将成为企业核心竞争力的重要组成部分。未来,民航企业不仅要关注数据的数量,更要重视数据的质量和使用效果。通过建立健全的数据治理体系,民航企业能够在激烈的市场竞争中脱颖而出,为旅客提供更加优质的服务,同时也为自身的可持续发展奠定坚实的基础。

二、民航数据治理体系的框架

民航数据治理体系是一个全面而系统的框架,旨在确保数据的质量、安全性和有效性。该体系由多个关键组件构成,包括数据治理组织、数据管理制度、数据标准与规范、数据安全策略等。下面将详细探讨这些组成部分及其在民航企业中的具体应用。

(一)数据治理组织

数据治理组织是整个数据治理体系的核心,它负责制定数据治理政策、指导数据治理活动的实施,并监督数据治理的效果。组织结构的设计应该考虑跨部门、跨层级的协同工作,确保数据治理工作的有效开展。

1. 治理委员会

组成与职责:治理委员会应由公司高级管理层成员组成,包括首席信息官(CIO)、首席数据官(CDO)以及其他相关部门的负责人。治理委员会的主要职责是制定数据治理的战略方向,确定数据治理的目标和原则,批准数据治理政策和标准,并监督数据治理工作的进展。

决策机制:治理委员会应定期召开会议,讨论数据治理的关键议题,如数据质量改进计划、数据安全策略更新等,并做出决策。

沟通渠道:建立与各业务部门的沟通渠道,确保治理委员会的决策能够及时传达给相关人员,并得到执行。

2. 数据管理办公室(DMO)

职能与职责:数据管理办公室是一个常设机构,负责日常的数据治理工作,包括数据质量管理、数据标准制定、数据安全管理等。DMO 的主要职责还包括数据治理项目的规划与实施、数据治理流程的优化、数据治理工具的选择与使用等。

团队结构：DMO 应配备专业的数据治理团队，包括数据分析师、数据工程师、数据科学家等，确保有足够的技术能力和专业知识来完成数据治理任务。

协作模式：DMO 应与业务部门密切合作，定期收集反馈，不断改进数据治理方案。

3. 数据所有者与管理员

角色定义：明确数据的所有权归属，指定各部门的数据所有者和管理员。数据所有者通常是业务部门的负责人，负责确保数据的准确性和完整性；数据管理员则是具体负责数据日常维护的技术人员。

责任分配：数据所有者和管理员应有明确的责任分工，前者负责制定数据管理政策，后者负责具体执行。

协作机制：建立数据所有者与管理员之间的协作机制，确保数据在不同部门之间的协调一致，如定期召开联席会议，共享数据治理的最佳实践。

（二）数据管理制度

数据管理制度是确保数据治理工作有序进行的基础，它包括一系列的规定和流程，确保数据在采集、存储、处理、分发和销毁等各个环节都能得到有效管理。

1. 数据生命周期管理

阶段划分：将数据生命周期划分为创建、存储、处理、使用和归档等阶段，每个阶段都需要有相应的控制措施。

流程设计：设计详细的数据生命周期管理流程，包括数据采集的规范、数据存储的安全要求、数据处理的方法、数据使用的权限控制、数据归档的标准等。

系统支持：开发或采购适合的数据管理软件系统，支持数据生命周期管理的各项功能。

2. 数据分类与分级

分类依据：根据数据的重要性和敏感程度进行分类。常见的分类依据包括法律要求、业务需求、安全级别等。

分级管理：不同级别的数据采取不同的管理措施，如高敏感数据需严格控制访问权限，低敏感数据则可以适当放宽。

动态调整：数据分类与分级不是一成不变的，应根据实际情况定期审查和调整分类标准。

3. 数据访问控制

权限设置：制定数据访问权限策略，确保只有授权人员才能访问相应级别的数据，减少数据泄露的风险。

身份验证：实施身份验证机制，确保访问者的身份真实可靠。

行为监控：监控数据访问行为，记录访问日志，以便事后追溯。

4. 数据审计与合规

定期审计：建立数据审计机制，定期检查数据管理活动是否符合既定的标准和政策。

合规要求：确保数据管理活动符合相关法律法规的要求，如《通用数据保护条例》（GDPR）、《个人信息保护法》等。

透明度报告：发布数据治理透明度报告，展示数据治理的成效，增强内外部信任。

（三）数据标准与规范

数据标准与规范是保证数据一致性和互操作性的关键，通过制定统一的数据标准和规范，提高数据的质量和使用效率。

1. 元数据管理

元数据的定义：元数据是指描述数据的数据，包括数据的来源、格式、版本等信息。

管理系统：建立元数据管理系统，记录数据的元数据信息，方便数据的追踪和理解。

工具支持：使用元数据管理工具，如元数据仓库、元数据目录等，提高管理效率。

2. 数据编码与格式

编码规则：规定数据的编码规则，确保数据在系统之间的兼容性。

格式标准：制定数据格式标准，如 JSON、XML 等，确保不同系统之间的数据的无缝对接。

一致性要求：强调数据编码与格式的一致性要求，避免因格式差异导致的数据解析错误。

3. 数据字典

内容描述：创建数据字典，详细描述每个数据元素的意义、属性和用途，方便数据使用者正确理解和使用数据。

更新机制：建立数据字典的更新机制，确保数据字典内容的准确性和时效性。

访问权限：设置数据字典的访问权限，防止未经授权的人员修改数据字典内容。

4. 数据接口标准

API 规范：定义数据交换接口的标准，包括 API（应用程序编程接口）的规范，确保不同系统之间的数据交互顺畅。

文档编写：编写详细的 API 文档，说明接口的功能、参数、返回值等信息。

测试验证：进行 API 测试验证，确保接口的稳定性和可靠性。

(四）数据安全策略

数据安全是数据治理的重要组成部分，确保数据不受未经授权的访问、使用、修改或破坏，是保障数据完整性和可用性的基础。

1. 加密技术

加密算法：采用加密技术保护敏感数据的安全，选择合适的加密算法，如AES（高级加密标准）。

密钥管理：建立密钥管理系统，确保密钥的安全存储和分发。

应用范围：明确加密技术的应用范围，包括数据传输加密、数据存储加密等。

2. 备份与恢复

备份机制：建立数据备份机制，定期备份重要数据，并测试数据恢复流程，确保在数据丢失时能够迅速恢复。

存储位置：选择合适的数据存储位置，如异地备份中心，提高数据的灾备能力。

恢复测试：定期进行数据恢复测试，验证备份数据的有效性。

3. 安全审计

定期检查：定期进行安全审计，评估数据安全措施的有效性，并及时发现和修复安全漏洞。

工具支持：使用安全审计工具，如漏洞扫描器、入侵检测系统等，提高审计效率。

报告机制：建立安全审计报告机制，记录审计结果，指导后续改进工作。

4. 应急响应计划

预案制定：制订数据安全应急响应计划，一旦发生数据安全事故，能够迅速启动应急预案，减少损失。

演练培训：定期进行应急演练，提高员工应对突发事件的能力。

沟通机制：建立应急情况下的沟通机制，确保信息传递的及时性和准确性。

三、建立跨部门、跨层级的数据治理机制

为了确保数据治理的有效性，民航企业必须建立跨部门、跨层级的合作机制，促进数据的共享和协作。以下从协作平台、沟通机制、培训与教育以及激励机制四个方面来详细阐述如何构建这种机制。

（一）协作平台

建立企业级的数据协作平台，提供统一的数据访问入口，方便各部门获取所需数据。这一平台，可以实现数据资源的集中管理和共享，提高数据使用的便捷性和效率。

（1）统一入口与资源共享：企业应构建一个集中的数据协作平台，作为所有部门获取数据的统一入口。这个平台不仅提供数据查询和下载功能，还可以实现数据资源的集中管理和共享，确保所有部门都能够访问到最新的、一致的数据资源。

（2）权限控制与数据安全：在协作平台上设置严格的权限控制机制，确保只有经过授权的用户才能访问特定的数据资源。同时，平台还需要具备完善的数据安全防护措施，如加密传输、访问日志记录等功能，确保数据在共享过程中不会被非法篡改或泄露。

（3）技术支持与用户体验：为保证平台的易用性和稳定性，应配备专业的技术支持团队，及时解决平台使用过程中出现的各种技术问题。此外，平台的设计还应注重用户体验，简化操作流程，使非技术人员也能轻松上手。

（二）沟通机制

定期召开数据治理会议，加强不同部门之间的沟通，及时解决数据管理中的问题。有效的沟通机制，可以确保治理委员会的决策能够迅速传达至各业务部门，并得到切实执行。

（1）定期会议与问题反馈：治理委员会应定期组织数据治理会议，邀请各部门代表参加，讨论数据治理过程中遇到的实际问题，共同寻找解决方案。会议内容不限于技术层面，还包括数据治理政策的解读、最佳实践的分享等。

（2）决策传达与执行监督：建立高效的决策传达机制，确保治理委员会的决策能够迅速传达到各个业务部门，并由专人负责跟踪执行情况。同时，定期对执行情况进行评估，发现问题及时调整，确保数据治理工作的顺利推进。

（3）多渠道沟通与信息同步：除了定期会议，还应利用电子邮件、内部社交网络等多种渠道进行日常沟通，及时分享数据治理的相关信息，保持信息的同步更新，增强各部门之间的协作。

（三）培训与教育

开展数据治理培训，提高全体员工的数据素养，培养数据驱动的文化氛围。系统的培训与教育，使员工掌握必要的数据管理技能，增强其对数据治理重要性的认识。

（1）系统培训与技能提升：制订全面的数据治理培训计划，涵盖数据质量、数据安全、数据标准等方面的知识，针对不同岗位的员工提供定制化的培训课程。培训形式可以多样化，包括线上课程、线下研讨会、实操演练等。

（2）知识分享与文化传播：鼓励员工积极参与数据治理的相关知识分享活动，如定期举办内部讲座、经验交流会等。通过这些活动，传播数据治理的理念，营造数据驱动的企业文化，使员工意识到数据治理对企业发展的长远意义。

（3）持续教育与自我提升：建立持续教育机制，鼓励员工主动学习数据治理的新技术和新方法，不断提升自身能力。企业可以为员工提供在线学习资源，如视频教程、专业书籍等，并设置一定的学习时间和任务要求，确保教育效果。

（四）激励机制

建立数据治理绩效考核体系，将数据治理成果纳入部门和个人的绩效评价，激发积极性。采取合理的激励措施，调动员工参与数据治理工作的热情，促进数据治理工作的持续改进。

（1）绩效考核与奖惩结合：制定科学合理的绩效考核指标，将数据治理成果作为部门和个人绩效评价的重要组成部分。对于在数据治理工作中表现突出的个人或团队，给予物质奖励或荣誉表彰，而对于未达到预期目标的情况，则进行适当的惩罚或指导改进。

（2）目标设定与过程监控：根据企业的发展战略和数据治理目标，设定具体的、可衡量的绩效目标，并定期对目标完成情况进行监控。通过这种方式，数据治理工作持续推进，并及时调整策略，以适应不断变化的内外部环境。

（3）反馈机制与持续改进：建立激励机制的反馈机制，定期收集员工对激励措施的意见和建议，并据此进行调整和完善。同时，鼓励员工提出改进数据治理工作的意见，形成持续改进的良好氛围。

四、确保数据的完整性、准确性、及时性和可用性

在民航数据治理体系中，确保数据的完整性、准确性、及时性和可用性至关重要。这四个特性不仅关系到数据的质量，还直接影响企业的决策能力和运营效率。以下将分别从这四个方面详细探讨如何确保数据的质量。

（一）数据完整性

数据完整性是指数据在传输、存储和处理过程中保持原样，不被意外或恶意地更改或破坏。为了确保数据的完整性，民航企业需要采取一系列的技术和管理措施。

（1）数据血缘追踪：建立数据血缘追踪机制，记录数据从产生到使用的整个生命周期，包括数据的来源、处理步骤、变更记录等信息。通过数据血缘图谱，数据是如何从原始状态逐步演变到当前状态的可以清晰地了解，从而确保数据在每个环节都没有被篡改。

（2）一致性检查：实施一致性检查机制，定期对数据进行比对，确保不同系统或数据库之间的数据保持一致。例如，可以通过脚本自动比较不同系统中

的关键字段，一旦发现不一致的情况，立即触发警报并进行调查。

（3）数据备份与恢复：建立可靠的数据备份机制，定期备份重要数据，并测试数据恢复流程。在发生数据丢失或损坏的情况下，能够迅速恢复到最近的状态，确保数据的完整性不受影响。同时，备份数据应存储在不同的物理位置，以提高灾难恢复能力。

（二）数据准确性

数据准确性是指数据与现实世界对象或事件相符的程度。确保数据的准确性可以提高决策的可靠性，避免错误信息导致的不良后果。

（1）数据验证与校验：在数据输入阶段，采用数据验证和校验机制，确保输入的数据符合预设的标准和格式。例如，通过正则表达式匹配、数据类型检查等方式，防止错误数据的输入。此外，还可以设置数据范围限制，避免超出合理区间的数据进入系统。

（2）定期数据清洗：定期进行数据清洗工作，删除或修正不准确、不完整或过时的数据。数据清洗可以通过自动化工具进行，也可以结合人工审核，确保数据的高质量。数据清洗的结果应及时反馈给相关部门，以便及时纠正源头问题。

（3）数据质量监控：建立数据质量监控系统，实时监控数据的变化情况，一旦发现异常数据，立即启动相应的处理流程。监控系统应覆盖数据采集、处理、存储等各个环节，确保数据在全生命周期内的准确性。

（三）数据及时性

数据及时性是指数据能够及时反映当前状态或事件的能力。在快节奏的民航业中，及时的数据更新对于快速响应市场变化至关重要。

（1）实时数据处理：利用大数据技术和实时处理框架，如 Apache Kafka、Apache Flink 等，实现数据的实时采集和处理。这样可以确保数据在产生后能够迅速被系统捕获并处理，及时反映最新的业务状态。

（2）自动化更新机制：建立自动化数据更新机制，减少手动干预的环节，提高数据更新的效率。例如，通过ETL（提取、转换、加载）工具定时从源系统抽取数据，并自动更新到目标系统，确保数据的同步性。

（3）数据延迟监控：设置数据延迟监控机制，监控数据从产生到使用的整个过程中的延迟情况。一旦发现数据延迟超过预定阈值，立即警报，并采取措施进行优化，确保数据能够及时可用。

（四）数据可用性

数据可用性是指数据能够在需要的时候被正确访问和使用的程度。为了确保数据的可用性，需要采取一系列措施来提高数据的可访问性和可靠性。

（1）高可用架构设计：采用高可用架构设计，如负载均衡、集群部署、故障切换等技术手段，确保即使在单点故障发生时，数据仍然可以被访问。高可用架构不仅能提高系统的稳定性，还能提升用户体验。

（2）权限管理与用户界面优化：通过精细化的权限管理，确保只有授权用户能够访问相应的数据。同时，优化用户界面设计，使其更加直观易用，降低用户的学习成本，提高数据的可操作性。

（3）数据服务化：将数据作为服务提供给不同的应用系统，通过API（应用程序编程接口）的方式进行数据交互。这种方式不仅能够简化数据访问流程，还能提高数据的复用性，减少数据冗余，提高系统的整体效率。

第二节 隐私保护技术与应用

在全球化的今天，航空运输作为连接世界各地的重要纽带，承载着数以亿计的旅客和货物，其重要性不言而喻。随着科技的进步，尤其是大数据、云计算、物联网等技术的广泛应用，民航业正在经历前所未有的数字化转型。这一转型极大地提升了行业的效率和服务质量，同时也带来了新的挑战——数据安全与个人隐私保护。

民航数据涵盖了从订票、值机、安检到登机、飞行、行李追踪等一系列环节所产生的各类信息。这些信息不仅包括乘客的基本资料，还有航班的详细运行数据、航空公司的经营状况等敏感内容。一旦这些数据遭到泄露或滥用，将会给个人隐私带来严重威胁，甚至可能影响航空公司的商业利益乃至国家安全。

近年来，全球范围内发生了多起涉及个人隐私泄露的重大事件，引起了社会各界的高度关注。例如，某知名航空公司的客户数据库曾遭受黑客攻击，导致数百万用户的个人信息外泄；又如，在线旅行服务平台因未能妥善处理用户数据而面临巨额罚款。这些案例无不警示，加强数据安全防护、构建完善的隐私保护体系已经迫在眉睫。

与此同时，各国政府纷纷出台相关政策法规，旨在规范数据的收集、存储、使用及共享行为，保护公民的个人信息安全。例如，欧盟《通用数据保护条例》（GDPR）、《中华人民共和国个人信息保护法》等法律法规的实施，为企业划定了明确的行为边界，提出了更加严格的数据保护要求。

在此背景下，如何在确保民航数据安全的前提下，充分利用数据价值推动行业发展，成为一个亟待解决的问题。本节将深入探讨适用于民航领域的隐私保护技术及其应用，并结合国内外相关法律政策，为民航企业制定切实可行的隐私保护策略提供建议。科学合理的隐私保护措施，不仅可以有效避免潜在的法律风险，还能够增强公众的信任感，为航空公司的可持续发展奠定坚实基础。

一、隐私保护技术概述

（一）数据加密技术

数据加密技术是现代信息安全的核心组成部分，其目的是保护数据在存储或传输过程中不被未授权的第三方访问。在民航领域，数据加密技术的应用尤为关键，因为这里涉及大量的敏感信息，如乘客个人信息、航班时刻表、财务记录等。

1. 对称加密

对称加密算法使用同一个密钥进行数据的加密和解密，其优点在于速度快且资源消耗少，适合于大体量数据的加密处理。在民航业，常见的对称加密算法有高级加密标准（AES），它可以用于加密旅客的个人信息，如护照号码、身份证号等。当这些数据通过互联网或内网传输时，AES 加密能够有效防止中间人攻击或其他形式的数据拦截。

2. 非对称加密

非对称加密算法使用一对密钥——公钥和私钥，其中公钥可以公开发布，而私钥则由持有人秘密保存。发送方使用接收方的公钥对数据进行加密，只有持有对应私钥的接收方才能解密数据。非对称加密算法如 RSA，广泛应用于身份验证、数字签名等领域。在民航业中，非对称加密可用于保障在线购票系统的安全性，确保支付过程中的数据安全。

（二）匿名化处理

匿名化处理是指通过对数据进行处理，使其不再能直接或间接地指向某个具体的个人，从而保护个人隐私的一种技术手段。这种技术在民航数据处理中具有重要意义，因为它能够在不影响数据分析结果的前提下，减少个人信息被滥用的风险。

1. K-匿名

K-匿名是一种常用的匿名化技术，它要求在发布的数据集中，任何一组属性组合至少出现 K 次。这意味着，即便攻击者掌握了部分信息，也至少存在 K 个可能的身份，增加了重新识别个体的难度。例如，在分析乘客出行习惯时，可以将数据集按照年龄、性别和地区分组，确保每组包含足够多的个体，从而避免单一记录被识别出来。

2. L-多样性

L-多样性是对 K-匿名的改进，它不仅要求每个组内有足够的个体，还要求在每个组内至少存在 L 种不同的敏感属性值。这种方法进一步增强了匿名化的强度，降低了模式分布过于集中而导致的隐私泄露风险。在民航数据管理中，可以通过 L-多样性技术来处理诸如常旅客里程累积情况等敏感信息，确保即便是在细分市场分析中也不会暴露个人的具体信息。

（三）差分隐私

差分隐私是一种保护隐私的方法论，它通过向查询结果中添加可控的随机噪声，使查询结果的差异对于单个记录的存在与否变得微不足道。这样，即使攻击者掌握了除目标个体之外的所有数据，也无法精确地确定该个体的信息。

在民航业中，差分隐私可以应用于对乘客行为模式的分析。例如，通过对大量飞行记录进行差分隐私处理，航空公司可以在不暴露任何个人飞行细节的情况下，了解某一时间段内最繁忙的航线、最受欢迎的目的地等信息。这有助于航空公司做出更好的运营决策，同时保护乘客的隐私。

差分隐私还可以用来改善航空公司的服务质量，如分析航班延误的原因、优化行李处理流程等。在数据中引入适当的噪声，可以在保护个人隐私的同时，获得有价值的数据洞察。

综上所述，数据加密、匿名化处理和差分隐私是三种重要的隐私保护技术，它们各有侧重，可以根据具体应用场景灵活选择和组合使用，以实现既保证数据安全又促进业务发展的双重目标。

二、隐私保护技术的应用场景

在民航业中，隐私保护技术的应用贯穿于整个运营链条的各个环节，旨在构建一个既高效又安全的航空旅行环境。以下是相关的隐私保护技术应用场景：

（一）生物识别技术的安全应用

1. 快速通关与身份验证

（1）技术细节：在安检和登机口，采用高清摄像头和先进的生物识别算法，能够实时捕捉并分析旅客的面部特征或虹膜模式。这些信息会被加密并与预先存储在安全数据库中的数据进行比对，实现快速且准确的身份验证。

（2）隐私保护：生物识别数据在传输和存储过程中采用高级加密技术，确保即使数据被窃取，也无法被未经授权的人员轻易解密。同时，遵循"最少必要原则"，只收集和分析完成身份验证所必需的信息。

（3）用户体验：通过优化识别算法和界面设计，减少误识别率，提高识别速度，使旅客能够快速通过安检和登机流程，提升整体旅行体验。

2. 个性化服务与安全监控

（1）个性化服务：航空公司可以利用生物识别技术识别异常旅客，并根据其历史偏好和行为模式提供个性化的服务，如优先登机、座位升级或定制化餐饮。这些数据同样受到严格的隐私保护。

（2）安全监控：在机场和机舱内，通过非接触式生物识别技术结合智能监控系统，可以实时监测旅客和机组人员的行为，识别异常或潜在威胁。这些监控数据仅用于安全目的，并受到严格的访问控制和审计机制。

（二）物联网设备的数据保护

1. 行李追踪与安全

（1）智能标签：为行李配备的 RFID 或蓝牙低功耗（BLE）智能标签能够实时传输行李的位置信息。这些信息通过加密方式传输到航空公司的行李追踪系统，确保只有授权人员才能访问。

（2）隐私保护：智能标签中不存储个人敏感信息，仅包含用于追踪的唯一标识符。即使标签被非法获取，也无法直接关联到具体的旅客信息。

2. 机舱环境监控

（1）环境数据采集：机舱内的传感器网络收集温度、湿度、空气质量等环境数据，这些数据通过加密通道传输至地面控制中心进行分析。

（2）数据隐私：收集的环境数据被匿名化处理，确保无法直接追溯到具体的航班或乘客。同时，数据分析过程遵循隐私保护原则，避免泄露敏感信息。

（三）无线通信的安全防护

1. 机上 Wi-Fi 安全

（1）加密协议：机上 Wi-Fi 服务采用 WPA3 等高级加密协议，确保旅客在上网过程中的数据传输安全。

（2）隔离策略：实施网络隔离策略，将机上 Wi-Fi 网络与航空公司的内部网络相隔离，防止潜在的攻击者通过 Wi-Fi 接入点入侵航空公司的核心系统。

2. 空地通信系统安全

（1）加密通信：飞机与地面控制中心之间的通信采用军事级别的加密技术，确保飞行指令、飞行状态等关键信息在传输过程中不被窃听或篡改。

（2）冗余备份：建立多重通信链路和冗余备份机制，确保在单一通信链路中断的情况下，仍能保持通信的连续性和安全性。

（四）危机管理与应急响应

1. 紧急联系信息保护

（1）加密存储：乘客和机组人员的紧急联系信息被加密存储在安全的数据库中，只有经过授权的人员在紧急情况下才能访问。

（2）快速响应：在危机发生时，通过自动化的应急响应系统快速检索和分发紧急联系信息，确保救援和疏散工作能够迅速展开。

2. 匿名报告系统

（1）安全报告渠道：设立专门的网站、应用程序或热线电话作为匿名报告渠道，鼓励乘客和员工报告安全隐患或不当行为。

（2）隐私保护：报告内容在提交过程中进行加密处理，并在服务器端进行匿名化处理，确保报告者的身份和信息不会被泄露。同时，对报告内容进行严格的审查和筛选，防止虚假报告和恶意攻击。

（五）合规与审计

1. 数据治理与合规性

（1）政策制定：制定详细的数据治理政策和流程，明确数据收集、存储、处理、传输和销毁的各个环节的合规要求。

（2）培训与教育：对全体员工进行隐私保护和数据合规性的培训、教育，提高员工的数据保护意识和能力。

（3）定期审查：定期进行内部和外部的合规性审查，确保所有隐私保护技术的应用都符合国内外相关法律法规的要求。

2. 数据生命周期管理

（1）数据分类：对旅客和员工信息进行分类管理，根据信息的敏感性和重要性采取不同的保护措施。

（2）访问控制：实施严格的访问控制机制，确保只有经过授权的人员才能访问敏感数据。同时，记录所有访问行为并进行定期审计。

（3）数据销毁：在数据不再需要时，按照合规要求进行彻底销毁或匿名化处理，防止数据泄露和滥用。

三、法律法规与最佳实践

（一）法律法规

在当今高度互联的世界中，数据保护和隐私权已成为全球性的议题，各国政府纷纷出台了一系列法律法规，旨在规范数据的收集、存储、使用及共享行为，保护公民的个人信息安全。以下是几个重要的法律法规示例：

1. 国际标准

（1）ISO/IEC 27001：国际标准，为组织提供了信息安全管理和隐私保护的框架。ISO/IEC 27001 要求企业建立、实施、维护和持续改进信息安全管理系统（ISMS），确保信息资产的安全性。对于民航企业而言，遵循 ISO/IEC 27001 标准可以帮助其构建一个全面的信息安全管理框架，更好地应对信息安全的挑战。

（2）《通用数据保护条例》（GDPR）：欧盟制定的一项关于个人数据保护的重要法规。GDPR 对个人数据的处理设定了严格的标准，要求企业在收集、存储、处理个人数据时必须透明地告知数据主体其数据如何被使用，并赋予数据主体访问、更正和删除其个人信息的权利。此外，GDPR 还规定了数据泄露通报义务，即一旦发生数据泄露事件，企业必须在 72 小时内向监管机构报告，并通知受影响的数据主体。对于在欧盟境内运营或处理欧盟公民数据的企业来说，遵守 GDPR 至关重要。

2. 中国网络安全法

《中华人民共和国网络安全法》：中国第一部全面规范网络空间安全管理的基础性法律，明确了网络运营者收集、使用个人信息的原则，以及应当采取的技术措施和其他必要措施，确保收集的个人信息安全。根据该法，网络运营者不得收集与其提供的服务无关的个人信息，不得违反法律、行政法规的规定和双方的约定收集、使用个人信息，并应当采取技术措施和其他必要措施，确保其收集的个人信息安全，防止信息泄露、毁损、丢失。

（二）最佳实践

为了有效落实法律法规的要求，并确保企业内部的隐私保护措施达到最佳效果，民航企业可以采取以下几种最佳实践：

1. 数据最小化原则

只收集完成业务所需最少的数据：这意味着企业应仅收集那些对于业务运营真正必要的个人信息，并且在收集后仅保留一定期限，超过该期限后应予以删除或匿名化处理。这不仅减少了数据泄露的风险，也有助于减轻企业存储和管理数据的成本。

2. 定期培训

定期对员工进行隐私保护意识教育和培训：员工是数据安全的第一道防线。定期举办隐私保护相关的培训课程，提高员工对于数据安全的认识，可以帮助他们理解自己的责任所在，并掌握正确的操作流程，减少人为错误造成的数据泄露风险。

3. 技术更新

持续关注最新的隐私保护技术和方法，及时更新现有的安全措施：随着技术的发展，新的威胁不断涌现，企业需要保持警惕，及时更新、升级安全策略和技术手段。例如，可以考虑引入最新的加密算法、身份验证机制或是入侵检测系统，以增强系统的防御能力。

第三节 数据利用与隐私保护的平衡策略

随着大数据时代的到来，数据成为新的生产要素，对于各个行业的发展都具有重要的推动作用。尤其是在民航领域，数据驱动的监管模式正在逐步成为提升安全和服务质量的关键因素。然而，这种趋势也带来了数据隐私保护的新挑战。如何在保障个人隐私的前提下，有效地利用民航数据来推动监管模式创新，是当前亟须解决的问题。

一、建立数据访问权限控制机制

为了确保数据的安全性，尤其是在涉及大量敏感信息的民航业中，建立一个严格且有效的数据访问权限控制机制至关重要。以下是一些具体措施，可以帮助企业实现这一目标：

（一）定义数据敏感等级

首先需要对数据进行分类，并根据其敏感程度设定不同的访问级别。例如，个人信息（如姓名、地址）可能属于较低级别的敏感信息，而财务记录或健康状况则属于高级别的敏感信息。不同级别的数据应该有不同的访问控制要求。

（二）实施最小权限原则

基于角色的访问控制（RBAC）是一种常用的方法，它允许根据用户的职责分配访问权限。最小权限原则意味着每个用户只能访问完成其工作所需的最少信息。例如，地勤人员可能不需要访问乘客的完整个人信息，而仅需要查看登机状态。

（三）强化身份验证

确保所有试图访问数据的用户都经过了严格的多因素身份验证（MFA）。这可以通过密码、生物识别技术（如指纹或面部识别）和硬件令牌等多种方式来实现。

（四）监控和审计访问行为

实施全面的日志记录和监控机制，记录所有对敏感数据的访问尝试。这不仅可以帮助追踪任何可疑活动，还可以作为合规性和责任追究的依据。定期进行审计，检查是否存在未授权访问的情况，并确保所有访问都是合法且必要的。

（五）动态调整权限

由于组织结构和个人职责可能会发生变化，所以有必要定期审查和更新访问权限。例如，当员工离职或转岗时，应及时调整他们的访问权限，移除不再需要的权限，并授予新职位所需的新权限。

(六)培训和意识提高

定期为员工提供数据安全培训,让他们了解数据保护的重要性以及如何正确处理敏感信息。增强员工的安全意识有助于预防人为错误导致的数据泄露事件。

(七)合作伙伴管理

对于第三方服务提供商,应通过合同条款明确规定数据保护的责任和义务,并定期对其进行安全评估,确保合作伙伴同样遵循高标准的数据保护措施,以保护整个数据链中的信息安全。

二、实施数据脱敏处理

数据脱敏是数据保护策略中的关键环节,旨在确保在数据被用于分析、测试或共享过程中时,个人信息得到妥善保护,避免因数据泄露而引发的隐私侵犯问题。

(一)数据脱敏的定义与重要性

1. 定　义

数据脱敏是在保持数据结构和部分数据特性的同时,对原始数据中的敏感信息进行修改或隐藏的过程。这种处理使数据在不暴露个人隐私的前提下,仍可用于合法的数据分析、测试或研究。

2. 重要性

随着数字化时代的到来,数据泄露事件频发,对个人隐私构成了严重威胁。数据脱敏作为一种有效的隐私保护手段,能够在不影响数据使用价值的前提下,显著降低数据泄露的风险,保护个人信息安全。

（二）数据脱敏的方法

1. 加　密

使用加密算法对敏感信息进行加密处理，如采用哈希函数对姓名、身份证号等标识符进行加密。加密后的数据在不解密的情况下无法被识别，从而保护了个人隐私。

2. 替　换

将敏感信息替换为伪造的、不影响分析结果的数据。例如，在乘客信息系统中，可以将真实的电话号码替换为随机生成的电话号码，或者将身份证号替换为格式正确的但无实际意义的数字串。

3. 掩　码

对敏感信息的部分内容进行隐藏或模糊处理。例如，对于身份证号码，可以只显示前几位和后几位，中间部分用星号（*）或其他字符代替。

4. 泛　化

将数据中的具体信息替换为更一般化的描述。例如，将具体的年龄替换为年龄段（如"20~29岁"），或将具体的城市名称替换为省份名称。

（三）数据脱敏在航空公司乘客信息系统中的应用

1. 乘客身份信息的脱敏处理

对于乘客的姓名、身份证号、护照号等敏感身份信息，可以采用加密或替换的方法进行脱敏处理。这样既能保护乘客的个人隐私，又能确保在需要时进行身份验证或追踪。

2. 联系方式的脱敏处理

电话号码、电子邮箱等联系方式也是敏感信息之一。在乘客信息系统中，可以对这些信息进行替换或掩码处理，以防止未经授权的访问或滥用。

3. 航班信息的脱敏处理

虽然航班信息本身可能不涉及个人隐私，但在某些情况下（如航班数据被用于非授权分析或共享时），也需要对航班号、起飞降落时间等敏感信息进行脱敏处理。

（四）数据脱敏的挑战与解决方案

1. 挑　战

如何在保持数据可用性的同时，确保脱敏处理后的数据不会泄露敏感信息；如何平衡隐私保护和数据利用之间的关系；如何应对不同场景下数据脱敏需求的差异等。

2. 解决方案

通过制定详细的数据脱敏策略和规范，明确脱敏处理的原则和方法；采用先进的脱敏技术和工具，提高脱敏处理的效率和准确性；加强数据管理和监控，确保脱敏处理过程符合法律法规和隐私保护要求。同时，针对不同场景下的需求差异，制定灵活的数据脱敏方案，以满足不同的数据利用需求。

三、加强数据安全管理

在数据日益成为企业核心资产的今天，加强数据安全管理是保障企业稳健运营、维护用户隐私权益的必然要求。

（一）构建多层次防御体系

（1）部署先进防火墙技术：防火墙作为网络安全的第一道防线，应选择性能卓越、策略灵活、更新及时的防火墙产品，以有效阻挡外部恶意攻击。

（2）引入入侵检测系统（IDS）：IDS能够实时监控网络流量，分析异常行为，及时发现并响应潜在的安全威胁，与防火墙形成互补，提升整体防御能力。

（3）定期进行漏洞扫描与安全性评估：利用专业的漏洞扫描工具和安全评估服务，定期对企业的信息系统进行全面检查，及时发现并修复安全漏洞，降低被攻击的风险。

（二）制订应急响应计划

（1）应急预案制订：针对可能发生的数据泄露、黑客攻击等安全事件，制订详细的应急预案，明确应急响应流程、责任分工和处置措施。

（2）应急演练：定期组织应急演练，检验应急预案的可行性和有效性，提升员工的应急响应能力和团队协作水平。

（3）事后恢复与总结：在应急事件处理完毕后，及时进行数据恢复和业务恢复工作，同时总结经验教训，完善应急预案和防御措施。

（三）建立健全数据备份机制

（1）备份策略制定：根据数据的重要性和恢复需求，制定合理的备份策略，包括备份频率、备份方式（全量备份、增量备份等）和备份存储位置等。

（2）备份数据验证：定期对备份数据进行验证，确保备份数据的完整性和可用性，避免在需要恢复时才发现备份数据无效的情况。

（3）灾难恢复计划：在发生严重灾难导致数据丢失时，依据灾难恢复计划迅速启动数据恢复流程，确保业务能够在最短的时间内恢复正常运营。

（四）加强人员管理与培训

（1）安全意识教育：定期对员工进行数据安全意识教育，提高员工对数据安全重要性的认识，增强员工保护数据安全的自觉性和责任感。

（2）安全技能培训：针对不同岗位的员工，开展针对性的安全技能培训，提升员工在数据收集、存储、处理、传输等各个环节中的安全操作能力。

（3）权限管理：严格实施权限管理制度，确保每位员工只能访问其工作所需的数据资源，防止数据被非法访问或泄露。

第四节 技术与法律手段的结合

一、法律手段的重要性

在数据利用与隐私保护的平衡中,法律手段扮演着至关重要的角色。它不仅为数据保护提供明确的法律框架,还通过强制性的规定确保数据使用的合法性和规范性。

(一)法律法规的出台

(1)明确数据使用边界:政府应出台相关法律法规,明确界定哪些数据可以被收集、使用,以及使用的方式和范围,从而为企业和个人提供明确的指导。

(2)规定数据处理标准:法律应规定数据收集、存储、处理和传输的具体标准,包括数据加密、脱敏、备份等要求,确保数据在处理过程中的安全性和合规性。

(二)企业遵守法律法规

(1)合规经营:企业应严格遵守相关法律法规,确保数据使用的合法性和合规性。对于违法违规行为,企业应承担相应的法律责任。

(2)积极参与政策制定:企业应积极参与相关政策的制定过程,提出建设性意见,以便更好地适应不断变化的法律环境,同时推动数据利用与隐私保护的平衡发展。

二、技术手段的辅助作用

尽管法律手段在数据保护中占据核心地位,但技术手段同样不可或缺。技术手段的辅助,可以进一步提升数据保护的效果和效率。

（一）技术手段的应用

（1）加密技术：采用先进的加密技术对敏感数据进行加密处理，确保数据在传输和存储过程中的安全性。

（2）访问控制：通过实施严格的访问控制策略，限制对数据的非法访问和篡改，确保数据的完整性和机密性。

（3）监控与审计：利用监控和审计技术对数据的使用情况进行实时监控及记录，以便及时发现并处理潜在的安全威胁。

（二）技术与法律的协同作用

（1）法律指导技术实施：法律法规为技术手段的实施提供了明确的指导和要求，确保技术手段的合法性和合规性。

（2）技术支持法律执行：技术手段可以通过自动化监控、实时报警等方式提高法律执行的效率和准确性，降低执法成本。

第七章

数据驱动的风险评估与预警系统

在当今民航业中，面对日益复杂的运营环境，有效地管理和减轻潜在风险变得愈发重要。为了更好地应对安全、财务和运营等方面的风险挑战，本章将重点介绍如何利用大数据和人工智能技术构建一个数据驱动的风险评估与预警系统。该系统旨在通过对大量历史与实时数据的分析，预测可能发生的各种风险，并及时触发预警，使管理层能够迅速做出反应，减少不利影响。

本章分四个部分展开论述。第一部分从理论上阐述风险评估的核心方法论，包括数据的收集、处理与分析技术，以及如何选择合适的模型来准确地评估风险。第二部分详细介绍预警系统的架构设计，涵盖系统的组成要素及其工作流程，并强调其在实际操作中的灵活性与可扩展性。第三部分聚焦于实时数据分析与监测技术的应用，讨论如何通过高效的监测平台实现对运营状态的持续跟踪，并利用可视化工具辅助决策。第四部分则集中讨论基于风险评估结果的应对策略与预案制定，旨在通过预先规划的应急措施，增强民航企业的抗风险能力。

第一节 风险评估方法论

在当今高度复杂且竞争激烈的民航业，准确地识别和评估潜在风险对于确保航空公司的长期成功至关重要。本节将详细探讨如何运用大数据和人工智能技术，构建一套科学的风险评估体系，从而为决策者提供有力的支持。

一、数据收集

数据收集是构建风险评估模型的第一步，也是至关重要的一步。为了确保风险评估模型的有效性，首先需要全面了解可能影响民航企业运营的各种内外部因素。这些因素既包括企业自身的运营数据，如航班的准点率、乘客满意度、行李丢失率、维修记录等，也涵盖财务数据，如企业的资产负债状况、现金流情况、收入支出比等。此外，外部因素也不容忽视，如天气变化、国际油价波动、地区政治局势、航空业的法规变动等。所有这些数据都能够为风险评估提供丰富的信息来源。数据的多样性意味着来源也多种多样，可能来自航空公司的内部信息系统、政府监管机构发布的报告、第三方服务提供商的数据库以及公开的新闻媒体等。

在明确了所需的数据类型之后，接下来的任务便是建立一个高效的数据收集机制。这通常涉及了解并接入各种数据源，比如通过 API 接口自动抓取实时数据，或是定期从合作伙伴那里接收数据文件。对于那些难以自动化获取的数据，可能还需要专门的团队负责手动收集和整理。同时，考虑到数据的安全性和合规性问题，数据收集过程还必须遵循相关的法律法规，确保所收集的数据不会侵犯个人隐私或是违反行业规定。此外，数据的存储也需要特别注意，不仅要保证数据的安全存储，还要确保数据结构的设计能够方便后续的数据处理和分析工作。

数据的质量直接决定了风险评估模型的效果，因此在收集阶段就应当注重数据的质量控制。这意味着需要对数据进行初步清洗和筛选，剔除掉无效或错误的信息。例如，对于缺失的数据点，可能需要根据实际情况决定是删除整个记录还是采用合理的估计值进行填补。对于异常值，如某一天的航班延误次数远高于平均水平，也需要仔细甄别，判断其背后的原因，看是否属于真正意义上的异常情况。这些质量控制措施，可以确保输入模型中的数据尽可能地准确可靠，从而提高风险评估的准确性和可靠性。此外，建立一套完善的数据质量管理流程也有助于未来持续不断地改进数据收集过程，使其更加高效和精准。

二、数据预处理

数据预处理是风险评估流程中的关键环节之一，它直接影响后续模型训练的质量和效果。在实际操作中，原始数据往往充满了噪声、不一致性甚至缺失值，这些问题如果不加以解决，将会严重干扰模型的学习过程。首先，数据清洗是一个必不可少的步骤，它旨在移除那些明显错误或无意义的数据项。例如，在财务数据中可能会出现负数的现金流量，这可能是录入错误，需要进行修正或删除。此外，对于重复的数据记录，也要进行去重处理，避免在模型训练时引入偏差。数据清洗还包括对数据格式的标准化处理，如将不同来源的时间戳统一为同一格式，确保所有数据在同一尺度上进行比较。

完成基本的数据清洗后，下一步是进行数据转换和特征工程。这一阶段的工作目标是将原始数据转换为更适合建模的形式，同时也可能需要创建新的特征来增强模型的表现力。数据转换包括编码分类变量（如将文本标签转换为数值代码）、归一化数值变量（使所有变量处于相同的数量级，便于模型处理）以及对某些特征进行聚合或拆分等操作。特征工程则更为高级，它可能涉及根据业务知识创造新的特征，如通过计算连续几天的平均航班延误时间来得到一个新的特征——近期延误趋势。这样的特征往往能够更好地捕捉到数据中的潜在模式，从而提升模型的预测能力。

处理缺失值和异常值是数据预处理中的另一个重要方面。缺失值的存在可能导致模型训练不准确，因此需要采取适当的方法来填补这些空缺。常见的方法包括使用均值、中位数或众数来替代缺失值，或者通过预测模型来估算缺失值。对于异常值，处理方式取决于具体情况：有些异常值可能是数据收集过程中的错误导致的，可以直接删除；而有些异常值则可能是真实存在的极端情况，它们本身也可能包含有价值的信息。这时候就需要谨慎处理，有时甚至需要保留这些数据点，并在建模时加以特殊考虑。此外，还可以通过对数据进行可视化分析来辅助识别异常值，从而做出更合理的处理决策。这一系列的预处理步骤，可以显著提高数据的质量，为后续的风险评估模型提供更加可靠的基础。

三、风险特征提取

风险特征提取是从大量原始数据中提炼出有助于风险评估的关键信息的过程。这一环节是构建有效风险评估模型的核心，因为它直接影响模型能否准确地捕捉到潜在风险的信号。首先，需要明确的是，不同的风险类别（如安全风险、财务风险、运营风险等）可能涉及不同的特征集合。例如：在安全风险评估中，飞行员的经验、飞行小时数、飞行频率、航线难度等都是重要的考量因素；而对于财务风险而言，则更多地关注负债水平、现金流状况、盈利能力和市场占有率等指标。因此，特征的选择应当基于具体的业务场景和风险管理目标。

为了识别出对风险评估最有价值的特征，可以采用多种方法进行探索。常用的一种方法是统计分析，如通过相关性分析来找出与风险发生概率高度相关的变量。这种方法可以帮助识别出那些与特定风险类型紧密相连的因素。另一种方法是领域专家的知识输入，即结合行业内专家的经验和见解来挑选特征。专家们通常能够根据以往的经验指出哪些因素在历史上曾对风险产生过重大影响，这种基于经验的方法尤其适用于那些统计分析难以覆盖的情况。此外，还可以利用机器学习中的特征选择算法来自动识别重要特征，如基于树模型的特征重要性评分、递归特征消除（RFE）等技术，这些方法能够在海量数据中迅速找到最具影响力的变量。

一旦确定了初步的特征集合，接下来的步骤是对这些特征进行细化和优化。

这通常包括特征工程的工作，如通过组合多个原始特征来创建新的衍生特征，或者是对某些特征进行变换以改善其分布（如对数变换、标准化等）。此外，还需要考虑特征之间的相互作用。因为某些风险可能不是由单一因素单独引起的，而是多个因素共同作用的结果。构造交叉特征或交互项，可以捕捉到这种复杂的相互依赖关系，从而提高模型的解释能力和预测精度。同时，对于那些具有周期性或趋势性的特征，如季节性影响或长期增长趋势，应当采用适当的方法进行处理，以便更好地反映出这些动态变化对风险的影响。

特征提取的过程不应是一次性的活动，而是一个迭代优化的过程。随着新数据的不断积累以及对业务理解的加深，原先选取的特征可能需要重新评估，甚至可能需要引入新的特征以适应变化的环境。因此，建立一个灵活的特征管理机制是非常必要的，它能够允许快速地添加或删除特征，并且能够方便地跟踪特征的效果，从而确保模型始终基于最新和最相关的数据进行训练。持续地优化特征集合，不仅可以提高风险评估模型的准确性，还能增强模型对未来风险的预见性，为航空公司提供更加可靠的决策支持。

四、模型选择与训练

在选择了合适的特征并进行了充分的数据预处理之后，接下来的步骤便是选择适当的机器学习模型来构建风险评估系统。模型的选择需基于几个关键因素：问题的性质、数据的特性、所需的预测精度以及模型的解释性。对于民航企业的风险评估来说，可能涉及多类别的预测问题（如识别不同类型的运营风险），也可能涉及回归分析（如预测未来的财务表现）。针对这些不同的应用场景，可以选择不同的算法。例如：逻辑回归（Logistic Regression）适用于二分类问题，可以用来预测某个事件发生的概率；而随机森林（Random Forest）或梯度提升树（Gradient Boosting Trees）则擅长处理非线性关系，并且能够处理大量的特征；神经网络（Neural Networks）尤其是深度学习模型，则在处理复杂模式识别和大规模数据集时表现出色。选择模型时还需考虑模型的训练时间和计算资源需求，以确保在实际部署中可行。

一旦确定了模型类型，便可以开始使用经过预处理的数据集进行训练。在这个过程中，数据集通常会被划分为训练集和验证集（有时还会有一个独立的测试集），其中训练集用于学习数据中的模式，而验证集则用于评估模型的泛化能力，即模型在未见过的数据上的表现。为了避免过拟合（即模型过于复杂以至于在训练数据上表现很好但在新数据上表现不佳），可以通过正则化技术（如 L1 或 L2 正则化）或集成学习方法来限制模型复杂度。此外，交叉验证（Cross-Validation）是一种常用的评估模型稳定性的技术，它通过多次随机划分数据集来进行训练和验证，从而给出模型性能的一个更可靠的估计。在训练过程中，还需要密切关注模型的损失函数（Loss Function）变化，以确保模型是在朝着正确的方向优化。调整超参数（如学习率、树的深度等），可以进一步提升模型的表现。最终的目标是找到一个既能很好地拟合训练数据又能有效泛化到新数据的模型，从而为航空公司提供可靠的风险预测结果。

五、模型验证与优化

在模型训练完成后，接着是对模型进行严格的验证，以确保其在实际应用中的有效性。模型验证不仅是对模型性能的一次全面检查，更是对整个建模过程的一个重要反馈环节。验证工作的第一步是利用独立的测试集来评估模型的泛化能力。测试集是由训练过程中未使用过的数据组成，因此它可以提供一个客观的视角来看待模型的真实表现。常用的评估指标包括准确率（Accuracy）、精确率（Precision）、召回率（Recall）、F1 分数（F1 Score）等，这些指标能够从不同角度衡量模型的性能。对于分类问题，还可以绘制混淆矩阵（Confusion Matrix）来直观地展示各类别的预测情况；而对于回归问题，则会关注均方误差（Mean Squared Error, MSE）、均方根误差（Root Mean Squared Error, RMSE）或平均绝对误差（Mean Absolute Error, MAE）等指标。对这些指标的综合分析，可以全面了解模型的优点和不足之处。

除了定量的性能评估外，模型验证还应包括定性的分析，特别是对模型预测结果的解释性检查。一个优秀的风险评估模型不仅需要高精度，还应该具备良好的可解释性，即能够清晰地表达出模型是如何做出预测的。这对于民航企业的决策者尤为重要，因为他们需要理解模型背后的逻辑，才能有信心依据模型的建议采取行动。为此，可以借助 SHAP（SHapley Additive exPlanations）值或局部可解释模型（Local Interpretable Model-agnostic Explanations，LIME）等方法来揭示特征的重要性，并提供单个预测结果的具体解释。此外，对比模型预测与实际发生的风险事件，可以进一步验证模型的有效性，并为模型的持续优化提供指导。

模型验证之后便是优化阶段，这是一个迭代的过程，旨在通过调整模型参数或更改特征集来改进模型的性能。如果模型在测试集上的表现不佳，可能是因为过拟合或欠拟合。此时，可以通过增加或减少模型复杂度来平衡两者，如通过正则化技术限制模型复杂度或增加更多的训练数据来克服过拟合问题。另外，如果发现某些特征对模型性能的贡献不大，可以尝试删除这些特征，或者寻找新的特征来增强模型的表现。在某些情况下，可能还需要重新审视模型选择，考虑使用不同的算法或集成方法来提升预测精度。在整个优化过程中，持续地进行交叉验证是非常重要的，它可以帮助验证每一次改动是否真正带来了改进，从而确保最终模型的稳定性和可靠性。通过不断地验证与优化，风险评估模型更加成熟，能更好地服务于民航企业的风险管理需求。

第二节　预警系统架构设计

预警系统是基于风险评估模型之上的一种应用，它不仅能够识别潜在的风险，还能在风险发生前及时发出警报，促使相关部门采取预防措施，从而减轻风险带来的负面影响。一个有效的预警系统需要具备实时性、灵活性和易用性等特点，以确保信息能够快速传递到相关人员手中，并且易于理解和执行。本节将详细介绍预警系统的架构设计，包括其组成部分、技术选型以及数据流的管理等方面。

一、系统组件

预警系统的架构设计需要考虑各个功能模块之间的协调工作，以确保系统能够高效、准确地识别并响应潜在风险。下面详细介绍构成预警系统的各个核心组件及其功能。

（一）数据输入层

数据输入层是预警系统的前端，负责从多个数据源中收集原始数据。这些数据源可能包括航空公司的内部系统（如航班管理系统、客户服务系统）、政府监管机构提供的数据（如航空安全报告）、第三方服务提供商（如气象服务、燃油价格信息）以及其他公开可用的数据资源。数据输入层的设计需要具备灵活性和扩展性，能够轻松集成新的数据源，并且支持多种数据格式。此外，该层还需要具备一定的数据校验功能，以确保传入的数据是完整且符合预期格式的。为了提高数据传输的效率和安全性，可以采用 API 接口或 FTP 等方式进行数据交换，并且在必要时加密传输以保护敏感信息。

（二）数据处理层

数据处理层是预警系统的重要组成部分，它承担着数据清洗、转换和预处理的任务。由于原始数据往往带有噪声、不一致性和缺失值等问题，数据处理层的作用就是解决这些问题，确保高质量的数据能够进入后续的分析层。数据清洗包括去除重复记录、修正错误数据、填补缺失值等操作。数据转换则涉及将数据转换为统一的格式，如日期格式的标准化、货币单位的一致化等。此外，数据处理层还需要具备一定的特征工程能力，能够根据业务需求创建新的特征或对现有特征进行组合，从而为后续的分析提供更有意义的信息。通过这些步骤，数据质量显著提高，进而提升了预警系统的准确性和可靠性。

（三）分析层

分析层是预警系统的核心，它利用经过预处理的数据来运行风险评估模型。

在这个阶段，系统会根据预先训练好的模型对输入数据进行分析，识别出潜在的风险因素。分析层的设计需要考虑模型的实时性和可扩展性。对于一些需要实时处理的场景，可以采用流式处理框架（如 Apache Flink 或 Spark Streaming）来确保数据能够被即时分析。此外，分析层还应当具备一定的自我学习能力，能够根据新的数据不断调整模型参数，以适应不断变化的环境。为了提高模型的解释性，分析层还可以集成一些解释工具，如 SHAP 值或 LIME（Local Interpretable Model-agnostic Explanations），帮助用户理解模型的预测逻辑。通过这些措施，分析层不仅能够准确地识别风险，还能提供详细的分析报告，便于决策者做出相应的对策。

（四）预警输出层

预警输出层负责将分析层生成的风险预警信息传达给相关的管理人员或操作人员。这一层的设计需要考虑不同用户的接收习惯，提供多样化的预警方式。例如，可以通过电子邮件、短信、移动应用推送通知等多种渠道来发送预警信息。同时，预警输出层还应当具备一定的灵活性，允许用户定制自己的预警设置，如预警的频率、预警的级别等。此外，为了确保预警信息能够被及时注意到，系统还需要具备一定的优先级管理功能，能够区分紧急预警和平常预警，并按照优先级顺序进行发送。这些手段可以确保预警信息能够在第一时间到达相关责任人手中，从而迅速采取行动。

（五）用户界面

为了使预警系统对用户更加友好，设计一个直观易用的用户界面是非常必要的。用户界面可以是一个 Web 应用或移动应用，它不仅需要展示当前的风险状态，还应该提供历史预警记录的查询功能。界面应当清晰地显示风险的等级、类型以及建议的应对措施，同时还需支持用户反馈机制，让用户可以对预警信息的有效性进行评价。此外，用户界面还应当具备一定的数据可视化能力，通过图表等形式直观展示风险的趋势和发展，帮助用户更好地理解当前的风险状况。这样一个完善的用户界面，不仅可以提升用户体验，还能增强预警系统的实用性和接受度，确保其在实际操作中的有效应用。

二、技术选型与数据流

在设计预警系统的过程中，技术选型和数据流管理是至关重要的环节，它们直接影响系统的性能、可靠性和扩展能力。

（一）技术选型的重要性

技术选型是预警系统设计初期的一项关键决策，它决定了系统的基本架构和技术栈。正确的技术选型能够确保系统具备高效的处理能力、强大的扩展性和良好的安全性。在选择技术方案时，需要考虑多个因素，包括但不限于数据处理的速度、系统的可维护性、成本效益以及技术支持的可持续性。例如，对于需要处理大量实时数据的应用场景，可以选择 Apache Kafka 或 RabbitMQ 作为消息队列技术，以支持高并发的消息传递；而对于需要进行复杂数据处理和分析的情况，则可以考虑使用 Apache Spark 或 Flink 等大数据处理框架。此外，考虑到系统的安全性，还应当选择那些支持加密传输和访问控制的解决方案，如 HTTPS 协议或 OAuth 认证机制。

（二）数据流管理

数据流管理是指在系统内部如何有效地管理和传输数据的过程。一个典型的预警系统数据流通常包括数据采集、数据预处理、数据分析和预警信息发布等几个阶段。首先，数据从各种源头被采集进来。这些源头可能包括航空公司的内部系统、第三方服务提供商等。其次，数据被送入数据预处理层，这里会对数据进行清洗、转换和格式化，以确保数据的质量。接下来，经过预处理的数据将被送往分析层，通过预先训练好的风险评估模型进行分析，识别出潜在的风险。最后，分析得出的风险信息会被发送到预警输出层，通过多种渠道（如电子邮件、短信、移动应用通知等）告知相关人员。整个数据流的设计需要确保数据的实时性和准确性，同时也要考虑系统的扩展性和可靠性。

（三）云计算平台的选择

现代预警系统越来越多地采用云计算平台来搭建，这是因为云服务提供了诸多优势，如弹性伸缩能力、按需付费模式以及丰富的服务生态。在选择云计算平台时，可以根据实际需求选择不同的服务，如 AWS、Azure 或阿里云等。云计算平台不仅能够提供强大的计算资源，还能够简化系统的部署和运维工作。例如，可以利用云服务中的虚拟机实例来搭建数据处理层，使用云存储服务来存储数据，甚至可以利用云平台提供的大数据处理服务（如 AWS Glue、Azure Databricks）来加速数据的处理和分析。此外，云平台还提供了丰富的安全性和合规性支持，这对于处理敏感数据的预警系统来说尤为重要。

（四）实时计算框架的应用

对于需要实时处理的数据流，选择合适的实时计算框架至关重要。Apache Flink 和 Spark Streaming 是目前流行的两种选择。Flink 以其先进的事件时间处理能力、精确的状态管理和低延迟处理而闻名，非常适合处理高速数据流。而 Spark Streaming 则以其与 Apache Spark 生态系统的良好集成和广泛的社区支持受到青睐。这两种框架都可以处理大规模的数据流，并且支持复杂的数据处理逻辑，如窗口操作、状态管理等。通过采用实时计算框架，预警系统可以实现对实时数据的即时响应，从而更快地发现并处理潜在风险。

（五）数据库技术的选择

预警系统中数据的存储和检索也是不可忽视的一环。根据数据的特点和访问模式，可以选择合适的关系型数据库（如 MySQL、PostgreSQL）或 NoSQL

数据库（如 MongoDB、Cassandra）。关系型数据库适用于结构化数据的存储，能够提供强大的事务支持和查询能力；而 NoSQL 数据库则更适合处理大规模的非结构化或半结构化数据，具有更好的扩展性和更高的写入吞吐量。在某些情况下，为了提高数据的访问速度，还可以使用缓存技术（如 Redis、Memcached）来存储热点数据或频繁访问的数据。合理选择数据库技术，可以确保数据的高效存储和快速检索，从而支持预警系统的高效运作。

第三节 实时数据分析与监测

实时数据分析与监测是预警系统不可或缺的一部分，它使系统能够及时发现并响应潜在的风险情况。这一节将详细介绍实时数据分析与监测的重要性、技术实现方法以及如何设计用户友好的监控界面，以确保决策者能够快速获取关键信息并采取相应措施。

一、实时数据分析的重要性

在当今快节奏的商业环境中，尤其是在民航业这样一个高度动态且竞争激烈的领域，实时数据分析与监测变得越来越重要。民航企业面临着众多挑战，包括但不限于安全问题、财务压力、运营效率以及客户满意度等方面的考量。在这样的背景下，实时数据分析不仅是提升运营效率的一种手段，更是确保企业能够迅速响应各种突发情况、避免潜在风险的关键所在。通过实时监控关键运营指标，航空公司可以及时发现问题，并在问题升级之前采取纠正措施，从而最大限度地减少负面影响。

实时数据分析的核心在于其能够提供即时的信息反馈，这对于快速变化的环境尤其重要。例如，在航班运营中，天气突变、空中交通管制变更、飞机技术故障等情况都可能突然发生，这些事件若未能得到及时处理，可能会导致航班延误、取消甚至安全事故。通过实施实时数据分析系统，航空公司可以立即接收到这些事件的通知，并迅速调动资源来解决问题。此外，实时数据还有助于识别运营模式中的异常行为，如异常高的行李延误率或频繁的客户投诉，这些都是潜在风险的早期迹象。及早发现这些问题，可以促使管理层采取预防措施，防止小问题演变为大危机。

除了在危机管理中的重要作用，实时数据分析还能够为战略决策提供支持。通过持续监测各项关键绩效指标（KPIs），航空公司可以获得对自身运营状况的全面了解，进而基于数据做出更加明智的决策。例如：通过分析航班准点率与客户满意度之间的关系，公司可以优化航班调度，提升服务质量；通过追踪燃油消耗与飞行路线的关系，可以调整航线规划，降低成本开支。此外，实时数据还能够帮助企业更好地适应市场变化，如根据旅游旺季或淡季调整运力，或者根据竞争对手的动向调整营销策略。总之，实时数据分析不仅能提高企业的响应速度，还能增强其在激烈市场竞争中的适应性和竞争力。

二、技术实现方法

实现高效的实时数据分析与监测需要依托一系列先进的技术和工具。这些技术不仅需要具备处理大量数据的能力，还必须能够快速响应，并确保数据的准确性和安全性。以下是几种关键的技术实现方法，它们共同构成了一个强大且灵活的实时数据分析平台。

（一）流处理框架的应用

流处理框架是实时数据分析的核心技术之一，它能够高效地处理持续产生的数据流，并在数据到达时立即进行分析。Apache Kafka 和 Apache Flink 是两个广受欢迎的流处理框架。Kafka 提供了一个高吞吐量的发布/订阅消息系统，能够处理大量实时数据，并确保数据的可靠传输。Flink 则是一个强大的流处理引擎，它支持复杂事件处理、窗口操作和状态管理等功能，非常适合用于实时数据分析场景。通过使用这些工具，系统可以实时地捕获、处理和分析数据，从而及时发现并响应潜在的风险。

除了 Kafka 和 Flink，另一个流行的流处理框架是 Apache Storm。Storm 提供了一种分布式实时计算平台，特别适用于需要低延迟处理的应用。它支持实时计算、在线机器学习、持续计算等多种应用场景，并且拥有成熟的生态系统和活跃的开发者社区。通过结合使用这些流处理框架，预警系统可以构建起一个能够实时响应变化的动态数据处理流水线。

（二）分布式计算与大数据技术

在处理大规模数据集时，传统的单机处理方式往往无法满足性能要求。分布式计算技术（如 Apache Spark）成为实时数据分析的理想选择。Spark 不仅提供了内存中的数据处理能力，大幅提升了数据处理速度，而且还支持多种计算模式，包括批处理、流处理、机器学习和图形计算等。通过将数据分割成多个分区，并在集群中的多个节点上并行执行任务，Spark 能够实现对海量数据的高效处理。此外，Spark 还具有易于编程的特点，支持多种编程语言（如 Scala、Java、Python），使开发者能够快速构建复杂的数据处理应用。

除了 Spark 外，Hadoop 生态系统也是处理大数据的常见选择，包括：HDFS（分布式文件系统）用于存储大量数据，MapReduce 用于并行处理数据，以及 HBase 用于存储和查询大规模数据集。虽然 Hadoop 在处理静态数据方面非常强大，但对于实时数据流的处理则不如 Spark 或 Flink 那样高效。因此，在设计实时数据分析系统时，通常会选择将 Hadoop 与 Spark 或 Flink 结合使用，以发挥各自的优势。

（三）数据可视化与用户界面设计

为了使实时数据分析的结果更加直观和易于理解，数据可视化工具的使用至关重要。工具如 Tableau、Grafana 或 Kibana 可以帮助将复杂的分析结果转化为易于解读的图表和仪表盘。这些工具支持动态更新，能够实时反映数据的变化情况，并且可以配置多种警报机制，在关键指标达到预设阈值时自动触发通知。通过这些工具，用户不仅能够快速获取关键信息，还能够深入挖掘数据背后的趋势和模式。

除了数据可视化工具外，设计一个用户友好的监控界面也是实现有效实时数据分析的关键。界面应当简洁明了，突出显示最重要的信息，并且允许用户根据需要定制显示内容。例如，高级管理层可能希望看到总体的运营状况概览，而具体操作人员则可能需要详细的数据和历史记录。此外，界面还应该支持跨平台访问，确保用户无论是在桌面电脑、平板电脑还是智能手机上都能无缝地查看数据。通过这些设计，实时数据分析系统不仅能够提供即时的信息反馈，还能作为决策支持工具，帮助管理层在关键时刻做出正确的决策。

三、监测指标设置

在实时数据分析与监测系统中，合理设置监测指标是确保系统有效运作的关键。这些指标不仅需要反映当前的运营状态，还应当能够提前预警潜在的风险。通过精心设计的监测指标，系统能够帮助民航企业及时发现并解决各类问题，从而保障运营的顺畅和安全。

（一）安全相关的监测指标

安全始终是民航业最为关注的核心问题之一。为了确保飞行安全，需要设置一系列安全相关的监测指标。这些指标包括但不限于事故率、违规操作次数、紧急情况响应时间等。例如，事故率可以通过统计一定时期内的事故数量与总飞行次数的比例来计算，以此评估航空公司的安全管理水平。违规操作次数则是指飞行员或地面工作人员违反操作规程的次数，反映了员工遵守规章制度的情况。紧急情况响应时间则是衡量在发生紧急事件时，航空公司能够多快采取有效措施来控制事态发展。通过持续监测这些指标，航空公司可以及时发现安全隐患，并采取措施加强安全管理。

（二）财务相关的监测指标

财务健康状况直接影响航空公司的长期发展和竞争力。因此，设置适当的财务监测指标对于评估公司的财务状况至关重要。关键的财务指标包括现金流状况、债务水平、盈利状况等。现金流状况反映了公司的资金流动情况，包括现金流入和流出的总额及其比例，这对于评估公司的短期偿债能力和日常运营的资金支持至关重要。债务水平则关注公司的负债情况，特别是短期债务与总资产的比例，这有助于评估公司的财务风险。盈利状况则是通过计算净利润率、营业收入增长率等指标来衡量公司的盈利能力及其增长潜力。这些指标的实时监测有助于管理层及时调整财务策略，确保公司在财务上保持稳健。

（三）运营相关的监测指标

运营效率是衡量航空公司服务水平和运营能力的重要标准。运营相关的监测指标主要包括航班准点率、旅客满意度、行李处理效率等。航班准点率是指在一定时间内，按时起飞和降落的航班数量占总航班数的比例，这直接影响客户的体验和公司的信誉。旅客满意度则通过定期的客户满意度调查来获取，它反映了乘客对公司服务质量的整体评价。行李处理效率则关注行李丢失率、行李延误率等指标，这些指标体现了公司在行李运输方面的管理水平。通过对这些指标的持续监测，航空公司可以不断提升服务质量和运营效率，增强客户忠诚度。

（四）技术与基础设施相关的监测指标

在信息技术日益发达的今天，技术与基础设施的监测同样重要。这些指标包括IT系统的可用性、网络安全事件的数量、基础设施的维护状态等。IT系统的可用性是指系统在规定时间内正常运行的比例，这直接影响航空公司的业务连续性和数据安全性。网络安全事件的数量则是监测一段时间内发生的网络安全事件的次数，包括病毒攻击、数据泄露等，这有助于评估公司的信息安全防护水平。基础设施的维护状态则关注关键设备（如导航系统、跑道等）的运行状况及其维护频率，这对于保障飞行安全和机场运营至关重要。通过这些技术与基础设施相关的监测指标，航空公司可以确保技术系统和物理设施始终保持在最佳状态，为运营提供坚实的支撑。

通过上述这些监测指标的设置，实时数据分析与监测系统能够全面覆盖民航企业的各个方面，从安全到财务，再到运营和技术，为管理层提供全方位的信息支持。这不仅有助于及时发现潜在的问题，还能够为制定更加科学合理的管理策略提供数据依据，从而推动民航企业的持续健康发展。

四、用户界面设计

用户界面设计是实时数据分析与监测系统中至关重要的一个环节，它直接关系到决策者能否快速有效地获取并理解关键信息。一个设计良好的用户界面不仅能够提高系统的可用性，还能增强用户体验，从而提升整体工作效率。以下是关于用户界面设计的一些关键考虑因素。

（一）设计原则与目标

设计用户界面时，首先要考虑的是用户体验（UX）和用户界面（UI）设计的最佳实践。界面应当简洁明了，避免过多的技术术语或复杂的操作流程，确保即使是非专业的用户也能轻松上手。同时，界面应当具有高度的可定制性，允许用户根据自己的需求调整视图，如通过拖放组件来组织仪表盘，或者选择显示特定的数据指标。此外，界面还应该具备直观的操作反馈，如通过颜色变化或动画效果来指示操作结果，增强用户的交互体验。

（二）实时更新与数据可视化

实时数据分析的核心在于"实时"，因此用户界面需要能够实时更新数据，确保展示的信息是最新的。这可以通过自动刷新机制来实现，每隔一定时间自动加载最新的数据。同时，数据可视化技术的应用也是非常重要的。利用图表、仪表盘、热力图等图形化工具，可以将复杂的数据转换为直观易懂的形式，帮助用户快速捕捉关键信息。例如，使用折线图来展示航班准点率的变化趋势，或者通过饼图来呈现不同风险级别的分布情况。这些可视化工具不仅美观，而且实用，能够帮助用户在短时间内理解数据的含义。

（三）警报与通知系统

除了常规的数据展示外，用户界面还应当具备强大的警报与通知功能。当监测到某个指标超出预设的安全范围或出现异常情况时，系统应能够立即触发警报，并通过多种渠道（如弹窗、电子邮件、短信等）通知相关人员。警报的设计应当显眼而不扰人，能够迅速吸引用户的注意力，但又不至于造成过度恐慌。此外，警报系统还应支持分级设置，根据风险的严重程度自动调整警报的紧急级别，确保关键信息能够优先传达给决策者。

（四）移动设备支持与跨平台兼容性

考虑到决策者可能随时随地需要访问实时数据，用户界面的设计还必须考虑移动设备的支持。这意味着界面应当能够在不同尺寸的屏幕上正常显示，并且具备触摸友好的交互设计。响应式设计技术，可以确保界面在手机、平板电脑或台式机上都能提供一致的用户体验。此外，跨平台兼容性也是重要的考虑因素，用户界面应该能够在不同的操作系统（如 Windows、iOS、Android）上顺畅运行，确保用户不受设备限制，随时获取所需信息。

（五）用户培训与文档资料

为了确保用户能够充分利用用户界面的各项功能，提供详尽的用户培训和支持材料是非常必要的。这包括用户手册、视频教程以及在线帮助文档，它们可以帮助用户快速掌握界面的操作方法。此外，还应当设立专门的技术支持热线或在线客服，以便用户在遇到问题时能够及时获得帮助。通过这些措施，用户的使用门槛显著降低，进而提高了系统的整体采纳率。

第四节 风险应对策略与预案制定

在构建了基于大数据和人工智能的风险评估模型,并设计了实时数据分析与监测系统之后,接下来的关键步骤是制定有效的风险应对策略与预案。这一环节旨在确保当系统检测到潜在风险时,能够迅速启动相应的应对措施,从而最大限度地减少风险的影响。本节将详细介绍如何制定风险应对策略,并设计应急预案,以提高民航企业的风险防范能力。

一、风险应对策略

风险应对策略是民航企业在面对潜在风险时所采取的一系列措施和行动计划。这些策略旨在通过预防、缓解、转移和应急响应等方式,减少风险对企业运营的影响。制定有效的风险应对策略不仅能够提高企业的抗风险能力,还能增强企业的竞争力。以下是对不同类型风险应对策略的详细探讨。

(一)预防措施

预防措施是风险应对中最主动和最理想的方式,它强调在风险发生之前采取行动,以降低风险发生的可能性或减轻其影响。对于民航企业而言,预防措施可以从多个层面展开。例如:在安全风险方面,可以加强飞行员和机组人员的培训,确保他们具备应对各种紧急情况的能力;在技术层面,可以定期对飞机进行维护检查,及时发现并修复潜在故障,以防止技术性事故的发生。此外,优化航班调度和资源配置,也可以降低运营不当而导致的风险。预防措施的实施需要企业具有前瞻性的眼光,能够识别出潜在的风险因素,并采取积极措施加以控制。

(二)缓解措施

当预防措施不足以完全消除风险时,缓解措施便成为第二道防线。缓解措施旨在通过一系列干预手段,将风险的影响降到最低。例如,在面对恶劣天气条件导致的航班延误或取消时,航空公司可以提前做好航班调整计划,如增加备用飞机或调整飞行路径,以减少对乘客行程的影响。在财务风险方面,通过多元化投资组合,可以分散投资风险,避免因单一市场的波动而遭受重大损失。缓解措施要求企业具备快速响应能力和灵活的调整机制,能够在风险出现的早期阶段迅速采取行动,以最小化风险带来的不利后果。

(三)转移措施

对于那些无法完全预防或缓解的风险,转移措施成为一种有效的应对方式。转移风险主要是通过将风险转移到第三方来实现的,最常见的做法是购买保险。例如,航空公司可以购买航空责任保险、机身保险以及第三方责任保险等,以覆盖意外事故或自然灾害造成的经济损失。此外,还可以通过签订合同条款将某些风险转嫁给供应商或合作伙伴,如在合同中加入罚金条款,以确保双方履行合同义务。转移措施虽然不能完全消除风险,但却能在风险发生时为企业提供经济补偿,减轻财务负担。

(四)应急响应

应急响应是指在风险事件已经发生的情况下,迅速启动应急预案,采取紧急措施以控制事态发展,并尽快恢复正常运营。应急响应计划应当详细列出各类风险情景下的具体应对步骤,包括紧急联络人名单、资源调配方案、信息传播途径等。例如,在发生飞机事故时,应立即启动事故应急小组,负责现场救援、乘客安置、家属安抚等工作。此外,还应建立有效的信息沟通机制,确保所有相关方能够及时获得准确的信息。应急响应计划需要定期进行演练,以检验其可行性和有效性,确保在真正发生紧急情况时能够迅速有效地执行。

(五)综合管理

综合管理是指将上述各种应对策略结合起来,形成一个全面的风险管理体系。这一体系不仅包括预防、缓解、转移和应急响应等具体措施,还涵盖风险识别、评估、监控和报告等一系列管理活动。建立跨部门的合作机制，确保各部门能够协同工作，共同应对风险。例如：安全管理部门可以与技术部门合作，定期进行安全检查和技术评估；财务部门则可以与法务部门协作，制定合理的风险转移方案。综合管理还要求企业持续改进风险管理流程，定期评估风险管理的有效性，并根据新的风险环境调整策略，以确保风险管理措施始终与时俱进。

二、预案制定

预案制定是一项系统性的工作，旨在为可能发生的风险事件提供详细的应对方案。一个完善的预案不仅能够指导企业如何在风险发生时迅速响应，还能帮助企业在危机中保持有序运转。以下是预案制定过程中需要考虑的关键要素。

（一）风险情景模拟

预案制定的第一步是通过风险情景模拟来识别可能面临的各种风险。情景模拟是基于历史数据、专家意见以及当前的运营环境，构想出一系列可能发生的风险事件。例如，对于民航企业而言，可以模拟极端天气条件下的航班延误、飞机机械故障、网络安全攻击、恐怖袭击等场景。通过情景模拟，企业可以提前预见潜在的问题，并据此制定应对措施。情景模拟还能够帮助企业在心理上做好准备，在实际风险发生时减少慌乱。

在进行情景模拟时，可以采用不同的方法，如桌面演练、功能演练或全面演练。桌面演练侧重讨论和分析，功能演练则集中在特定功能或任务上，而全面演练则尽可能模拟真实情况。这些演练可以评估预案的有效性，并及时发现和修正预案中的不足之处。

（二）职责分工与资源配置

预案的制定还需要明确不同风险情景下各部门和人员的责任分工。每个情景都应该有一份详细的责任清单，列出谁负责什么任务，以及任务的具体内容。

例如，在航班延误的情况下，谁负责通知乘客，谁负责调度备用飞机，谁负责后勤支持等。职责分工的明确有助于确保在紧急情况下，每个人都清楚自己的任务，从而提高应对效率。此外，预案还应详细列出可用于应对风险的资源清单，包括人力、物资、设备等。例如，在应对突发公共卫生事件时，应当准备好足够的医疗用品、隔离设施以及医护人员名单。资源的合理配置和快速调动是预案成功实施的关键。因此，预案中应当包含资源的存储地点、联系方式以及调用流程等信息，确保在需要时能够迅速到位。

（三）信息沟通与协调机制

有效的信息沟通与协调机制是预案成功实施的重要保障。预案中应当建立一套全面的信息共享平台，使各部门能够及时获取最新的风险信息及相关预案。平台应当具备权限管理功能，确保敏感信息的安全性。此外，还应当建立定期沟通机制，如每日或每周召开一次风险管理会议，讨论当前面临的风险挑战及应对策略。持续的沟通可以增进各部门之间的理解和信任，形成合力应对风险。

在紧急情况下，信息沟通尤为重要。预案应当明确规定紧急联络人的名单及其联系方式，并确保所有相关人员都知晓这些信息。此外，还应建立紧急情况下的信息发布机制，如通过社交媒体、官方网站或短信群发等方式，及时向公众通报相关信息，以减少恐慌情绪的蔓延。

（四）预案的持续改进与培训

预案不是一成不变的，随着环境的变化和经验的积累，需要不断地对预案进行修订和完善。每次风险事件发生后，应当组织事后评估会议，总结事件处理过程中的经验和教训，查找预案中存在的不足之处，并提出改进建议。定期审查预案内容，确保其与当前的运营环境相匹配，是持续改进预案的重要环节。

除了持续改进预案外，定期培训也是确保预案得到有效实施的关键。定期培训可以让所有相关人员熟悉预案内容，并掌握必要的应对技能。培训内容可以包括情景模拟演练、紧急情况下的应对技巧以及资源调配方法等。通过培训，员工的应急响应能力得到提升，确保在风险发生时能够迅速采取行动。

三、预案的持续改进

预案的持续改进是一个动态的过程，它要求企业不断地根据实际情况调整和完善预案，以确保其始终符合最新的风险环境和管理需求。

（一）事后评估与总结

每次风险事件发生后，组织事后评估会议是预案持续改进的重要环节。这些会议旨在回顾整个事件处理过程，总结成功的经验和失败的教训。详细的事件回顾，可以识别预案中的不足之处，并提出具体的改进建议。例如，如果在一次航班延误事件中发现某些应急措施执行不到位，或者信息传递不及时，那么在事后评估会议上就应该详细记录这些问题，并探讨改进方案。事后评估不仅能够帮助企业在类似事件再次发生时做得更好，还能增强团队间的沟通与协作能力。

事后评估还应当包括对预案执行效果的量化分析。例如，可以通过比较事件发生前后的企业运营数据，评估预案实施的实际效果。这种量化分析有助于客观地评估预案的有效性，并为未来的改进提供数据支持。通过不断地评估与总结，预案将变得更加完善，更能适应未来可能面临的挑战。

（二）定期审查与更新

预案的定期审查与更新是确保其有效性的关键步骤。至少每年应进行一次全面的预案审查，以确保预案内容与当前的运营环境相匹配。审查过程中应当邀请不同部门的代表参与，确保预案的全面性和实用性。审查内容包括但不限于预案的适用范围、职责分工、资源调配方案、信息沟通机制等。如果发现预案中存在不符合实际情况或不再适用的部分，应及时进行修订。

定期审查还应关注新的风险因素。随着技术的发展和社会环境的变化，新的风险不断涌现。例如，随着互联网技术的普及，网络安全风险日益凸显，而气候变化带来的极端天气事件也越来越频繁。因此，预案审查时应特别注意这些新兴风险，并在预案中加入相应的应对措施。通过定期审查与更新，预案能够始终保持其前瞻性和有效性。

（三）技术更新与应用

随着新技术的发展，预案中涉及的技术手段和工具也应当随之更新。例如，随着人工智能和大数据技术的进步，可以利用这些技术来优化风险评估模型，提高预警系统的准确性。引入先进的数据分析工具，可以更准确地预测潜在风险，并及时采取预防措施。此外，还可以利用物联网技术来实时监控关键设备的运行状态，提前发现故障迹象，从而减少设备故障导致的风险。

技术更新不局限于风险评估和监测方面，还可以应用于应急响应过程中。例如：利用无人机技术进行灾后侦察，可以快速获取灾区情况，为救援工作提供第一手资料；利用移动应用程序来管理应急资源的调配，可以提高响应速度和效率。通过不断引入新技术，预案能够更加智能和高效，从而更好地应对各种风险和挑战。

（四）政策调整与合规性

当政府出台新的法规或行业标准发生变化时，预案也需要相应调整，以确保符合最新的法律要求。例如，如果政府发布了新的航空安全条例，那么预案中有关安全措施的部分就需要进行更新，以确保企业的安全管理措施符合新规定的要求。此外，随着国际标准的不断演变，也需要及时调整预案，以保持与国际接轨。

政策调整不仅包括法规层面，还包括企业内部政策的变化。例如，如果企业调整了风险管理策略或引入了新的管理理念，预案也需要相应更新，以体现这些变化。定期检查预案与政策的契合度，可以确保预案始终符合企业的风险管理目标，并且能够在合法合规的前提下有效运行。

四、跨部门协作

跨部门协作是确保风险应对策略与预案制定成功实施的关键因素之一。在一个复杂的组织结构中，不同部门之间的协调合作能够确保预案的全面性和有效性。

（一）建立联合工作组

为了确保预案制定过程中的跨部门协作，成立联合工作组是一个非常有效的方法。联合工作组由来自不同部门的代表组成，他们共同负责预案的制定、修订和实施工作。工作组的成员应当包括来自安全、运营、技术、财务、人力资源等部门的专家，以确保预案能够全面覆盖各个方面的风险。

联合工作组的职责包括定期召开会议，讨论当前面临的风险挑战，评估现有的预案，并提出改进建议。工作组成员还应当负责协调各自部门之间的沟通，确保信息的及时传递和资源共享。通过定期的会议和交流，工作组能够增进彼此的理解，促进不同部门之间的合作，从而提高预案的整体效果。

（二）信息共享平台

在跨部门协作中，信息的及时共享至关重要。为此，可以搭建一个统一的信息共享平台，使各部门能够实时获取最新的风险信息及相关预案。平台应当具备权限管理功能，确保敏感信息的安全性，同时也要易于使用，便于各部门快速访问所需的信息。

信息共享平台可以是一个内部网站、企业级的协作工具或专门的风险管理软件。通过这个平台，各部门可以上传和下载最新的风险评估报告、应急预案文件、操作手册等资料。此外，平台还可以提供一个讨论区或论坛，供各部门成员交流意见和分享经验。这种方式可以确保所有相关人员都能及时了解最新的风险动态，并根据需要调整自己的工作计划。

（三）定期沟通机制

除了信息共享平台外，还需要建立定期沟通机制，以确保跨部门之间的持续交流。定期沟通机制可以是每周或每月举行的风险管理会议，也可以是不定期的紧急会议。在这些会议上，各部门可以汇报自己领域的最新情况，讨论当前面临的风险挑战，并共同商讨应对策略。

通过定期沟通，可以及时发现和解决跨部门合作中出现的问题，确保预案能够顺利实施。此外，定期沟通还有助于增强团队之间的信任和凝聚力，形成合力应对风险。例如：安全管理部门可以与技术部门合作，定期进行安全检查和技术评估；财务部门则可以与法务部门协作，制订合理的风险转移方案。这些跨部门的互动，可以确保预案在各个环节都能够得到有效执行。

（四）跨部门培训与演练

为了确保预案在实际风险发生时能够顺利执行，跨部门培训与演练是必不可少的。定期培训，可以使所有相关人员熟悉预案内容，并掌握必要的应对技能。培训内容可以包括情景模拟演练、紧急情况下的应对技巧以及资源调配方法等。模拟真实的紧急情况，可以检验预案的有效性，并及时发现和修正预案中的不足之处。

跨部门培训还可以增进各部门之间的相互了解和信任。通过共同参与演练，各部门成员可以更好地理解其他部门的工作流程和职责，从而在实际操作中更好地配合。例如，在模拟航班延误的演练中，地勤人员可以了解飞行员和空中乘务员的工作压力，而飞行员也可以体会到地勤人员在紧急情况下的忙碌与不易。这种相互理解有助于在真正的危机中形成更紧密的合作关系。

第八章
数据驱动的监管政策优化

本章旨在探讨如何利用大数据和数据分析技术来优化民航监管政策的制定过程，从而提高政策的有效性和针对性。通过对现有监管政策的不足之处的分析，并结合实际案例进行研究，本章提出了构建数据驱动的决策支持系统的重要性，同时强调了建立有效政策反馈机制的必要性。通过本章的学习，读者将了解到如何通过科学的方法评估政策效果，如何利用现代信息技术手段来改善监管决策的质量，并从中汲取经验教训，推动民航监管政策的持续创新与发展。

第一节 政策效果评估

在全球化的今天，民航业已成为连接世界各个角落不可或缺的桥梁，它不仅承载着庞大的客流量，同时也是国际贸易和旅游活动的重要支撑。随着航空市场的迅猛发展和技术的不断革新，诸如无人机技术、人工智能应用等新兴领域正在重塑民航业的面貌。这些变化既为行业发展带来了前所未有的机遇，同时也给民航监管体系带来了新的挑战。面对如此复杂的市场环境，传统的监管模式往往难以跟上时代发展的步伐，特别是在确保飞行安全、促进公平竞争、保护消费者权益等方面，现有的政策框架时常显得捉襟见肘。

为了应对这些挑战，民航监管机构不断尝试调整和完善政策，力求在保障公众利益的同时促进产业健康发展。然而，任何政策的出台都必须经过深思熟虑，不仅要考虑当前的实际需求，还应具备一定的前瞻性和适应性，以应对未来可能出现的各种情况。因此，对现有政策进行效果评估就尤为关键。系统地回顾政策执行情况，可以发现其中存在的问题与不足，进而为后续的政策调整提供科学依据。只有这样，才能确保政策制定更加贴近市场需求，更加有效地服务于行业发展。

在进行政策效果评估时，必须意识到这是一个复杂而多维的过程。它要求不仅关注直接可见的结果，如事故率的增减、市场结构的变化等，还需要深入了解那些不易察觉的因素，如政策执行过程中遇到的具体障碍、各方利益相关者的接受程度以及社会公众的整体反响等。此外，由于民航业涉及面广、影响深远，任何一项政策的出台都会牵一发而动全身，这就要求在评估时采取更为全面和综合的方法论，确保评估结果能够真实反映政策的实际影响，从而为未来的政策制定提供有价值的参考。

一、政策现状分析

目前，民航监管机构已经出台了一系列旨在保障航空安全、促进市场公平竞争、提升服务质量以及保护消费者权益的政策措施。例如，在航空安全方面，监管机构制定了严格的适航认证程序和定期的安全检查制度，确保所有运营的飞机和设备均符合国际公认的标准。此外，还通过设立专门的安全监察部门来监督日常运营中的安全隐患，力求将风险降至最低。在市场准入环节，为了防止市场过度集中，监管机构会根据一定的标准来审批新进入者的资格，旨在维持一个健康有序的竞争环境。而在消费者保护方面，则推行了一系列措施，如航班延误赔偿机制、行李丢失补偿条款等，以保障旅客的基本权益不受侵害。

尽管这些政策在一定程度上提升了民航业的整体水平，但随着市场的快速发展和新技术的不断涌现，现有的一些监管措施开始显现出其局限性。例如，在安全保障方面，虽然已有较为完善的规章制度，但在面对无人机干扰、网络攻击等新型威胁时，原有的规章可能无法提供足够的指导和支持。在市场准入方面，虽然设置了门槛以避免无序竞争，但由于缺乏灵活性，有时也会阻碍创新型企业的进入和发展。此外，在消费者保护政策中，虽然明确了基本的权利保障措施，但对于一些新兴服务模式所带来的问题，如在线预订平台的责任界定等，则显得不够明确。

进一步来看，许多现行的监管政策在执行过程中还面临其他挑战。一方面，由于监管资源有限，难以做到对所有环节的全面覆盖，特别是对于一些偏远地区的航线或者小型航空公司，监管力度可能会相对薄弱。另一方面，随着国际交流的增多，各国之间的监管差异也成为亟待解决的问题，如何协调不同国家的监管标准，实现跨国界的无缝对接，是当前面临的一大难题。此外，由于政策制定通常需要较长周期，而市场变化却十分迅速，所以在应对突发情况或新兴趋势时，现有的政策可能会反应迟缓。

考虑到以上问题，研究发现有必要对现有的监管政策进行深入评估，并探索如何借助大数据和分析技术来优化政策制定过程。例如，收集和分析航班运行数据、市场反馈信息等，可以更准确地识别出政策实施过程中存在的问题，并据此调整监管方向。此外，利用大数据技术还可以帮助预测未来市场的发展趋势，使政策更具前瞻性和适应性。总之，通过对现状的细致剖析，可以更加清晰地认识到现有政策的优势与不足，从而为未来的改革提供坚实的基础。

二、实施效果评估

为了准确评估民航监管政策的效果，需要从多个角度出发进行全面考量。首先，安全性能是评估的核心之一。研究发现需要查看政策实施以来，事故率是否有显著降低，安全管理水平是否有所提升。安全是民航业的生命线，任何政策的首要目标都是确保乘客的生命财产安全。因此，对比政策实施前后的一系列安全指标，如事故发生频率、严重程度以及处理效率等，可以直观地反映出政策对安全状况的影响。

其次，经济效益也不容忽视。研究显示政策是否帮助航空公司降低了运营成本，提高了效率，同时也保证了合理的利润空间。在激烈的市场竞争环境下，如何在确保安全和服务质量的前提下，合理控制成本，提高运营效率，是航空公司普遍关心的问题。因此，评估政策效果时，需要考察政策是否有助于航空公司通过技术创新、流程优化等方式降低成本，同时又不影响其长期盈利能力。

再者，市场竞争力的变化是一个重要指标。研究指出政策是否促进了健康的市场竞争环境，避免了垄断行为的发生。健康的市场竞争有利于促进行业创新，提升服务质量。因此，评估政策效果时应当关注市场集中度的变化、新进入者的数量以及现有企业间的竞争态势。如果政策能够鼓励更多元化的企业参与竞争，并且保持市场的活力，那么它便有助于形成一个良性循环的竞争格局。

此外，消费者满意度同样至关重要。研究发现乘客对服务质量和价格的满意度是否有所提升。消费者是政策最终受益的对象，他们的体验和反馈直接反映了政策实施的效果。通过问卷调查、社交媒体分析等多种渠道收集消费者意见，可以了解他们对航班准点率、服务质量、票价等方面的满意程度。如果大多数消费者的满意度有所提高，这表明政策在提升用户体验方面发挥了积极作用。

最后，还需要关注政策执行的合规性，即航空公司和其他参与者是否严格遵守了相关政策规定。即便政策本身设计得再好，如果执行不到位，也无法达到预期的效果。因此，评估时应考查政策的落实情况，包括但不限于监管机构的执法力度、违规行为的处罚力度以及行业内部的自律机制建设等。对这些方面的综合评价，可以更加全面地了解政策的实际成效，并为后续的政策调整提供有力的支持。

三、局限性与改进空间

在进行政策效果评估的过程中，也发现了一些固有的局限性。传统的评估方法往往依赖于事后统计和历史数据，这使评估结果具有一定的滞后性，难以及时反映市场变化。例如，由于数据收集和分析需要一定的时间，当评估结果出炉时，市场环境可能已经发生了变化，从而导致评估结论的参考价值大打折扣。此外，传统的评估方法通常侧重量化的经济指标，而忽视了诸如乘客情感体验、社会影响等非经济因素。这些因素虽然难以量化，但却对政策的实际效果有着不容忽视的影响。因此，评估方法需要更加多元化，以涵盖更广泛的评估维度。

另一个显著的局限性在于评估方法本身的复杂性和专业性。很多评估工作需要依赖复杂的统计模型和专业的数据分析工具，这对于不具备相应技术背景的监管机构而言是一项挑战。这意味着，如果没有足够的人力资源和专业技术支持，评估工作的准确性和有效性将受到限制。此外，即使拥有必要的技术支持，如何确保数据的真实性和完整性也是一个难题。因为数据源可能存在偏差或缺失，而这将直接影响评估结果的可靠性。

鉴于上述局限性，有必要引入更为先进和灵活的评估工具，如大数据分析技术，通过实时监控、预测建模等手段来提高评估的精确度和时效性。例如，利用大数据技术可以实时收集并分析来自不同渠道的信息，包括社交媒体上的用户反馈、实时航班数据等。这有助于监管部门更快地掌握市场动态，及时调整政策方向。此外，构建数据驱动的决策支持系统，可以帮助决策者更好地理解复杂的数据关系，从而做出更加科学和精准的判断。这样一来，不仅可以弥补传统评估方法的不足，还能为未来民航监管政策的制定与优化提供强有力的技术支持。

第二节　政策反馈机制

在政策制定与执行过程中，建立一个有效的反馈机制是至关重要的。这是因为任何政策在实施初期都不可能是完美的，随着时间推移和外部环境的变化，政策的有效性和适用性可能会发生变化。建立一个健全的反馈机制，可以及时收集到政策执行过程中产生的各种信息，包括正面的效果和负面的问题，从而为政策的调整提供依据。此外，良好的反馈机制还能增强政策制定者与利益相关方之间的沟通，促进双方的理解与合作，确保政策能够更好地服务于行业和社会的需求。

一、当前反馈机制的现状

目前，民航监管政策的反馈机制主要包括官方渠道的信息收集、行业内部的交流会议以及公众意见征集等方式。官方渠道的信息收集通常由监管机构主导，通过定期的数据报告、监督检查等方式获取政策执行情况的第一手资料。这种传统方式的优点在于其正式性和权威性，确保了信息来源的可靠性和准确性。监管机构通过这些途径可以较为全面地了解政策实施的总体效果，从而为后续的政策调整提供依据。但是，这种方式也存在一定的局限性，例如信息传递的时效性较差，从数据收集到分析再到决策的整个过程可能耗时较长，难以应对市场快速变化的需求。

行业内部的交流会议是另一种常见的反馈方式，它为航空公司、机场管理机构以及其他相关方提供了一个面对面交流的平台。通过会议，各方可以分享各自在政策执行过程中的经验教训，讨论遇到的问题，并寻求解决方案。这种方式有助于增进不同主体之间的理解和协作，促进政策的有效落地。然而，由于会议召开的频率受限，且参与对象往往局限于行业内具有一定影响力的组织和个人，在覆盖面和代表性上存在不足。此外，面对面交流的成本较高，对于地理位置分散的利益相关方而言，参与度可能受限。

公众意见征集则主要体现在政策制定阶段，通过公开征求意见的形式，让广大消费者参与到政策讨论中来。这种方式有助于提升政策的民主性和透明度，确保政策能更好地反映公众的意愿。然而，在实际操作中，公众参与的程度往往受到多种因素的影响，如信息传播的广度和深度、公众参与的积极性等。此外，收集到的意见需要经过筛选和整理，才能转化为有效的政策建议，这个过程同样需要时间和精力。因此，虽然公众意见征集是一个非常重要的环节，但它也面临着如何提高参与度和转化效率的挑战。

除此之外，现有的反馈机制还存在一些共性问题。首先是反馈信息的处理能力问题。无论是官方渠道还是公众征集，一旦反馈信息量过大，就可能超出处理能力，导致有价值的意见未能得到及时处理。其次是反馈渠道的多样性不足，使某些群体的声音难以被听到。最后是反馈机制的互动性不强，缺乏有效的双向沟通，导致反馈往往停留在单向传递的层面，难以形成持续改进的闭环。因此，为了克服这些局限性，有必要探索更为高效、全面且互动性强的新一代反馈机制，以适应不断变化的市场环境和监管需求。

二、构建高效的反馈机制

（一）引入现代化手段增强反馈效率

为了克服现有反馈机制的局限性，需要考虑引入更多的现代化手段和技术来增强其效能。例如，可以利用互联网平台，建立一个线上反馈系统，让航空公司、机场、乘客以及其他利益相关方能够便捷地提交自己的意见和建议。这种在线平台不仅可以提高信息收集的速度，还能扩大反馈范围，使更多人能够参与到政策评估过程中来。设置友好的用户界面和直观的操作流程，确保不同背景的用户都能轻松使用该系统。此外，还可以集成智能搜索和分类功能，帮助用户快速找到相关的反馈类别，从而提高用户体验。

（二）利用大数据与人工智能提升反馈质量

除了线上平台外，还可以通过大数据分析和人工智能技术来提升反馈机制的质量。例如，利用自然语言处理技术，自动分析社交媒体上的用户评论和新闻报道，从中提取有关政策执行情况的关键信息。这种方法不仅能够捕捉到即时的市场反应，还能帮助识别潜在的趋势和问题。此外，使用机器学习算法，可以根据历史数据预测未来可能出现的挑战，并提前做好准备。这种基于数据驱动的预测模型，可以大大提高政策反馈的前瞻性和科学性。

（三）加强多方互动与合作

构建高效的反馈机制还需要加强多方互动与合作。一方面，监管机构应当积极与其他政府部门、行业协会以及学术界建立合作关系，共享信息资源，共同研究解决办法。另一方面，应鼓励行业内部形成自我监督机制，通过建立行业联盟或协会等形式，促进企业之间的信息交流和最佳实践分享。此外，还可以定期举办研讨会和论坛，邀请不同领域的专家和利益相关方参与讨论，共同探讨如何优化政策反馈机制。

（四）提高公众参与度与透明度

提高公众参与度是构建高效反馈机制的重要方面。除了传统的公开征求意见方式外，还可以利用社交媒体和移动应用程序等新媒体渠道，吸引更多公众参与到政策讨论中来。通过这些平台，可以实时发布政策动态，收集公众意见，并及时回应关切。此外，增加政策制定过程的透明度，让公众了解决策背后的逻辑和依据，也是提高参与度的有效手段。例如，可以通过新闻发布、在线直播等形式，公开讨论会议的内容，使公众能够更直接了解政策的制定过程。

(五) 完善反馈机制的闭环设计

构建高效的反馈机制还需要注重闭环设计,确保每一个反馈都能够得到妥善处理,并形成持续改进的循环。为此,需要建立一套完整的反馈处理流程,从收集、分类、分析到回应和落实,每一个环节都需要有专人负责,并且要有明确的时间表和责任分工。此外,还应当定期评估反馈机制的有效性,通过不断优化流程和工具,确保其能够适应不断变化的市场环境。只有这样,才能真正建立起一个既能及时响应市场需求,又能促进政策持续改进的高效反馈机制。

三、案例分析与借鉴

(一) 新加坡民航局的数字化反馈系统

新加坡民航局(CAAS)在构建高效的政策反馈机制方面走在了世界前列。他们通过建立一个集成化的数字平台,实现了与航空公司的无缝沟通。该平台不仅允许航空公司提交日常运营中的问题和建议,还能够让监管机构实时跟踪这些反馈的处理进度。此外,CAAS还利用数据分析工具来挖掘隐藏在大量反馈信息中的模式和趋势,从而帮助决策者更好地理解市场动态。这一做法不仅提高了反馈处理的效率,还增强了政策的适应性和灵活性。我国民航监管机构可以借鉴新加坡的经验,开发类似的数字化工具,以提升政策反馈的时效性。

(二) 美国联邦航空管理局(FAA)的公众参与机制

美国联邦航空管理局(FAA)在政策制定过程中高度重视公众参与。FAA通过官方网站设立了专门的公众意见征集栏目,不仅允许公民就特定议题发表看法,还定期发布政策草案供公众审阅。此外,FAA还利用社交媒体平台来增强与公众的互动,通过实时更新和回应网友提问,建立了更加开放和透明的沟通渠道。这种做法不仅增加了政策制定的民主性和透明度,也提升了公众对民航监管工作的认同感。我国可以学习 FAA 的做法，通过加强与公众的互动，提高政策反馈机制的社会参与度。

（三）欧盟航空安全局（EASA）的数据共享与合作

欧盟航空安全局（EASA）通过建立跨国家的数据共享平台，促进了成员国之间的信息交流与合作。这个平台不仅涵盖了飞行安全数据，还包括市场趋势、消费者反馈等多个方面的信息。通过这一平台，各成员国能够及时分享最新的研究成果和技术进展，共同应对行业面临的挑战。EASA 的做法体现了合作与共享的精神，有助于形成统一的监管标准和最佳实践。我国民航监管机构可以借鉴这一经验，加强与国际组织和其他国家的合作，共同推进民航业的健康发展。

（四）中国民航局的创新实践

近年来，中国民航局也在积极探索创新的反馈机制。例如，通过建立民航服务质量监督平台，来收集和处理乘客投诉，及时解决服务质量问题。此外，还通过举办各类座谈会、研讨会等活动，广泛听取业界人士的意见建议，形成了良好的互动氛围。这些举措在一定程度上提高了政策反馈的效率和质量。未来，中国民航局可以进一步深化这些实践，利用大数据分析等先进技术，不断提升政策反馈机制的专业化水平。

（五）面向未来的持续改进

构建高效的反馈机制是一个持续改进的过程，需要不断地学习和借鉴国内外的成功经验。通过综合运用数字化工具、加强公众参与、促进国际合作以及持续创新实践，可以逐步完善我国民航监管政策的反馈机制。更重要的是，随着技术的进步和社会的发展，未来还会有更多新的挑战和机遇出现。因此，保持开放的心态，积极吸收国际先进理念和技术，不断优化和完善现有机制，是实现民航监管政策持续优化的关键所在。

第三节 数据驱动的决策支持系统

在当今信息化时代,数据已经成为决策的重要依据。特别是在民航监管领域,面对复杂多变的市场环境和技术革新,传统的经验主义决策方式越来越难以满足需求。数据驱动的决策支持系统能够通过收集、整合和分析大量的历史与实时数据,为决策者提供客观、全面的信息支持。这不仅有助于提高决策的科学性和准确性,还能增强政策的预见性和适应性。利用先进的数据分析技术,如大数据挖掘、机器学习等,可以更好地把握行业发展趋势,及时发现潜在的风险点,从而为制定更加精准有效的监管政策奠定基础。

一、决策支持系统的构成要素

(一)数据采集模块

数据采集是构建数据驱动决策支持系统的第一步,也是最为关键的一步。这一模块负责从多种渠道收集所需的数据,包括但不限于航空公司运营数据(如航班计划、实际起飞和到达时间、载客量等)、机场基础设施使用情况(如登机口利用率、跑道占用时间等)、乘客反馈信息(如通过社交媒体、在线评价系统收集的意见)、天气预报数据(如风速、能见度等)以及市场研究报告(如竞争对手分析、行业趋势预测等)。为了确保数据的全面性和准确性,数据采集模块需要具备强大的数据抓取能力和数据清洗功能。此外,考虑到数据的时效性,还应支持实时数据流的接入,以确保决策者能够及时获得最新的信息。

(二)数据存储与管理模块

数据存储与管理模块是数据驱动决策支持系统的核心组件之一,它负责将收集到的原始数据进行分类、整理并存储起来。涉及的数据量庞大且类型多样,因此需要采用高效的数据管理和存储解决方案。这包括建立分布式数据库系统来处理大规模数据集，以及使用数据仓库技术来优化数据查询性能。此外，为了确保数据的安全性和隐私保护，还需要实施严格的数据访问控制机制，并采用加密技术来保护敏感信息。数据存储与管理模块还需要支持数据备份和恢复功能，以防数据丢失或损坏。

（三）数据分析与挖掘模块

数据分析与挖掘模块是将海量数据转化为有用信息的关键环节。在这一阶段，应用统计学方法、机器学习算法等工具，可以从数据中提取出有价值的模式和趋势。例如：利用时间序列分析可以预测未来一段时间内的航班需求；通过聚类分析可以识别出不同的客户群体及其偏好；关联规则挖掘则有助于发现不同变量之间的内在联系。此外，高级的数据可视化工具也非常重要，它们能够帮助决策者直观地理解复杂的数据关系，并快速识别出关键问题所在。数据分析与挖掘模块不仅需要具备强大的计算能力，还需要能够灵活地适应不同类型的数据分析任务。

（四）决策支持与呈现模块

决策支持与呈现模块是将分析结果转化为实际决策建议的关键部分。这一模块需要能够将复杂的分析结果以易于理解的形式展示出来，如图表、仪表盘等，以便决策者能够迅速把握关键信息。此外，它还应提供交互式查询功能，使决策者可以根据自己的需求定制不同的报告视图。更重要的是，决策支持与呈现模块需要具备一定的智能推荐功能，基于数据分析的结果，为决策者提供具体的行动建议。这种闭环的设计，不仅能够提高决策的效率，还能确保决策的质量。

二、系统应用实例

（一）欧洲航空安全局（EASA）

欧洲航空安全局（EASA）是数据驱动决策支持系统的一个典型应用实例。

EASA 通过建立一个综合性的数据平台,将来自各个航空公司、机场、空管系统以及气象部门的实时数据进行整合。这个平台不仅能够实时监控航班的运行状态,还能通过大数据分析技术预测未来的市场趋势和潜在风险。例如,通过对大量航班数据的历史分析,EASA 能够识别出某些航线容易发生延误的原因,并提前采取措施进行干预,如调整航班时间表或重新分配机场资源。此外,EASA 还利用机器学习算法来识别飞机维护中的潜在故障模式,实现预防性维护,从而减少技术问题导致的航班取消。这些应用不仅提高了航班的准时率,还降低了运营成本,提升了乘客的满意度。

(二)航空公司内部的数据驱动决策实践

除了监管机构外,航空公司本身也在积极应用数据驱动的决策支持系统来优化自身的运营管理。例如,某大型航空公司开发了一套基于大数据分析的客户关系管理系统(CRM),通过收集和分析乘客的旅行习惯、偏好以及社交媒体上的反馈信息,为每位乘客提供个性化的服务体验。这套系统不仅能够根据乘客的偏好推荐合适的航班和服务,还能通过分析社交媒体上的用户评论来及时发现并解决问题,提升顾客满意度。此外,该公司还利用数据挖掘技术来优化航班调度,通过分析历史客流数据,能够更加精准地预测不同时间段内的需求量,并据此调整航班安排,从而提高座位利用率。不仅如此,这套系统还能协助航空公司进行燃料管理和成本控制,通过分析飞行路线、飞机型号等因素,制订出最经济的飞行计划。这些实践不仅提高了航空公司的竞争力,也为乘客带来了更好的旅行体验。

(三)数据共享与协同决策

数据驱动的决策支持系统不仅限于单一机构内部的应用,还可以通过跨行业的数据共享与合作,实现更广泛的信息整合与协同决策。例如,在某些地区,航空公司、机场、空管部门以及政府监管机构之间建立了数据交换平台,实现了信息的实时共享。通过这个平台，各方可以及时了解彼此的运营状况，共同应对突发事件。例如：在发生航班延误时，机场可以通过平台立即通知航空公司和空管部门，协调资源进行快速处理；而在特殊情况下，如自然灾害导致机场关闭，政府监管机构可以迅速启动应急响应机制，通过平台发布指令，指导各方采取一致行动。这种跨行业的合作模式极大地提高了整个民航系统的协同效率，确保了紧急情况下的快速响应能力，为乘客提供了更加安全可靠的出行保障。

三、技术挑战与应对策略

（一）数据质量与完整性挑战

尽管数据驱动的决策支持系统在民航监管中展现出巨大潜力，但在实际应用过程中仍面临诸多技术挑战。首要问题是数据的质量与完整性。由于数据来源于多个不同的系统和平台，数据格式各异，加之可能存在人为错误或技术故障，这使数据的准确性和一致性难以保证。例如，如果某个航班的起降时间记录不准确，就可能导致后续一系列分析结果失真。为应对这一挑战，需要建立严格的数据验证和校正机制。这包括采用数据清洗技术去除错误或冗余信息，使用数据融合技术整合来自不同来源的数据，并通过数据质量监控工具实时检测数据的完整性和一致性。此外，还需定期进行数据审计，确保数据的准确性和时效性。

（二）数据隐私与安全问题

另一个重要的技术挑战是数据隐私与安全问题。在数据驱动决策支持系统中，常常需要处理包含敏感信息的数据，如乘客个人信息、财务数据等。如何在充分利用这些数据的同时，保护用户的隐私并防止数据泄露，成为一个亟待解决的问题。为了解决这个问题，可以采取多种措施。首先，建立严格的数据访问控制机制，确保只有授权用户才能访问敏感数据。其次，采用数据加密技术，对传输和存储的数据进行加密处理，防止未授权访问。此外，还可以通过匿名化处理和数据脱敏技术来降低数据泄露的风险。最后，制定完善的数据保护政策和应急响应计划，一旦发生数据泄露事件，能够迅速采取措施，将损失降到最低。

（三）技术人才的培养与引进

数据驱动决策支持系统的成功应用离不开专业人才的支持。然而，当前市场上熟悉大数据技术和数据分析方法的专业人才相对稀缺，这限制了系统的推广与应用。为了解决这一问题，一方面，需要加大对相关专业人才的培养力度，通过高等教育机构和职业培训课程，培养具备数据科学、统计分析、计算机编程等多方面知识的复合型人才。另一方面，应积极吸引海外高层次人才回国工作，为他们提供良好的科研环境和发展机会。此外，还可以通过与高校、研究机构开展合作项目，共同研发新技术，并将研究成果应用于实际工作中，从而不断提高团队的技术水平。

（四）系统的可扩展性与兼容性

随着民航业务量的不断增加和技术的不断进步，数据驱动决策支持系统也需要不断升级和扩展，以适应新的需求。然而，系统的可扩展性和兼容性成为一个不可忽视的技术挑战。为了解决这个问题，首先，需要采用模块化的设计思路，将系统划分为多个独立的功能模块，便于单独升级和维护。其次，选择开放标准和技术框架，确保系统能够与其他系统和平台顺利对接，实现数据的无缝流动。此外，还需注重系统的灵活性设计，使其能够快速适应业务流程的变化。最后，加强与第三方技术提供商的合作，引入先进的解决方案和技术支持，不断提升系统的性能和稳定性。这些措施可以确保数据驱动决策支持系统在不断发展变化的环境中保持高效运行。

四、未来发展方向

（一）技术进步推动系统升级

展望未来，随着信息技术的不断进步，数据驱动的决策支持系统将在民航监管领域发挥越来越重要的作用。一方面，随着物联网技术的发展，更多的传感器和智能设备将被部署在机场、飞机和空域中，这将产生更加丰富和实时的数据流。这些数据可以用来优化航班调度、提高机场运营效率以及增强飞行安全。另一方面，云计算技术的进步将使数据存储和处理更加高效，降低了硬件投资成本，同时也提高了系统的可扩展性和灵活性。此外，人工智能（AI）和机器学习技术的应用将进一步提升数据分析的智能化水平，使系统能够自动识别复杂模式，并提供更加精准的预测和建议。伴随着这些技术进步，未来的决策支持系统将更加智能、高效，能够更好地服务于民航监管的需求。

（二）多元化数据源与跨界合作

未来的数据驱动决策支持系统不仅会整合更多的内部数据，还将拓展至外部数据源，实现跨界合作。例如，除了传统的航班数据、乘客反馈和市场报告外，系统还可以接入气象数据、社交媒体信息、宏观经济指标等多种数据源，从而获得更加全面的视角。此外，与其他政府部门、科研机构乃至私营企业合作，可以实现数据共享和资源共享，共同推动民航业的发展。这种跨界合作不仅能增强系统的数据处理能力，还能促进不同领域知识的交叉融合，为政策制定提供更加多元化的参考依据。随着这种合作模式的深化，未来的决策支持系统将成为一个开放式的生态系统，汇集各方智慧，共同应对行业挑战。

（三）持续创新与人才培养

为了确保数据驱动决策支持系统能够持续创新并保持领先优势，必须重视人才培养和技术研发。一方面，需要加强与高校、研究机构的合作，共同开展前沿技术研究，推动科技成果向实际应用转化。设立专项基金支持相关领域的研究项目，可以吸引更多优秀人才投身于民航数据科学的研究之中。另一方面，应加大对从业人员的培训力度，提升他们在数据分析、人工智能等方面的专业技能。此外，还可以通过举办技术竞赛、研讨会等形式，激发员工的创新意识，营造良好的创新氛围。总之，通过持续的技术创新和人才培养，未来的决策支持系统将更加智能、高效，不仅能够满足当前的需求，还能预见未来的发展趋势，为民航监管政策的持续优化提供强有力的支持。

第四节 机舱政策创新案例研究

研究成功的政策创新案例，可以汲取宝贵的经验教训，并将其应用于未来的政策制定过程中。这些案例不仅展示了如何利用数据和技术来优化监管政策，还揭示了在实施过程中可能遇到的挑战及其解决方法。对这些案例进行深入分析，可以更好地理解数据驱动决策支持系统在实际应用中的效果，从而为我国民航监管政策的创新提供有价值的参考。

一、美国联邦航空管理局（FAA）的智能监管

（一）FAA 的"NextGen"计划

美国联邦航空管理局（FAA）在其"NextGen"计划中展现了先进的智能监管技术。该计划旨在通过引入新一代空中交通管理系统来提高飞行效率和安全性。其中一个重要组成部分是使用全球定位系统（GPS）代替传统的雷达系统来跟踪飞机位置。GPS 技术不仅能够提供更加精确的定位信息，还允许飞机以更短的距离和更高的密度飞行，从而减少了空中交通拥堵现象。此外，"NextGen"还包含了自动相关监视广播（ADS-B）技术，这项技术允许飞机实

时广播其位置、高度和速度等信息，使空中交通管制员能够更准确地监控航班状态。这些技术的应用不仅提高了飞行的安全性和准时率，还降低了航空公司的运营成本。

（二）SOP 决策支持工具的应用

除了"NextGen"计划中的技术创新外，FAA 还开发了一款名为"System Operations Planning"（SOP）的决策支持工具。该工具利用大数据分析技术，通过分析历史飞行数据，预测未来的空中交通流量，并据此调整航班路径，减少拥堵和延误。SOP 工具不仅能够帮助 FAA 更好地规划日常航班调度，还能在特殊情况下（如恶劣天气、突发事件等）迅速做出反应，及时调整航班计划。例如，在预测到某一区域可能会出现流量高峰时，SOP 能够自动提示管制员提前采取措施，如改变飞行路线或增加备用跑道的使用。此外，该工具还能够评估不同决策方案的潜在影响，为决策者提供更加全面的信息支持。通过这种方式，FAA 不仅提高了空中交通管理的效率，还增强了系统的灵活性和应对突发事件的能力。

（三）数据驱动的持续改进

FAA 在实施"NextGen"计划和 SOP 工具的过程中，始终注重数据驱动的持续改进。通过不断地监控和评估，FAA 能够及时发现系统中存在的问题，并迅速采取措施加以解决。例如，通过分析飞行员和管制员的反馈信息，FAA 不断完善技术细节，确保系统更加贴合实际需求。此外，FAA 还与航空公司、机场等利益相关方密切合作，共同探讨如何优化飞行流程，提高服务质量。这种多方协作的方式不仅促进了技术创新的应用，还增强了行业内的共识与合作。通过这些持续的努力，FAA 成功地将数据和技术融入日常的监管工作中，为民航系统的现代化发展树立了典范。

二、中国民航局的"智慧民航"战略

(一)"智慧民航"战略的背景与目标

近年来,中国民航局积极推动"智慧民航"战略,旨在通过引入大数据、云计算等先进技术来提升民航监管水平和服务质量。这一战略的背景在于,随着中国民航业的快速发展,传统的监管方式已经难以满足日益增长的市场需求。为了应对这一挑战,民航局提出了"智慧民航"的概念,希望通过科技手段来提高监管效率、增强飞行安全、优化乘客体验,并推动民航业的可持续发展。具体而言,"智慧民航"战略的目标包括建立智能监管平台、提升信息服务水平、促进绿色环保等多方面的内容,旨在打造一个更加高效、安全、便捷的现代民航体系。

(二)民航服务质量监督平台的应用

作为"智慧民航"战略的一部分,中国民航局开发了"民航服务质量监督平台",利用大数据分析技术来收集和处理乘客投诉信息。该平台通过集成航空公司、机场、乘客反馈等多个数据源,实现了对服务质量的全面监控。平台能够自动分析乘客投诉内容,并根据预设的规则进行分类和优先级排序,确保重要的问题能够得到及时处理。此外,该平台还能够生成详细的分析报告,帮助监管机构了解服务中的薄弱环节,并据此制定改进措施。例如,通过对大量投诉数据的分析,民航局发现某些机场的安检流程过长,导致乘客等待时间增加。于是,民航局与相关机场合作,优化了安检流程,提高了效率。这一举措不仅提升了乘客的出行体验,还增强了民航服务的透明度和公信力。

(三)民航信用信息系统的建立

除了服务质量监督平台外,中国民航局还建立了"民航信用信息系统",通过收集航空公司的运营数据、财务状况等信息,评估其信用等级,并据此实施差异化监管措施。这一系统不仅有助于识别高风险企业,还能够激励航空公司提升自身管理水平和服务质量。例如，对于信用等级较高的航空公司，民航局可以给予一定的政策优惠，如简化审批流程、减少检查频次等，从而减轻企业的负担；而对于信用等级较低的企业，则加强监管力度，确保其遵守相关规定。通过这种方式，民航局不仅提升了监管的精准性和有效性，还促进了整个行业的健康发展。

（四）跨部门合作与持续改进

在实施"智慧民航"战略的过程中，民航局非常重视跨部门的合作与协调。例如，在推进服务质量监督平台和信用信息系统建设时，民航局与科技部、工信部等多个部门展开了密切合作，共同研究解决方案和技术标准。此外，民航局还积极与航空公司、机场等利益相关方沟通，确保政策能够更好地适应行业需求。通过这种多方协作的方式，民航局不仅加快了技术创新的应用，还增强了行业内的共识与合作。与此同时，民航局始终坚持数据驱动的持续改进理念，通过不断地监控和评估，及时发现并解决系统中存在的问题，确保各项措施能够持续发挥效用。通过这些努力，"智慧民航"战略取得了显著成效，为中国民航业的现代化发展奠定了坚实基础。

三、案例分析与借鉴

（一）国际与国内案例的共同特点

对美国联邦航空管理局（FAA）的智能监管案例与中国民航局的"智慧民航"战略进行比较分析发现，两者在推动政策创新方面有许多共同的特点。首先，它们都重视利用先进的信息技术手段来提升监管效率和服务质量。无论是FAA的"NextGen"计划还是中国民航局的服务质量监督平台，都体现了对大数据、云计算及人工智能等技术的应用。其次，这些创新举措都注重数据驱动的决策过程，通过收集和分析大量的实时数据，为政策制定和执行提供了科学依据。最后，两个案例都强调了跨部门合作的重要性，认为只有通过多方协作，才能确保政策的有效实施。这些共同特点提供了宝贵的经验，值得在未来的政策创新中加以借鉴。

(二) 案例带来的启示

从这两个成功的案例中，可以总结出几个关键的启示。首先，技术的应用是推动政策创新的重要驱动力。引入先进的技术手段，不仅可以提高监管效率，还能增强政策的科学性和针对性。例如，FAA 利用 GPS 和 ADS-B 技术实现了对空中交通的精确监控，而中国民航局的服务质量监督平台则通过大数据分析提高了乘客投诉处理的效率。其次，数据的质量和处理能力对于政策效果至关重要。只有确保数据的准确性和完整性，并具备强大的数据分析能力，才能充分发挥数据的价值。此外，成功的政策创新还需要持续地改进过程，不断根据实际情况调整和完善，以适应不断变化的市场需求。最后，政策创新的成功离不开人才的支持。培养一批具备数据科学和信息技术背景的专业人才是推动政策创新的关键。

(三) 应用与推广的策略建议

基于上述案例分析，为了在我国民航监管政策中更好地应用这些成功经验，提出以下几点策略建议：首先，加大技术研发投入，积极引入并推广先进的信息技术，如大数据分析、云计算和人工智能等，以提升监管工作的智能化水平。其次，加强数据治理体系建设，确保数据的质量和安全，为数据驱动决策提供可靠的基础。同时，建立数据共享机制，促进跨部门、跨行业的信息交流与合作。再次，注重人才培养与引进，通过教育培训和交流合作等方式，提升监管人员的技术素养和创新能力。最后，建立健全政策评估机制，定期对政策实施效果进行评估，并根据评估结果及时调整政策方向，确保政策能够持续优化并适应新的发展需求。这些策略的实施，可以有效推动我国民航监管政策的创新与发展，为行业带来更大的效益。

第九章
数据驱动的监管技术创新与应用

本章旨在全面介绍和评估数据驱动监管技术在现代民航企业中的应用现状与发展前景。随着大数据时代的到来，诸如区块链、物联网、人工智能等先进技术正逐步改变着传统的监管模式。本章将依次对这些前沿技术进行概述，分析它们在民航监管中的适用性，分享典型的应用案例，并探讨实施过程中可能遇到的技术挑战及应对之策。通过本章的学习，读者不仅能够了解这些技术如何促进民航业的数字化转型，还能洞悉未来的发展趋势，从而更好地把握机遇，迎接挑战。

第九章 数据驱动的监管技术创新与应用

第一节 技术创新概述

在当今快速发展的数字时代,数据驱动的监管技术正逐渐成为推动民航企业乃至整个交通行业向更加智能化、高效化方向发展的重要力量。本节将聚焦于几项关键的技术创新——区块链、物联网以及人工智能,探讨它们的基本概念、核心功能以及在监管科技中的潜在作用。

一、区块链技术

区块链技术是一种革命性的分布式账本技术,它最早由比特币这一加密货币引入,但其潜在应用远远超出了金融领域。在民航监管中,区块链提供了一个安全可靠的方式来记录和验证各种类型的数据,从货物跟踪到乘客信息处理,再到飞机维护记录等各个方面。区块链本质上是一个去中心化的数据库,其中的信息是通过复杂的加密算法保护起来的,因此它可以有效地防止数据被篡改或伪造,这对于高度依赖准确信息的民航业来说至关重要。

(一)去中心化与透明性

区块链的一个显著特点是它的去中心化特性。在传统的集中式数据库中,所有数据都存储在一个中心位置,这使单点故障或恶意攻击成为可能。相比之下,区块链网络是由多个节点组成的,每个节点都保存了完整的账本副本。这意味着没有单一实体可以控制整个系统,增加了系统的鲁棒性和抗审查能力。此外,由于所有交易都需要经过网络中大多数节点的确认,这进一步增强了数据的真实性与可靠性。对于民航监管机构而言,这样的透明度可以增强公众的信任感,同时也便于不同利益相关方之间的协作。

（二）安全性与隐私保护

尽管区块链提供了高度透明的环境，但它同样重视数据的安全性和隐私保护。在区块链中，每一笔交易都会被打包进一个区块，并通过复杂的哈希算法加密。一旦一个区块被添加到链上，修改其内容几乎是不可能的。因为这将要求重新计算该区块之后所有区块的哈希值，这在计算上是极其昂贵的。因此，区块链上的数据具有极高的安全性。对于涉及敏感信息如乘客个人资料的情况，可以通过适当的设计（如零知识证明等技术）来保护隐私，同时确保必要的验证得以执行。

（三）民航监管中的应用实例

在民航企业监管中，区块链技术的应用已经开始显现其潜力。例如，使用区块链来记录飞机部件的维护历史，可以确保这些记录不会被篡改，从而提高了飞机安全性的保障水平。此外，区块链还可以用于简化和加速跨国货物运输过程中的清关程序，因为它可以提供一个各方都能访问且信任的平台，减少了纸面工作量，加快了处理速度。再比如，在处理乘客赔偿问题时，区块链可以作为一个公正的仲裁者，自动执行基于智能合约的补偿流程，降低了纠纷解决的成本并提升了客户满意度。

总之，区块链技术凭借其去中心化、透明性、安全性以及隐私保护等优势，在民航监管领域展现出了广阔的应用前景。随着技术的不断成熟和完善，预计在未来会有更多创新性的应用场景涌现出来，进一步推动民航业向着更加智能和高效的监管模式转变。

二、物联网

物联网（Internet of Things，IoT）是指将物理对象通过嵌入式的电子设备、软件、传感器以及网络连接起来，使这些对象能够收集和交换数据。在民航领域，物联网技术的应用已经从简单的设备监控发展到了全面的智能管理系统。物联网能够为航空公司提供实时的、详细的运营信息，从而帮助他们做出更加明智的决策，提高服务质量和运营效率。

（一）实时监控与预测性维护

物联网技术的核心优势之一就是能够进行实时监控。在飞机的不同部位安装传感器，如温度传感器、压力传感器、振动传感器等，可以持续监测发动机运行状况、机翼结构健康程度、客舱环境条件等多项关键指标。这些传感器会不断地将数据传输回地面控制系统，使维护团队能够在问题发生之前就察觉到异常情况。借助于预测性维护算法，维修人员可以根据数据分析结果安排适当的检修计划，避免因突发故障导致的航班延误或取消，从而大大降低了运营成本并提高了乘客满意度。

（二）航班优化与资源管理

除了对飞机本身的监控外，物联网技术还可以应用于航班的整体优化过程中。例如，在机场内部署大量的传感器节点，可以实现对乘客流量、行李搬运效率、登机口利用率等多个方面的动态监控。通过分析这些数据，航空公司和机场管理人员能够更好地规划资源配置，如调整安检通道的数量、优化登机流程、合理分配停机位等，进而提升整个机场的运作效率。此外，物联网还可以帮助航空公司更好地管理燃料消耗，通过智能系统来分析飞行路线、天气条件等因素，制订出最经济的飞行计划。

（三）提升乘客体验

物联网技术不仅局限于后台操作层面，同样可以用来改善乘客的旅行体验。例如，通过在行李标签中集成 RFID 芯片，乘客可以通过智能手机应用程序实时追踪自己行李的位置，减少了丢失行李的可能性。此外，智能登机牌和生物识别技术的结合使用，则可以让乘客无须排队等待即可快速通过安检区域，享受无缝衔接的旅行过程。在机舱内，物联网设备还可以根据乘客偏好自动调节座位、灯光、娱乐系统等设置，创造个性化的舒适环境。

（四）数据安全与隐私保护

然而，随着物联网技术在民航业中的广泛应用，数据安全和隐私保护问题也日益凸显。由于物联网设备会产生大量的敏感数据，如何保证这些数据的安全传输和存储就成为亟待解决的问题。为此，航空公司和设备制造商必须采用先进的加密技术和严格的安全协议来保护用户信息不被非法获取。同时，还需要建立健全的数据管理制度，明确告知用户其个人信息将如何被收集、使用以及共享，并给予用户一定的控制权，以此增强用户的信任感。

总而言之，物联网技术正在深刻地改变着民航业的方方面面，从提升运营效率到增强乘客体验，再到实现精细化管理。未来，随着物联网技术的不断发展，更多创新性的应用场景将会出现，进一步推动民航业向智慧化方向迈进。

三、人工智能

人工智能（Artificial Intelligence，AI）是指由计算机系统所表现出的智能行为，涵盖了从简单的任务自动化到复杂的认知功能模拟。在民航监管领域，AI技术的应用范围广泛，从提高航班运营效率到增强飞行安全性，再到优化乘客服务体验，都展现出巨大的潜力。本节将详细探讨AI在民航监管中的重要作用及其具体应用场景。

（一）自动化与智能化决策

AI技术的一个重要应用领域是通过自动化处理日常任务来减轻人工负担，并提高决策过程的智能化水平。例如，在航班调度中，AI可以通过分析历史数据和当前的运营状况，自动调整航班时刻表以应对突发事件，如恶劣天气或空中交通拥堵。这种基于AI的调度系统能够迅速反应并重新安排航班，最大限度地减少对乘客行程的影响。此外，AI还能够协助航空公司进行更精确的需求预测，从而优化航班频率和服务质量，满足市场需求的同时减少资源浪费。

（二）预测性维护与安全监控

在飞机维护方面，AI 技术能够通过对大量传感器数据的分析来实现预测性维护。机器学习算法训练的模型，可以识别出可能导致故障的早期迹象，并提前发出警报，从而使维修团队能够在问题发生之前采取行动。这种方式不仅提高了飞机的可用性，还降低了维护成本。此外，在飞行过程中，AI 还可以实时监控飞机的状态，检测异常情况，并自动采取纠正措施或提醒飞行员注意潜在风险，从而增强了飞行安全性。

（三）智能客户服务与个性化体验

AI 技术也在重塑乘客服务体验。如今，许多航空公司都采用了聊天机器人（Chatbot）来处理客户的咨询和投诉。这些机器人能够 24/7 不间断地提供服务，并且随着时间推移不断学习以更好地理解和回应客户的需求。此外，通过分析客户的历史行为数据，AI 系统可以为每位乘客提供个性化的服务推荐，如定制化的餐饮选择、座位偏好设置等，从而提升乘客的满意度和忠诚度。在机场内，人脸识别技术也被用来简化登机手续，减少排队时间，让旅行过程更加顺畅。

（四）空中交通管理与优化

在空中交通管理（ATM）领域，AI 的应用同样有着重要意义。通过集成来自不同来源的数据，如气象信息、飞机位置报告等，AI 系统可以实时优化飞行路径，减少飞行时间和燃油消耗，同时降低碳排放。此外，在繁忙的空域中，AI 辅助的空中交通管制能够更准确地预测空中交通流量，有效避免碰撞风险，并确保航班的有序通行。这种智能化的空中交通管理系统不仅提高了空中运输的效率，也为未来的空中交通增长预留了空间。

（五）面临的挑战与未来发展

尽管 AI 技术在民航监管中的应用前景广阔，但其推广仍面临一些挑战。首先是数据隐私与安全问题。随着越来越多的个人和运营数据被收集、分析，如何确保这些信息的安全成为亟须解决的问题。其次是技术伦理和社会接受度。尤其是在涉及自动化决策时，如何平衡机器判断与人类干预之间的关系也是一个值得关注的话题。最后是技能缺口，即缺乏足够的人才来开发和维护这些复杂的 AI 系统。面对这些挑战，民航业需要持续投入研发资源，加强国际合作，共同探索 AI 技术的长远发展方向，确保技术进步的同时兼顾社会利益。

总之，人工智能作为一项前沿技术，正在深刻影响着民航业的每一个环节。随着技术的进步和应用的深化，AI 将继续为这个行业带来更多的创新与变革。

第二节 技术适用性分析

随着技术的进步，数据驱动的监管技术如区块链、物联网、人工智能等正在成为民航企业不可或缺的工具。这些技术不仅能提高监管效率，还能增强数据的透明度和安全性，从而更好地服务于乘客，保障飞行安全。本节将重点分析这些技术在民航企业监管中的适用性，并探讨它们如何具体应用于不同的业务场景中，以提高运营效率并加强合规性管理。

一、区块链技术在民航监管中的适用性

区块链技术作为一种去中心化、透明且不可篡改的分布式账本技术，其在民航监管中的应用潜力巨大。它不仅能够提升数据管理的安全性和透明度，还能促进多利益相关方之间的合作，确保信息的一致性和可靠性。下面将详细探讨区块链技术如何具体应用于民航监管的不同方面，并分析其带来的益处。

（一）行李追踪与管理

在行李追踪方面，区块链技术提供了一种全新的解决方案。传统的行李追踪系统往往存在信息孤岛现象，导致行李在转运过程中容易丢失或错送。而区

块链技术，可以构建一个分布式的行李追踪系统，使从出发机场到目的地机场的所有环节都能够实时更新并共享行李的状态信息。这样一来，即便是在跨国运输过程中，各个参与方也能通过安全的网络访问同一份不可篡改的记录，确保行李的全程可追溯性。此外，这种透明性也有助于减少因行李问题引起的乘客不满，进而提高客户满意度。

（二）维修记录与认证

飞机维修记录的完整性和准确性对于确保飞行安全至关重要。然而，在传统的纸质或集中式电子系统中，这些记录可能会存在被篡改或丢失的风险。通过区块链技术，航空公司、维修服务商以及监管机构可以共享一个去中心化的维修记录平台。每次维护操作完成后，相关信息都会被加密并添加到区块链中，形成一个不可更改的时间戳条目。这不仅保证了记录的真实性和完整性，还方便了审计人员随时查阅，从而简化了合规检查的过程，增强了监管效率。

（三）票务系统与忠诚度计划

区块链技术还可以应用于航空公司的票务系统和忠诚度计划中，以提高交易的安全性和透明度。例如，通过发行基于区块链的电子票据或积分，航空公司可以创建一个防伪且易于验证的票务环境。这种电子票据不仅难以被伪造，而且每一次交易都可以被记录下来，便于追踪和管理。对于忠诚度计划而言，区块链能够确保会员积分的转移和兑换过程更加透明，减少欺诈行为的发生，并增强会员对积分奖励系统的信任感。

（四）法律文件与合同管理

在民航业中，涉及大量的法律文件和合同，如租赁协议、保险合同等。这些文件通常需要多个相关方共同签署，并且在后续过程中可能会有多次修改。采用区块链技术后，这些法律文件可以被编码成智能合约的形式存储在网络中。智能合约能够自动执行预设条件下的条款，当特定条件达成时，合约就会自动生效或完成支付等操作。这种方法不仅简化了合同管理流程，还减少了人为错误和欺诈的可能性，使整个过程更加高效和可信。

总之，区块链技术通过其固有的特性——去中心化、透明性和不可篡改性，为民航企业带来了诸多优势。无论是行李追踪、维修记录管理、票务系统改进还是法律文件处理，区块链都展示了其在提升民航监管效率和增强行业信任度方面的巨大潜力。随着技术的不断发展和完善，预计未来将有更多创新性的应用场景被发掘出来，进一步推动民航业向更加智能和高效的监管模式转变。

二、物联网在提升运营效率方面的应用

物联网技术通过将物理设备与互联网连接起来，使这些设备能够收集和交换数据，从而实现远程监控和自动化操作。在民航业中，物联网的应用不仅限于提升飞机本身的性能监控，还包括机场运营、行李管理等多个方面，极大地提高了整个航空运输系统的效率和服务质量。

（一）飞机状态监控与预测性维护

在飞机维护领域，物联网技术的应用使航空公司能够实时监测飞机各个组件的状态。在关键部位安装传感器，如温度传感器、压力传感器、振动传感器等，可以连续收集有关发动机运行情况、机翼结构健康状况、电子系统性能等多种数据。这些数据通过无线网络传输至云端数据中心，经过大数据分析和机器学习算法处理后，能够识别出早期故障迹象，并提前预警，从而实现预测性维护。这样不仅减少了非计划停机时间，还延长了飞机使用寿命，提高了飞行安全性。

（二）机场运营优化与资源调度

除了飞机本身，物联网技术还被广泛应用于机场内部的运营优化。在机场部署各类传感器和智能设备，如人流监测摄像头、无线射频识别（RFID）标签、

自动门禁系统等,可以实现对旅客流量、行李处理、登机口分配等多个环节的精细化管理。例如,智能传感器可以实时检测候机厅内的人数分布情况,并据此调整安检通道的开放数量,减少旅客排队等候时间。此外,RFID标签被贴附在行李上后,不仅能够追踪行李位置,还能够与行李传送带上的读取器交互,自动将行李分拣至正确的航班,减少行李错运的概率。

(三)提升乘客体验与服务效率

物联网技术在改善乘客体验方面发挥了重要作用。现在,许多航空公司和机场开始利用移动应用程序和蓝牙信标(Beacons)提供个性化的服务。当乘客进入机场时,他们的智能手机可以接收到机场内的信标信号,触发应用程序推送相关信息,如登机口变更通知、航班延误公告等。此外,通过分析乘客的行为数据,如经常使用的登机口、喜欢的餐饮选择等,机场和航空公司可以提供更加个性化的服务,如提前准备好乘客偏好的餐食或饮品。这些智能化的服务不仅提升了乘客的满意度,还提高了机场和航空公司的运营效率。

(四)能源管理与环境保护

物联网技术在民航业中的应用还体现在能源管理和环境保护方面。在机场建筑内外安装各种环境传感器,如温湿度传感器、光照强度传感器等,可以实现对空调系统、照明设施的智能控制。这些传感器能够根据实际需要自动调节设备的工作状态,既保证了舒适的室内环境,又节约了能源消耗。此外,在飞机设计上,也可以运用物联网技术来优化飞行路线和飞行高度,减少燃油使用,降低碳排放,从而促进可持续发展。

总之,物联网技术以其强大的数据收集能力和自动化处理功能,在民航运营的各个环节发挥着越来越重要的作用。从飞机维护到机场管理,再到乘客服务,物联网的应用不仅提升了运营效率,还增强了乘客体验,并促进了环境保护。随着技术的不断进步,物联网将在未来民航业的发展中扮演更加关键的角色。

三、人工智能助力智能决策与客户服务

人工智能技术,特别是机器学习和深度学习算法,正在成为民航企业提升决策效率和优化客户服务水平的强大工具。通过分析海量数据,AI 不仅能够提供即时的洞察力,还能自动化许多传统上需要人工干预的任务,从而为企业创造更高的价值。以下将详细探讨 AI 在民航监管中的具体应用及其所带来的益处。

(一)自动化与智能化决策支持

在民航企业中,AI 技术的应用能够显著提升决策的质量和速度。例如,在航班调度方面,传统的排班方法往往依赖于经验丰富的调度员,而这种方法容易受到主观判断的影响,且难以适应突发情况的变化。引入 AI 后,系统可以通过分析历史数据、天气预报、客流趋势等多种因素,自动调整航班计划,以最小化延误和取消的影响。此外,AI 还能用于优化航线选择,通过考虑燃油消耗、空中交通密度等因素,智能推荐最佳飞行路径,从而提高航班的经济性和准时率。

(二)客户服务体验的个性化与高效化

AI 技术也在彻底改变着航空公司的客户服务方式。传统的客服系统往往需要大量人力来处理乘客的各种问题,效率低下且容易出错。而现在,基于 AI 的聊天机器人和虚拟助手可以提供 24/7 全天候服务,即时响应乘客的查询,从简单的航班信息查询到复杂的改签需求,都能够得到快速且准确的回答。更重要的是,通过分析乘客的行为数据,AI 系统能够识别出每位乘客的偏好,提供个性化的服务推荐,如定制化的餐饮选择、座椅偏好设置等,从而提升乘客的整体体验。这种个性化的互动不仅能够增加乘客的满意度,还能提高品牌忠诚度。

(三)飞行安全与风险管理

在飞行安全领域,AI 技术的应用同样发挥了重要作用。通过集成来自飞机

传感器的实时数据流，AI 系统可以实时监测飞机的健康状况，并在出现异常时及时预警。这种预测性维护不仅能够减少因设备故障导致的非计划停飞，还能确保飞机始终处于最佳状态，提高飞行安全性。此外，在空中交通管制方面，AI 可以协助处理复杂的飞行轨迹规划，通过分析实时的空中交通状况，预测潜在的冲突点，并提前采取措施避免危险情况的发生，从而保障空域的安全与高效运作。

四、技术融合与综合效益

在民航监管领域，区块链、物联网以及人工智能等新兴技术的融合应用，正在产生超越单一技术所能提供的综合效益。这些技术并非彼此孤立，而是相互补充、协同工作，共同推动了民航企业运营效率的提升、服务质量的优化以及监管工作的智能化。

（一）协同效应与数据互操作性

区块链、物联网和人工智能技术的结合，形成了一个高效的数据生态系统，实现了跨系统的数据互操作性。例如，在飞机维护管理中，物联网设备可以实时采集飞机运行状态的数据，并将其上传至区块链平台上进行存储和共享。这些数据随后可以被 AI 系统分析，用以预测维护需求或优化飞行路径。这种协同工作模式，不仅提高了数据的安全性和完整性，还确保了信息在不同部门间的流畅传递，减少了信息孤岛现象，从而提升了整个维护流程的效率。同时，区块链技术确保了数据的真实性，使基于这些数据做出的决策更加可靠。

（二）提升监管效率与增强透明度

在民航监管方面，这些技术的整合应用能够显著提高监管效率，并增强行业透明度。例如，通过区块链技术建立的透明、不可篡改的数据记录，结合物联网设备收集的实际运行数据，可以为监管机构提供一个全面、实时的监控平台。这种平台不仅能够帮助监管机构及时发现潜在的安全隐患，还能通过 AI 分析工具识别出系统性的风险因素，从而采取更具针对性的监管措施。此外，这种透明度还增强了公众对民航系统的信任，提升了整个行业的形象。

（三）创新服务模式与用户体验

技术融合还催生了许多创新的服务模式，极大地改善了用户体验。例如，结合物联网技术和区块链的行李追踪系统，不仅能够确保行李在整个运输过程中的安全，还能通过智能合约实现行李延误或丢失后的自动赔偿机制。而对于乘客而言，基于 AI 的个性化服务推荐系统，结合了区块链技术来保护个人隐私，能够在确保信息安全的前提下提供更加贴心的服务体验。此外，AI 驱动的虚拟助手与物联网设备相结合，可以在机场内提供无缝导航服务，减少乘客的等待时间，并提高机场的运营效率。

综上所述，区块链、物联网以及人工智能技术在民航监管中的融合应用，不仅促进了各个业务环节的协同工作，提升了监管效率和透明度，还通过创新服务模式极大地改善了用户体验。随着这些技术的不断发展和完善，未来有望出现更多跨界合作和应用创新，为民航业带来更多的综合效益。

第三节　应用案例

为了更直观地展示数据驱动技术在民航企业监管中的实际应用效果，本节将通过几个典型的案例来说明这些技术如何被成功实施，并带来显著的效益。通过这些案例的研究，读者可以更好地理解技术在实际操作中的运作机制，以及它们是如何解决具体问题并创造价值的。

一、基于区块链的行李追踪系统

某国际航空公司与一家区块链技术提供商合作，推出了一项名为"Track&Trace"的行李追踪服务。这一创新服务利用区块链技术创建了一个分布式的行李记录系统，确保每件行李从出发机场到目的地机场的整个旅程都能被准确追踪。乘客只需通过手机扫描行李标签上的二维码，就能实时查看行李的位置信息。此外，这项服务还与智能合约相结合，一旦行李未能按时到达，系统将自动启动赔偿流程，无须乘客额外申请。该系统不仅大幅减少了行李丢失的情况，还极大地提高了乘客满意度。

（一）实施细节与技术架构

"Track&Trace"系统的核心在于其基于区块链的分布式账本技术。在乘客托运行李时，系统会生成一个唯一的区块链地址，并将行李的相关信息记录在这个地址上。每个行李标签都包含一个二维码，里面包含了指向该区块链地址的链接。每当行李通过机场的各个检查点时，系统都会记录下这个时间戳，并更新到区块链上。这样，无论行李处于哪个环节，乘客都可以通过扫描二维码来获取最新的位置信息。这种去中心化的记录方式不仅确保了信息的安全性，还提高了透明度，增强了乘客的信任感。

（二）安全性与智能合约的应用

为了进一步提升系统的安全性和功能性，"Track&Trace"系统还引入了智能合约的概念。智能合约是一种自动执行合约条款的计算机程序，它可以在满足预设条件时自动触发某些动作。在本案例中，智能合约被用来处理行李延误或丢失后的赔偿事宜。当系统检测到行李未能按照预定时间到达目的地时，智能合约便会自动启动，依据预先设定的规则计算赔偿金额，并直接将款项转账给乘客。这种方式不仅简化了赔偿流程，减少了人为干预的环节，还确保了赔偿过程的公正性和及时性。

（三）应用效果与未来展望

自"Track&Trace"系统上线以来，该航空公司收到了大量积极反馈。乘客普遍表示，这项服务让他们在旅行过程中更加安心，因为他们可以随时了解行李的状态。此外，由于系统能够实时监控行李的位置，航空公司也能够更快地响应行李延误或丢失的情况，及时采取补救措施，减少了客户的不满情绪。对于航空公司而言，该系统的应用不仅提升了品牌形象，还降低了因行李问题引发的投诉率和服务成本。展望未来，随着区块链技术的不断发展和完善，预计会有更多类似的创新应用出现在民航业中，进一步推动行业的数字化转型和服务升级。

总之，通过实施基于区块链的行李追踪系统，该航空公司不仅解决了长期以来困扰乘客的行李追踪难题，还为其他航空公司提供了一个值得借鉴的成功案例。随着技术的不断进步，可以期待更多类似的技术创新出现在民航监管领域，带来更高的运营效率和更好的客户体验。

二、物联网技术支持的预测性维护系统

某大型航空公司为了提升飞机维护效率并降低运营成本，投资建设了一套基于物联网技术的预测性维护系统。该系统通过在飞机的关键部件上安装各种传感器，能够实时监测发动机的运行状态、燃油消耗情况以及其他重要参数。收集到的数据被传输到云端，由先进的人工智能算法进行分析，以识别任何潜在的故障迹象。一旦检测到异常，系统会立即通知维护团队，并提供初步的诊断建议。自实施该系统以来，不仅减少了非计划停机时间，还降低了维修成本，延长了飞机的使用寿命。

（一）系统架构与数据收集

这套预测性维护系统的实施始于飞机硬件层面的改造。航空公司与设备制造商合作，在飞机发动机、起落架、电子系统等关键部位安装了大量的传感器。这些传感器能够持续监测温度、压力、振动等参数，并将数据通过无线网络实时传输到中央服务器。为了确保数据传输的安全性和稳定性，系统采用了冗余的通信链路，并配备了数据加密技术，防止未经授权的访问。这种端到端的物联网架构为后续的数据分析奠定了坚实的基础。

（二）数据分析与智能算法

在云端，收集到的原始数据会被导入一个高性能的数据处理平台，该平台集成了先进的机器学习算法。这些算法能够识别出正常运行参数与故障前兆之间的微小差异，并通过持续学习不断提高诊断的准确性。例如，系统可以分析发动机振动模式的变化，提前预测出可能发生磨损或故障的具体部位。此外，人工智能算法还会结合历史维修记录、天气预报等因素，综合评估潜在问题的严重性，并据此生成维护建议。通过这种方式，维护团队能够在问题恶化之前采取预防措施，避免因设备故障而导致的非计划停机。

（三）运营效率与成本节约

实施了这套预测性维护系统后，航空公司受益匪浅。一方面，由于能够及时发现并解决潜在问题，飞机的可用性得到了显著提升，减少了突发故障导致的航班延误或取消事件。另一方面，通过优化维护计划，航空公司能够更加精准地安排定期检修，避免了不必要的过度维护，从而节省了大量成本。据统计，系统投入使用以来，该航空公司已经节省了数百万美元的维护费用，并且飞机的平均无故障时间（MTBF）有了明显增长。

（四）未来展望与持续改进

展望未来，随着物联网技术和人工智能算法的不断进步，这套预测性维护系统的功能还将进一步完善。例如，未来的系统可能会集成更多种类的传感器，覆盖飞机更多的子系统，并且能够处理更加复杂的数据集。此外，随着大数据分析能力的增强，系统将能够提供更多层次的洞察，不仅限于预测性维护，还可能扩展到飞行操作优化、燃料消耗管理等多个方面。通过持续的技术创新和应用实践，预测性维护系统将成为航空公司提高运营效率、确保飞行安全的重要工具。

总之，基于物联网技术支持的预测性维护系统已经在实践中证明了自己的价值。它不仅提升了飞机的维护效率，还为航空公司节约了大量的成本。随着技术的不断发展，可以期待这一系统在未来将发挥更大的作用，推动民航业向更加智能化的方向发展。

三、人工智能驱动的客户服务与运营优化

某航空公司为了提升客户服务质量和运营效率，引入了一套基于人工智能技术的综合服务系统。这套系统集成了自然语言处理（NLP）、机器学习以及大数据分析等多种先进技术，旨在通过自动化和智能化手段解决传统客服面临的诸多挑战。通过该系统，航空公司不仅能够为乘客提供更加个性化、高效的服务体验，还能优化内部运营流程，提高整体运营效率。

（一）智能客服系统的实现

该航空公司与一家领先的人工智能技术公司合作，开发了一款智能客服系统。该系统的核心是基于 NLP 技术的聊天机器人，能够理解并自动回复乘客提出的各种问题。乘客可以通过多种渠道（如网站、移动应用、社交媒体等）与聊天机器人进行交互，获取关于航班状态、行李追踪、退改签政策等方面的信息。聊天机器人不仅能够提供即时反馈，还能根据上下文理解乘客的需求，从而提供更加准确的帮助。此外，系统还具备学习能力，通过不断积累与乘客交流的经验，逐渐提高其解决问题的能力。

（二）个性化服务推荐与客户体验提升

除了提供基本的咨询服务外，这套智能客服系统还能够根据乘客的历史行为数据，为其提供个性化的服务推荐。例如，系统可以根据乘客以往的飞行记录和偏好，自动推荐适合的座位、餐饮选择，甚至是在转机期间的休闲活动建议。这种个性化的服务不仅让乘客感受到更加贴心的关注，还能提高其对航空公司的忠诚度。此外，通过分析大量乘客数据，系统还能识别出常见的服务瓶颈和改进点，帮助航空公司持续优化服务流程，进一步提升客户体验。

（三）内部运营优化与成本控制

在提升客户服务的同时，该系统还为航空公司内部的运营管理带来了显著的改进。通过集成机器学习算法，系统能够分析航班预订、取消、改签等历史数据，预测未来的客户需求趋势，从而帮助航空公司更好地调配资源，避免过度预订或座位浪费的情况。此外，智能客服系统还能够处理大量常规性的客户服务请求，减轻客服人员的工作负担，使他们可以专注于处理更加复杂和紧急的问题。这种方式不仅提高了工作效率，还降低了人力成本。

（四）持续改进与未来展望

该智能客服系统上线以来，航空公司收到了大量积极反馈。乘客普遍认为，这种智能化的服务方式使他们的出行变得更加便捷和愉快。同时，航空公司也观察到客服效率的显著提升和运营成本的有效控制。为了保持这种良好的发展趋势，航空公司与技术提供商建立了长期合作关系，定期对系统进行更新和优化，确保其始终处于技术前沿。展望未来，随着人工智能技术的不断进步，该系统有望集成更多功能，如语音识别、面部识别等，进一步丰富服务内容，提升智能化水平。

总之，通过引入人工智能技术，该航空公司不仅提升了客户服务体验，还优化了内部运营流程。这种基于人工智能的智能客服系统为传统客服模式注入了新的活力，展示了技术在民航业中的巨大潜力。随着技术的不断发展，我们有理由相信，未来将会有更多创新性的应用涌现出来，为民航业带来更大的变革和发展机遇。

四、综合技术平台助力空管效率提升

某国际机场联合多家技术公司，共同开发了一个综合性的空中交通管理（ATM）平台，旨在通过融合物联网（IoT）、人工智能（AI）以及区块链技术，提高空中交通的效率和安全性。该平台的实施不仅显著减少了航班延误，还优化了空域资源的利用，为航空公司和乘客带来了切实的好处。以下是该平台的具体实施细节及其带来的多重效益。

（一）平台架构与技术集成

该综合技术平台采用了模块化的设计理念，将物联网、人工智能以及区块链技术有机地结合起来。在物联网层面上，平台部署了大量传感器和智能设备，这些设备可以实时收集气象数据、飞机位置信息、飞行状态参数等。收集到的数据通过高速网络传输到云端数据中心，在那里由人工智能算法进行处理和分析。与此同时，区块链技术被用来确保数据的安全性和完整性，所有相关的数据记录都会被加密并存储在分布式的账本上，确保所有相关方都能基于相同的、不可篡改的信息做出决策。

（二）实时数据分析与智能决策支持

平台的核心在于其强大的数据分析能力。通过运用先进的机器学习算法，平台能够对实时收集到的大数据进行处理，并从中提取出有价值的信息。例如，在空中交通管制方面，平台能够预测航班的最优飞行路径，减少空中交通拥堵，提高飞行效率。此外，系统还能根据实时天气变化、飞机性能等因素，动态调整航班计划，确保航班的安全和准点。这些智能决策不仅减少了空中交通管制员的工作负担，还提高了空域资源的利用效率。

（三）安全保障与信任增强

在安全保障方面，该综合技术平台充分利用了区块链技术的优势。通过建立一个去中心化的数据记录系统，平台确保了所有关键信息的透明性和不可篡改性。这意味着无论是航空公司、机场、管制机构还是乘客，都可以信任这些数据的真实性。例如，在发生飞行事故时，调查人员可以快速访问到完整的飞行数据记录，从而快速查明事故原因。此外，区块链技术还被用来管理飞机的维修记录和认证信息，确保所有维护工作都是按照标准进行的，进一步增强了飞行的安全性。

（四）应用效果与未来展望

自该综合技术平台投入使用以来，机场的运营效率得到了显著提升。据统计，平台上线后，航班延误次数大幅减少，航班准点率显著提高，乘客满意度也随之上升。此外，由于平台能够实时监控并预测空中交通状况，空域资源得到了更合理的分配，避免了不必要的拥堵，为空管局节省了大量资源。展望未来，随着技术的不断进步，该平台有望进一步集成更多先进的功能，如无人机管理、自动驾驶飞行支持等，为未来的空中交通管理提供更加全面的解决方案。

总之，通过融合物联网、人工智能以及区块链技术，该综合技术平台在提升空中交通管理效率方面取得了显著成效。它不仅改善了机场的运营状况，还增强了乘客的信心，并为未来的空中交通管理指明了方向。随着技术的持续发展，更多创新性的应用将不断涌现，进一步推动民航业向更加智能和高效的方向发展。

第四节　技术挑战与解决方案

尽管数据驱动的技术如区块链、物联网（IoT）、人工智能（AI）等在民航企业监管中展现了巨大的潜力，但这些技术在实际应用过程中也面临着一系列挑战。本节将识别这些挑战，并探讨相应的解决方案，以期为民航企业提供有益的参考。

一、数据隐私与安全问题

在数据驱动的监管技术应用中，数据隐私和安全问题始终是民航企业需要面对的重大挑战。随着区块链、物联网（IoT）、人工智能（AI）等技术的普及，海量的数据被收集、存储和处理，这不仅为航空公司带来了前所未有的机遇，同时也对数据的保护提出了更高的要求。下面将详细探讨这一挑战，并提出相应的解决方案。

（一）数据收集与存储的安全性

在数据收集阶段，航空公司和机场需要确保所收集的数据不会被非法获取或滥用。特别是在涉及乘客个人信息的情况下，如何平衡数据利用与隐私保护之间的关系变得尤为重要。为此，企业应当采用最先进的加密技术来保护数据的安全性。例如，使用端到端加密技术可以确保即使数据在传输过程中被截获，也无法被第三方解读。此外，存储在云端或本地服务器上的数据也应该经过加密处理，以防止未经授权的访问。同时，还应定期更新加密密钥和算法，以应对不断变化的安全威胁。

（二）用户数据的访问控制与管理

除了技术手段外，还需要建立严格的访问控制机制，确保只有经过授权的人员才能访问敏感数据。这包括实施细粒度的权限管理，根据员工的工作职责授予最低限度的访问权限，并且对每一次数据访问行为进行日志记录，以便事后审计。此外，对于第三方供应商和服务商，应签订保密协议，并对其数据处理流程进行严格审查，确保他们遵循相同的安全标准。这种方式可以最大限度地减少数据泄露的风险。

（三）法律法规遵从与数据跨境传输

在全球范围内运营的航空公司还需面对不同国家和地区关于数据保护的法律法规。例如，欧盟《通用数据保护条例》（GDPR）规定了严格的个人信息保护要求，任何未遵守规定的公司都可能面临巨额罚款。因此，企业需要深入了解并遵守所在地区以及业务涉及地区的相关法律，确保数据处理活动符合法律规定。此外，针对跨境数据传输，应采用安全协议（如 TLS/SSL）

来加密传输过程,并与接收方签订数据保护协议,确保数据在国际上的合法流转。

(四)用户教育与意识提升

除了技术和管理措施外,提升员工和用户的隐私保护意识也至关重要。企业应定期组织培训课程,教育员工了解数据安全的重要性,掌握基本的数据保护技能。对于乘客而言,通过透明的隐私政策告知他们数据将如何被收集和使用,并赋予他们一定的控制权,如选择是否同意特定类型的处理活动。此外,还可以通过用户界面中的提示和警告,提醒乘客注意保护个人信息,避免不必要的风险。

总之,数据隐私与安全问题是民航企业在应用数据驱动技术时必须认真对待的重大挑战。通过采用先进的加密技术、实施严格的访问控制、遵守相关法律法规以及提升员工和用户的隐私保护意识,企业可以有效应对这些挑战,确保数据的安全性和乘客的隐私不受侵犯。随着技术的不断进步,有理由相信,未来将会有更多创新性的解决方案出现,进一步加强数据保护,推动民航业健康发展。

二、技术兼容性与标准化

在民航企业监管中引入区块链、物联网(IoT)、人工智能(AI)等新兴技术的过程中,技术兼容性和标准化是两个必须认真考虑的问题。这些技术若不能很好地与其他现有系统或未来的创新技术相兼容,或者缺乏统一的行业标准,都将阻碍其在实际应用中的效用发挥。下面将详细探讨这两个方面,并提出相应的解决方案。

(一)技术兼容性的挑战与解决方案

在实施新技术时,确保与现有 IT 基础设施的兼容性是一项艰巨的任务。例如，一个基于区块链的行李追踪系统需要与机场现有的行李处理系统、航空公司数据库以及其他相关系统进行无缝对接。如果这些系统之间存在技术差异或数据格式不一致，将会导致信息孤岛现象，影响整体运营效率。为解决这一问题，民航企业可以采取以下措施：

（1）模块化设计：采用模块化的设计原则，将新技术系统分解为若干独立的功能模块，每个模块负责特定的任务。这样不仅可以简化系统集成的复杂度，还便于未来进行升级或替换。

（2）开放式 API 接口：通过定义清晰、开放的 API 接口，确保新系统能够与现有的信息系统进行数据交换。API 接口应当遵循标准化协议，使不同系统之间可以轻松地进行通信。

（3）中间件集成：使用中间件或数据总线技术来充当不同系统之间的桥梁，实现异构系统的数据转换和流程协调。中间件可以作为统一的数据交换平台，降低集成难度。

（二）标准化的必要性与实施路径

标准化对于确保技术的互操作性和数据一致性至关重要。缺乏统一标准意味着每个供应商可能会采用不同的数据格式和技术规范，这不仅增加了系统集成的难度，还可能导致安全漏洞。为推进标准化进程，民航企业可以采取以下步骤：

（1）参与行业标准制定：积极加入行业组织或技术联盟，参与到相关标准的制定过程中。这样不仅能及时了解行业动态，还有机会影响标准的走向，使之更加符合自身需求。

（2）采纳国际标准：优先采用已经被广泛认可的国际标准，如 ISO、IEC 等标准，这些标准经过多方验证，具有较高的可靠性和适用性。采纳国际标准还可以促进跨国界的互联互通。

（3）内部标准化：在企业内部建立一套标准化的操作流程和技术文档，确保所有部门在使用新技术时遵循统一的规范。这有助于提高内部协作效率，并为未来的技术升级打下坚实基础。

（三）应对技术迭代与未来兼容性

随着技术的快速发展，今天的技术标准可能很快就会过时。因此，民航企业在选择技术方案时，需要考虑未来的发展趋势，确保所选技术具有良好的扩展性和适应性。具体做法包括：

（1）技术选型：在选择技术平台时，优先考虑那些支持模块化架构和开放式接口的产品。这些产品通常更容易进行升级和扩展。

（2）前瞻性规划：在系统设计初期就充分考虑未来可能的技术演进，预留足够的接口和扩展点，以便将来无缝集成新的组件或功能。

（3）持续跟进：保持与技术供应商的紧密合作，及时了解技术更新情况，并根据需要调整系统架构，确保技术的持续先进性和兼容性。

（四）标准化与兼容性的长远影响

标准化和兼容性不仅是技术层面的问题，更是关系到整个行业生态能否健康发展的关键因素。只有当所有参与者都遵循相同的标准时，才能真正实现数据的自由流通和资源共享。这对于提高民航业的整体效率、降低成本、提升服务质量具有重要意义。因此，民航企业应当将标准化和兼容性视为长期战略的一部分，持续投入资源，推动技术创新与行业标准的协同发展。

总之，通过采取模块化设计、开放式 API 接口、中间件集成等措施来解决技术兼容性问题，并通过积极参与标准制定、采纳国际标准、内部标准化等途径推进标准化进程，民航企业可以克服技术兼容性和标准化带来的挑战，确保新技术在实际应用中的顺利实施。随着行业的共同努力，未来将形成更加成熟完善的标准化体系，为民航业的可持续发展奠定坚实的基础。

三、法规遵从性与监管不确定性

在民航企业引入数据驱动技术的过程中，法规遵从性和监管不确定性是两个不容忽视的问题。随着技术的快速发展，新的应用不断涌现，而相应的法律法规却往往滞后于技术进步的步伐。这不仅增加了企业的合规成本，还可能因监管政策的变化而影响业务的稳定性和连续性。以下将详细探讨这两个方面，并提出相应的对策。

（一）法规遵从性的挑战

民航企业采用区块链、物联网（IoT）、人工智能（AI）等技术时，需要确保这些技术的应用符合当地及国际法律法规要求。例如，在数据保护方面，欧盟《通用数据保护条例》（GDPR）对个人信息的收集、处理和存储有严格的规定。而在全球范围内运营的航空公司还需要同时遵守多个国家或地区的数据保护法律，这无疑增加了合规的复杂性。此外，航空安全、消费者权益保护等相关法律法规也需要被严格遵守。因此，企业必须投入大量资源来确保技术应用的合法性。

（二）应对法规遵从性的策略

为了应对法规遵从性的挑战，民航企业可以采取以下几种策略：

（1）建立合规管理体系：成立专门的合规管理部门，负责跟踪国内外相关法律法规的变化，并确保企业内部的各项技术应用都符合最新规定。合规管理部门还应定期组织培训，提升员工的法律意识。

（2）采用法律科技工具：利用法律科技工具来简化合规管理流程。例如，通过自动化软件来监控数据流动，确保数据处理活动符合GDPR等法规的要求。

（3）与法律顾问紧密合作：聘请专业的法律顾问团队，帮助企业解读复杂的法律条文，并提供定制化的法律意见。法律顾问还可以协助企业起草合同条款，确保合同内容符合法律要求。

（三）监管不确定性的挑战

除了法规遵从性外，监管不确定性也是民航企业在应用新技术时面临的一大难题。新技术往往走在法律制定的前面,这导致在某些领域缺乏明确的监管指导。例如,在使用 AI 进行航班调度或客户服务时,尚无统一的国际标准来规范其行为。此外,随着技术的发展,原有的监管框架可能不再适用,需要进行修订或重新制定。这种不确定性给企业带来了额外的经营风险。

(四)应对监管不确定性的策略

为了降低监管不确定性带来的风险,民航企业可以采取以下措施:

(1)积极参与行业标准制定:与行业协会、技术联盟等组织合作,共同推动制定新技术应用的标准和规范。通过积极参与,企业可以影响标准的内容,使其更符合自身的业务需求。

(2)保持与监管机构的良好沟通:定期与监管机构进行沟通,了解最新的政策导向,并主动汇报技术应用情况。这样不仅有助于企业及时调整策略,还可以增强监管机构对新技术的理解和支持。

(3)灵活应对监管变化:建立灵活的业务模式,确保在面对新的监管要求时能够快速调整。例如,采用模块化设计,可以在不影响整体系统运行的情况下,快速替换或升级某个组件,以符合新的法规要求。

(五)持续关注与前瞻性规划

在面对法规遵从性和监管不确定性时,持续关注政策动态和前瞻性规划尤为重要。民航企业应设立专门团队,负责跟踪国内外相关法律法规的变化,并及时调整内部政策和流程。此外,企业还应加强对未来趋势的研究,预测可能的监管方向,并提前做好准备。通过这些努力,企业可以更好地适应不断变化的法律环境,确保业务的稳定发展。

总之,通过建立完善的合规管理体系、采用法律科技工具、与法律顾问紧密合作等措施,民航企业可以有效应对法规遵从性的挑战。同时,通过积极参与标准制定、保持与监管机构的良好沟通以及灵活应对监管变化,企业可以降低监管不确定性带来的风险。随着技术的不断发展,持续关注政策动态和前瞻性规划是企业保持竞争优势的关键。

四、技术人才短缺与培训需求

随着数据驱动技术如区块链、物联网（IoT）、人工智能（AI）等在民航企业中的广泛应用，技术人才短缺已成为行业发展的一大瓶颈。面对这一挑战，民航企业需要采取积极措施，加强人才培养与引进，确保能够跟上技术发展的步伐。以下将详细探讨技术人才短缺的具体表现及其应对策略。

（一）技术人才短缺的具体表现

随着新技术的不断涌现，民航企业对高水平技术人才的需求日益增加。然而，市场上熟练掌握这些技术的专业人才相对稀缺，特别是在区块链、物联网和人工智能等领域，主要表现在以下几个方面：

（1）招聘困难：企业很难找到既懂业务又精通新技术的复合型人才。即使能够招聘到合适的人才，高昂的薪酬成本也成为企业的一大负担。

（2）知识断层：现有员工的知识结构可能与新技术的要求存在差距，导致在实际工作中难以有效应用这些技术，影响项目的进度和质量。

（3）创新能力受限：缺乏技术人才，企业难以在技术应用上进行创新，无法充分利用新技术带来的潜在优势，从而在竞争中处于劣势。

（二）加强内部培训与人才发展

为了解决技术人才短缺的问题，民航企业需要加大对内部员工的培训力度，提升其技术水平和业务能力。具体措施如下：

（1）建立培训体系：构建一套系统化的培训体系，针对不同岗位和层级的员工设计相应的培训课程。培训内容应涵盖基础知识、实际操作技能以及最新技术趋势。

（2）鼓励终身学习：营造学习型组织文化，鼓励员工持续学习和自我提升。可以设立专项基金，资助员工参加外部培训或攻读相关学位，拓宽知识视野。

(3)内部轮岗制度：通过内部轮岗制度，员工有机会接触不同的业务领域和技术应用，从而培养复合型人才。这不仅有助于员工全面发展，还能提高团队的整体协作能力。

（三）引进外部资源与校企合作

除了内部培训，民航企业还应积极引进外部资源，与高等院校和科研机构开展合作，共同培养技术人才。具体措施如下：

（1）产学研合作：与高校建立产学研合作机制，通过共建实验室、共同承担科研项目等形式，吸引优秀学生参与实际项目，为他们提供实习和就业机会。

（2）专家顾问团：邀请行业专家和技术顾问定期对企业员工进行专题讲座或技术指导，帮助员工掌握最新的技术和行业动态。

（3）技术社区建设：参与或建立技术社区，举办技术沙龙、研讨会等活动，搭建技术交流平台，促进知识共享和技术进步。

（四）构建多元化的人才队伍

为了应对未来技术发展的不确定性，民航企业需要构建一支多元化的人才队伍，确保在不同的技术领域都有相应的专业人才。具体措施如下：

（1）多元招聘渠道：拓宽招聘渠道，不仅限于传统的职业招聘网站，还可以通过社交媒体、专业论坛等平台寻找人才。同时，关注退役军人、残疾人等特殊群体，发掘其潜力。

（2）跨界人才引进：打破行业壁垒，从其他行业引进具有相似技术背景的人才，通过短期培训使其快速融入民航业务。跨界人才往往能带来新鲜视角和创新思维。

（3）激励机制建设：建立科学合理的激励机制，包括薪酬福利、职业发展路径、股权激励等，吸引和留住顶尖技术人才。同时，营造良好的工作氛围，增强员工的归属感和认同感。

总之，通过加强内部培训、引进外部资源、构建多元化的人才队伍等多方面努力，民航企业可以有效缓解技术人才短缺的问题，确保能够顺利推进新技术的应用和发展。随着技术的不断进步和人才储备的逐步完善，民航业将迎来更加智能化、高效化的未来。

第十章 监管模式创新下的企业文化与人才培养

本章旨在探讨在数据驱动的监管模式创新背景下,民航企业如何调整其企业文化以及培养适应新监管模式的人才队伍。随着科技的发展和大数据的应用,传统的监管方式正在发生深刻的变化,民航企业需要在这一变革中找到新的定位和发展路径。本章将分析这种变化对企业文化的影响,并提出相应的策略来促进人才发展,以确保企业能够在不断变化的环境中保持竞争力。

第一节 数据驱动监管模式的背景与意义

在当今快速发展的数字时代，民航业面临着前所未有的挑战和机遇。随着大数据技术的广泛应用，监管模式正经历着深刻的变革。本节将首先概述全球民航业所面临的新形势，接着解释数据驱动监管模式的基本概念及其重要性，并深入分析民航企业为何需要积极应对这种新的监管环境。

一、全球民航业面临的挑战及机遇

全球民航业正经历着前所未有的增长，尤其是在过去几十年间，随着经济全球化和技术进步的推动，航空旅行变得越来越普及。根据国际航空运输协会（IATA）的数据，全球航空客运量持续攀升，越来越多的人选择飞机出行。这不仅促进了旅游业的发展，也带动了相关产业链的繁荣。然而，快速增长的同时也带来了诸多挑战，其中包括如何保障日益增多的航班的安全性，如何提高机场的运营效率，以及如何应对环境可持续性的问题。

面对市场需求的持续增长，民航企业必须不断创新服务模式，提高服务质量，以满足乘客日益增长的期望。现代旅客不再仅满足于基本的飞行需求，他们更加注重旅行过程中的舒适度、便捷性和个性化服务。例如，许多航空公司开始提供定制化的餐饮服务、机上娱乐系统升级以及更加灵活的行李政策等，这些都是为了提升客户体验。此外，随着移动互联网的普及，旅客对于在线值机、电子登机牌等数字化服务的需求也在不断增加，这对航空公司提出了更高的技术要求。

技术进步是推动民航业变革的重要力量之一。大数据、云计算、物联网等新兴技术的应用，为航空公司提供了前所未有的机会来改善运营效率和服务质量。通过收集和分析大量的航班数据，航空公司可以更准确地预测航班延误情况，合理安排资源调配，从而减少因延误造成的经济损失。此外，利用物联网技术，航空公司还能实现对飞机维护状态的实时监控，提前发现潜在故障，提高飞行安全性。这些技术创新不仅有助于解决现有问题，还为未来民航业的发展指明了方向。

尽管技术进步带来了诸多好处，但同时也给民航企业带来了一系列新的挑战。首先，随着信息技术的快速发展，网络安全成为一个不可忽视的问题。航空公司的信息系统存储了大量的敏感信息，包括乘客个人信息、航班数据等，一旦发生数据泄露事件，不仅会损害公司声誉，还会对乘客造成巨大影响。其次，环境保护成为全球关注的焦点，民航业作为碳排放大户，面临着减排压力。因此，航空公司需要探索使用可再生能源和提高燃油效率的方法，以减少对环境的影响。最后，人才短缺也是制约行业发展的一大难题，特别是在飞行员、维修工程师等专业领域，高素质人才供不应求。

面对这些挑战，民航企业需要积极寻求解决方案，不仅要加强内部管理和技术投入，还要注重与外部合作伙伴的协作。与科研机构、技术公司合作，共同研发先进的飞行器材料、发动机技术以及更加智能的航空管理系统，以有效降低运营成本，提高服务质量和安全性。与此同时，航空公司还需要关注员工培训与发展，通过引进新技术和新理念，提升员工的专业技能，确保他们能够适应行业发展趋势。只有这样，民航企业才能在竞争激烈的市场环境中立于不败之地，把握住技术进步带来的每一个机遇。

二、数据驱动监管模式的概念及其对行业的影响

数据驱动监管模式是指一种依托于大数据分析技术的新型监管方法。这种模式通过收集、整合和分析来自各种渠道的数据，包括航空公司的运行数据、飞行器的实时状态信息、机场流量统计数据、天气预报等，来实现对民航业务更精细、更有效地管理。相比传统的监管方式，数据驱动监管模式强调利用现代信息技术手段，提高监管决策的科学性和精准度。它不仅能够帮助监管部门更早地发现潜在风险，还能通过历史数据分析预测未来的趋势，从而为决策者

提供有力的支持。例如，在航班调度方面，通过分析历史飞行数据，可以发现某些时段内特定航线的延误概率较高，进而提前做好应急预案，减少航班延误对乘客的影响。

具体来说，数据驱动监管模式的操作流程大致可以分为三个主要步骤。首先是数据采集阶段。这一步骤涉及多种数据源的接入，如航空公司的运营数据库、飞机传感器采集的数据、机场的实时运营数据等。其次是数据处理和分析阶段。这一阶段通常依赖于高级的数据分析工具和技术，如大数据平台、机器学习算法等，用来处理海量数据，并从中提取有价值的信息。最后是决策支持阶段。基于前两个阶段的工作成果，监管机构可以制定出更加科学合理的政策和标准，确保航空安全和服务质量。例如，分析飞机维护记录中的数据，可以发现某型号飞机某一部件的故障率较高，从而及时采取措施加强该部件的检查和更换工作，防止此类故障导致的事故。

数据驱动监管模式的应用对民航业产生了深远的影响。一方面，它显著提升了安全监管的有效性。对飞机状态的实时监测和历史数据的综合分析，可以及时发现潜在的安全隐患，并采取预防措施。例如，在飞行过程中如果某架飞机的发动机参数出现异常波动，系统可以立即发出警报，通知地面控制中心和机务人员进行检查，从而避免故障扩大化。另一方面，数据驱动监管模式还可以提高监管工作的透明度和公信力。监管部门通过公开发布的数据分析报告，让公众能够了解民航安全状况的真实情况，增强社会对民航系统的信任感。

除了提升安全性外，数据驱动监管模式还有助于提高民航企业的运营效率。通过对历史数据的深入挖掘，航空公司可以更好地理解客户需求和市场动态，从而优化航班时刻表和航线布局，减少因航班衔接不当而造成的资源浪费。例如，通过分析旅客的出行习惯，航空公司可以调整航班出发时间，使其更符合乘客的出行需求，提高客座率。同时，精细化管理，可以降低不必要的成本开支，如通过精确计算燃油消耗，合理规划加油点，避免过度加油导致的额外费用。这种精细化管理不仅有助于企业节约成本，还能提升客户满意度，增强企业在市场中的竞争力。

数据驱动监管模式还促进了民航业与其他行业的跨界融合。例如：通过与气象部门合作，利用气象数据优化航班计划，减少因恶劣天气造成的航班延误或取消；或者与交通管理部门共享信息，协调地面交通，确保旅客能够顺利到达机场。这种跨行业合作不仅提高了民航系统的整体运作效率，也为旅客提供了更加便捷的服务体验。此外，通过与旅游、酒店等行业建立合作关系，可以为乘客提供一站式的旅行解决方案，进一步提升用户体验。这种多行业联动不仅能够带来经济效益，还有助于塑造更加和谐的社会氛围。

值得注意的是，虽然数据驱动监管模式带来了诸多好处，但也存在一些潜在的风险和挑战。首先，保护收集到的大量敏感数据不受非法访问或滥用是一个亟待解决的问题。民航企业需要建立严格的数据安全管理体系，确保所有数据传输和存储都符合国家信息安全标准。其次，随着数据量的激增，对数据处理能力的要求也越来越高，需要不断更新和升级 IT 基础设施以满足需求。因此，民航企业和监管部门在推进数据驱动监管模式的同时，还需要建立健全的数据安全管理体系，确保数据使用的合法合规性，保护各方利益不受侵害。只有这样，才能真正发挥出数据的价值，推动民航业健康稳定地发展。

三、民航企业需要适应这种新模式

在全球民航业迅猛发展的今天，面对日益复杂的运营环境和不断提高的安全标准，民航企业必须寻找新的管理模式以适应未来的挑战。传统的监管方式往往依赖于经验和主观判断，而在数据驱动的监管模式下，决策变得更加客观和科学。这种模式不仅能够帮助企业更好地识别和管理风险，还能够通过提高运营效率降低成本，从而在激烈的市场竞争中获得优势。因此，对于民航企业而言，适应数据驱动的监管模式已经成为必然选择。

（1）数据驱动监管模式可以帮助民航企业更好地应对安全挑战。安全始终是航空业的首要任务，任何一次安全事故都可能对企业的品牌信誉造成严重损害。数据驱动监管通过实时监测和分析飞机的运行数据，能够及时发现潜在的安全隐患，并通过预警系统提醒相关人员采取行动。例如，通过对发动机健康状况的持续监控，可以在早期发现磨损迹象并及时进行维护，从而避免飞行中的机械故障。此外，通过对历史事故数据的分析，可以总结出常见的事故类型及其原因，为预防措施的设计提供依据，从而提高整体安全水平。

（2）数据驱动监管模式有助于民航企业提高运营效率和降低成本。在传统的管理模式下，很多决策都是基于经验和直觉做出的，缺乏足够的数据支持。而在数据驱动模式下，企业可以利用大数据分析技术来优化航班调度、燃料管理、客户服务等多个方面的工作。例如，通过对历史航班数据的分析，可以发现某些特定时间点的航班延误率较高，通过调整航班时刻表或增加备降机场，可以有效减少延误情况的发生。此外，对乘客行为数据的研究，可以设计出更具吸引力的营销策略，提高客户忠诚度，从而在竞争中占据有利位置。

（3）数据驱动监管模式还可以增强民航企业的市场竞争力。随着消费者对服务质量的要求越来越高，提供个性化、高质量的服务成为各大航空公司争夺市场份额的关键。通过收集和分析客户数据，企业可以更好地理解客户需求，定制个性化的服务方案。例如，根据常飞旅客的偏好设置座椅、餐饮选项等，不仅能够提升客户满意度，还能通过口碑传播吸引更多新客户。此外，利用社交媒体等渠道收集的客户反馈，企业可以快速响应市场变化，调整服务策略，确保始终处于行业前沿。

（4）数据驱动监管模式还有助于民航企业应对环保压力。近年来，环境保护已成为全球关注的热点问题，民航业作为能源消耗大户，面临着节能减排的巨大压力。通过应用大数据技术，航空公司可以更精确地计算燃料消耗，优化飞行路线，减少不必要的飞行时间和燃油消耗。此外，对飞机结构和材料的创新研究，可以开发出更加节能高效的机型，降低碳排放。这些举措不仅有助于企业履行社会责任，还能通过降低运营成本，提高经济效益。

（5）数据驱动监管模式还能够促进民航企业与其他行业的协同合作。例如，与气象部门的合作，利用气象数据优化航班计划，可以减少因恶劣天气造成的航班延误或取消。与交通管理部门共享信息，可以协调地面交通，确保旅客能够顺利到达机场，减少交通拥堵导致的延误。此外，与旅游、酒店等行业建立合作关系,可以为乘客提供一站式旅行解决方案,进一步提升用户体验。这种跨行业的数据共享与合作模式,有助于形成一个高效运转的生态系统,为乘客创造更多价值。

尽管数据驱动监管模式带来了诸多益处,但民航企业也需要认识到,这一转型过程中可能会遇到各种挑战。首先,如何有效地收集、存储和分析海量数据是一大难题。企业需要投资建设强大的IT基础设施,以支持大数据处理需求。其次,数据安全和隐私保护是不容忽视的问题,必须建立完善的数据保护体系,防止数据泄露和滥用。最后,员工培训也是一个重要环节,需要培养一支既懂业务又懂数字技术的复合型人才队伍,确保新模式能够顺利实施。只有克服这些困难,民航企业才能充分利用数据驱动监管模式的优势,实现可持续发展。

第二节 企业文化调整的方向与策略

在数据驱动的监管模式下,民航企业需要对企业文化进行根本性的调整,以适应新的环境要求。本节将探讨企业文化的调整方向,并提出具体的策略来实现这些调整。通过重塑企业文化,民航企业可以更好地支持创新和变革,为适应新的监管模式奠定坚实的基础。

一、企业文化的现状分析

民航企业在长期的发展过程中形成了自身独特的企业文化,这种文化往往体现在企业的管理理念、工作态度和员工行为规范上。然而,在快速变化的数据驱动监管模式下,传统的企业文化可能已经不能完全适应新的需求。长期以来,许多民航企业依靠经验丰富的管理人员和传统的管理方式来应对各种运营挑战,这种方式在过去的几十年里曾发挥了重要作用。但是,随着行业环境的变化和技术的进步,这种依赖于个人经验和直觉的决策方式逐渐显现出局限性。

尤其是在面对复杂的数据分析和快速变化的市场环境时，传统的方法往往显得力不从心，无法提供足够精确的指导。因此，重新审视现有的企业文化，探索适合新时代背景下的文化转型，对于民航企业而言尤为重要。

当前，民航企业文化中存在的问题主要体现在几个方面。首先，对数据价值的认识不够充分，很多企业在日常运营中仍然倾向依赖传统的经验和直觉来进行决策，而不是利用数据来支撑决策过程。这导致了决策的盲目性和不确定性，难以适应数据驱动时代的监管要求。其次，内部沟通机制不够畅通，数据孤岛现象严重，各个部门之间缺乏有效的信息共享和交流机制，导致资源浪费和效率低下。最后，对创新和技术变革的接受度较低，一些企业对新技术的应用持保守态度，不愿意尝试新的管理工具和方法，这在一定程度上阻碍了企业的进一步发展。这些问题的存在，使企业在面对日益激烈的市场竞争时显得力不从心，难以在快速变化的市场环境中保持竞争力。

为了解决上述问题，企业文化的调整就尤为迫切。一方面，需要从高层领导层面树立起数据驱动的意识，将数据思维融入企业文化的核心价值观中，鼓励员工利用数据来支持决策制定，提升决策的科学性和准确性。另一方面，要加强内部沟通与协作，打破部门间的壁垒，促进信息的自由流动，形成一个开放共享的工作环境。此外，还需重视持续学习和个人成长，为员工提供培训和发展机会，帮助他们掌握数据分析等新技能，提高整体技术水平。通过这些努力，原有的文化惯性可以逐步被改变，让企业更加适应数据驱动监管模式的要求，从而在未来的竞争中占据有利地位。只有当企业文化实现了这一根本性的转变，民航企业才能更好地应对未来的挑战，抓住每一个发展机遇。

二、数据驱动环境下企业文化的核心要素

在数据驱动的监管模式下，企业文化的核心要素应当围绕以数据为中心的思维方式来构建。这意味着企业需要将数据视为战略资产，不仅仅是在技术层面上的应用，更重要的是在企业文化和理念中确立数据的重要性。企业需要培养全员的数据意识，使每位员工都能认识到数据的价值，并学会如何利用数据

来支持决策。这不局限于高层管理者，也包括一线工作人员，每个人都应该具备一定的数据分析能力，能够从数据中发现问题并提出改进建议。例如，客服人员可以根据客户反馈数据来优化服务流程，飞行员和机务人员可以利用飞行数据来提升飞行安全性和效率。只有当数据思维渗透到企业日常运营的各个环节，才能真正实现数据驱动的企业文化。

除了以数据为中心的思维方式外，数据驱动环境下的企业文化还需要强化团队合作精神，打破部门间的壁垒，促进信息共享与交流。在过去，各部门之间的信息孤岛现象，导致很多资源的重复建设和信息的不对称。现在，企业需要构建一个开放的平台，让不同部门之间的数据能够自由流通，实现资源共享。例如，通过建立统一的数据管理平台，将各个业务单元的数据集中起来，形成一个完整的数据生态系统。这样不仅可以提高数据的利用率，还可以促进跨部门的协作，共同解决问题。此外，企业还应该鼓励跨部门项目组的成立，通过团队合作来解决复杂问题，从而提高整体的运营效率和服务质量。

重视持续学习和个人成长也是数据驱动环境下企业文化不可或缺的一部分。随着技术的不断进步和市场的快速变化，员工需要不断地学习新知识、掌握新技能，才能跟上企业发展的步伐。为此，企业需要建立一套完善的培训和发展体系，为员工提供各种学习机会，包括在线课程、工作坊、研讨会等，帮助他们掌握数据分析、人工智能等领域的最新技术。同时，企业还应该鼓励员工自我驱动学习，为他们创造一个良好的学习氛围，比如设立学习奖励制度，表彰那些在自我提升方面表现突出的个人。这样的机制不仅能够提高员工的技能水平，还能激发他们的创新潜力，为企业的持续发展注入源源不断的动力。

倡导开放和包容的文化氛围，鼓励创新思维和勇于尝试的精神，是数据驱动环境下企业文化的重要组成部分。在这样的文化氛围中，员工不会因为失败而受到惩罚，而是能够从失败中学习，并不断改进自己的工作方法。这种文化鼓励员工敢于提出新的想法，并愿意尝试不同的解决方案，即使这些方案在初期可能并不完美。例如，通过设立"创新实验室"，允许员工在一个相对宽松的环境中测试新的技术或业务模式，即使最终结果不尽如人意，也能从中积累宝贵的经验。此外，企业还应定期举办创新大赛等活动，鼓励员工展示自己的创意,并为优秀的创新项目提供资金支持,以此来激发整个组织的创新活力。通过这些措施,企业不仅能建立起一个更加灵活、更具前瞻性的文化环境,还能在激烈的市场竞争中占据有利位置。

三、重塑企业文化的具体步骤

重塑企业文化是一项系统工程,需要精心策划和有序实施。

(1)企业需要明确文化调整的目标。这不仅仅是抽象的理念,而应该是具体可操作的目标,如提高决策的科学性、增强团队合作精神、培养数据驱动的思维方式等。明确目标后,企业需要制定详细的时间表和实施计划,将目标分解为一系列短期和中期的任务。每个任务都应该有明确的责任人和完成期限,确保每一步都能够按照计划稳步前进。此外,高层领导必须积极参与并给予支持,只有自上而下地推动,才能确保文化调整的顺利进行。领导层不仅要以身作则,还要通过实际行动来展示对新文化的承诺,从而让员工相信企业确实致力于文化变革。

(2)制订详细的实施计划是重塑企业文化的关键环节之一。计划应包括具体的行动步骤、所需资源、预期成果和时间表。例如,企业可以设立一个由不同部门代表组成的文化调整小组,负责监督整个过程。该小组需要定期召开会议,讨论实施进展,并解决过程中出现的问题。此外,计划中还应包含详细的培训方案,以确保所有员工都能理解和接受新的文化理念。培训内容不局限于理论知识,还应包括实践操作,如数据使用培训、团队协作工作坊等。通过全面的培训计划,员工从思想到行动上都能适应新的文化要求。

(3)为了确保文化调整的成功实施,企业需要加强内部沟通机制,确保信息的透明和流通。这意味着要建立一个开放的沟通平台,让所有员工都能够发表意见、提出建议,并获得及时的反馈。企业可以通过定期的全体会议、内部社交网络、意见箱等多种途径,鼓励员工参与到文化变革的过程中来。此外,企业还应设立专门的沟通渠道,让员工可以匿名表达自己的观点,这对于消除顾虑、收集真实反馈具有重要意义。通过这些措施,企业不仅能够增强内部凝聚力，还能及时发现和解决文化调整过程中可能出现的问题。

（4）在重塑企业文化的过程中，员工培训和教育发挥着至关重要的作用。企业应为员工提供全面的培训和发展机会，帮助他们掌握新的技能和理念。除了常规的业务培训外，还应注重数据素养的提升，包括数据分析能力、数据可视化技术等。这些培训可以通过线上课程、线下研讨会、实地考察等多种形式进行。此外，企业还应该鼓励自我学习，为员工提供丰富的学习资源和时间支持，如订阅专业的期刊、购买在线课程等。通过这样的培训体系，企业可以确保每一位员工都能够适应新的文化要求，成为数据驱动时代的企业公民。

（5）建立有效的激励机制是推动文化调整的重要手段。企业应该设立明确的奖惩制度，对那些在文化调整中表现突出的个人或团队给予物质和精神上的奖励。例如，可以设立"最佳数据应用奖""创新贡献奖"等奖项，表彰那些在工作中善于运用数据、提出创新解决方案的员工。同时，对于那些不适应新文化、消极抵制变革的员工，则需要进行适当的引导和帮助，甚至在必要时采取调整岗位等措施。这样的激励机制，可以激发员工的积极性，促使他们主动参与到文化调整中来，形成良性的循环。

（6）企业需要建立一套科学的评估机制，以衡量文化调整的效果，并根据评估结果进行持续改进。评估机制应该涵盖多个维度，包括员工满意度、决策科学性、团队合作效率等。可以通过定期的员工满意度调查、绩效考核等方式来收集反馈数据，评估文化调整的实际成效。此外，企业还应设立专门的评估小组，负责跟踪和分析各项指标的变化趋势，并提出改进建议。通过这样一个持续改进的过程，企业可以确保文化调整不仅停留在表面，而是真正深入到每一位员工的思想和行为中，成为推动企业持续健康发展的强大动力。

四、培养数据驱动的文化氛围

在数据驱动的监管模式下，培养数据驱动的文化氛围是重塑企业文化的重要一环。为了实现这一目标，企业首先需要从高层做起，树立数据驱动的意识，并将其融入企业的核心价值观中。这意味着高层领导必须身体力行，通过自身的言行传递数据的重要性。例如，领导者可以通过定期的数据分析会议，展示如何利用数据来制定战略决策，从而为全体员工树立榜样。此外，高层还应积极倡导数据共享和透明度，打破部门间的壁垒，确保数据在整个组织内自由流动。这种方式可以从上至下营造出一个以数据为基础的决策文化，让每一位员工都能感受到数据的重要性，并自觉地将其应用到日常工作中去。

为了在组织内部营造重视数据的文化氛围，企业需要定期举办数据分析研讨会，邀请业内专家进行分享，提高员工对数据价值的认识。这些研讨会不仅可以让员工了解最新的数据分析技术和方法，还能够通过案例分享，展示数据如何在实际工作中发挥作用。此外，企业还可以通过内部论坛或知识共享平台，鼓励员工交流数据使用心得，分享成功经验。例如，可以设立"最佳数据分析案例"评选活动，激励员工积极参与数据分析，用数据来支持自己的观点和建议。这些活动可以逐步建立起一种以数据为导向的工作方式，让数据成为推动企业发展的关键因素。

开展内部竞赛是另一种有效的方式，可以鼓励员工运用数据分析解决实际工作中的问题。企业可以定期组织数据分析竞赛，设定具体的业务场景和挑战，让员工组成团队参与解决。这种竞赛不仅能够激发员工的竞争意识，还能培养他们的团队合作精神。竞赛结束后，可以组织获奖团队分享他们的思路和方法，让更多员工从中受益。此外，企业还可以设立专项基金，资助那些有创新潜力的数据分析项目，为员工提供实践的机会。这样的活动不仅能够提升员工的数据分析能力，还能促进数据驱动思维在企业的普及和深化。

建立数据共享平台是培养数据驱动文化氛围的关键举措之一。这个平台应该是一个集数据存储、处理、分析于一体的一站式解决方案，能够让各个部门轻松访问所需的数据。这样的平台可以促进各部门之间的信息共享与交流，打破数据孤岛现象。例如，平台可以集成各类业务数据，包括财务报表、客户反馈、运营数据等，并提供强大的数据查询和分析功能。此外，平台还应配备数据可视化工具，让非技术背景的员工也能够直观地理解数据背后的意义。这样一个综合性的数据共享平台，可以大大提高数据的利用效率，让数据真正成为企业决策的重要依据。

在培养数据驱动文化氛围的过程中，员工培训和教育同样至关重要。企业需要为员工提供全面的培训和发展机会，帮助他们掌握数据分析的基本技能。这包括定期开设数据科学相关的培训课程，涵盖统计学基础、数据分析软件使用等内容。此外，还可以邀请外部专家进行专题讲座，分享行业内的最佳实践。企业还应鼓励员工参加外部认证考试，如数据分析师资格证等，提升他们的专业水平。这样的培训体系，不仅能够提高员工的数据素养，还能增强他们对数据价值的理解和应用能力，从而在日常工作中更加自觉地运用数据来支持决策制定。

五、企业文化调整的实施案例

国内外一些领先的企业已经在企业文化调整方面积累了丰富的经验，这些成功案例为企业提供参考。例如，一家国际知名的航空公司通过引入大数据分析工具，实现了对航班延误原因的精准识别，并据此制定了有效的改进措施，大幅降低了延误率。这家航空公司意识到，仅凭传统的经验管理和直觉决策已经不足以应对日益复杂的运营环境。因此，他们决定采用数据驱动的方法，通过收集和分析大量的航班数据，包括天气条件、机场流量、机组人员状态等，来识别导致延误的主要因素。经过一段时间的努力，该航空公司不仅减少了航班延误的情况，还提升了客户满意度，取得了显著的经济效益和社会效益。

另一家国内航空公司则通过改革内部沟通机制，打破了部门间的壁垒，促进了信息共享与交流。该公司认识到，传统的部门划分和信息隔离导致了许多资源的浪费和决策的迟缓。因此，他们开始着手建立一个统一的数据管理平台，将各个业务单元的数据集中起来，形成一个完整的数据生态系统。通过这个平台，不同部门之间的信息可以自由流通，实现了真正的跨部门协作。例如，运营部门可以即时获取到机务部门关于飞机维护的信息，而市场部门也可以更快地获得销售部门的反馈，以便及时调整营销策略。这一系列改革措施大大提高了公司的运营效率，使公司在面对突发状况时能够迅速做出反应，减少了不必要的损失。

还有一些企业通过设立专门的数据分析团队,负责指导和支持其他部门的数据应用工作,从而在全公司范围内推广数据驱动的文化。这些数据分析团队通常由具备深厚数据处理能力和丰富行业经验的专业人士组成,他们不仅承担着数据清洗、建模和分析的任务,还肩负着培训和指导其他部门员工的职责。例如,一家零售连锁企业成立了数据分析中心,专门为各门店提供销售数据的深度分析服务。通过这些分析,门店经理可以更加精准地预测市场需求,优化库存管理,减少滞销商品的比例。此外,数据分析中心还定期举办内部培训课程,教授门店员工如何解读数据报告,从而提升他们的数据素养。这种做法不仅提高了企业的市场竞争力,还促进了数据驱动文化在基层的普及。

另外,一些企业通过设立专门的创新实验室,鼓励员工提出新的想法,并在受控环境中测试这些想法的可行性和有效性。例如,一家大型航空制造企业建立了"创新孵化器",允许员工在一个相对宽松的环境中测试新的技术或业务模式。在这个孵化器中,员工可以自由地探讨和试验各种基于数据的创新方案,而不用担心失败带来的负面影响。企业还为这些项目提供了一定的资金支持和技术指导,确保它们能够顺利进行。通过这种方式,许多有价值的创新项目得以孵化成功,并最终转化为企业的核心竞争力。这种开放和包容的文化氛围,不仅激发了员工的创造力,还为企业的持续发展注入了源源不断的动力。这些成功的案例表明,只要方法得当,企业文化调整是可以带来实实在在的好处的。

六、企业文化调整的效果评估与持续改进

企业文化调整是一个长期且复杂的过程,需要有一个科学的评估机制来确保调整的效果。企业需要设定明确的评估指标,这些指标应覆盖多个维度,包括员工满意度、决策科学性、团队合作效率等。例如,可以通过定期的员工满意度调查来了解员工对新文化的接受程度和满意度。此外,还可以通过绩效考核来评估决策是否更加科学合理,团队协作是否更加顺畅高效。这些指标不仅可以帮助管理层了解文化调整的进展情况,还能为后续的改进提供依据。评估

机制应该贯穿于整个文化调整过程中，从最初的规划阶段一直到实施后的长期维护阶段，确保每个环节都有明确的评估标准。

为了确保评估的准确性和有效性，企业需要建立一个多层面的评估体系。这个体系不仅包括定量的数据分析，还应包含定性的反馈收集。例如，可以通过问卷调查、面对面访谈、小组讨论等多种方式，收集员工对新文化的感受和建议。这些定性数据可以更深入地揭示文化调整过程中存在的问题和挑战，帮助管理层更好地理解员工的真实需求。此外，企业还可以通过设立专门的意见箱或在线反馈平台，鼓励员工随时提出自己的看法和意见，形成一个持续反馈的机制。通过这种多角度的评估体系，企业能够更全面地了解文化调整的实际效果，为下一步的改进提供更加丰富的信息。

在评估过程中，企业还应特别关注数据驱动文化的落实情况。这意味着要检查数据是否真正成为决策的基础，员工是否掌握了数据分析的技能，并能在日常工作中有效应用。例如：可以通过审查具体项目的决策过程，看是否有充分的数据支持；或者通过内部审计，检查各部门是否建立了有效的数据收集和分析机制。此外，企业还可以通过定期的数据分析竞赛等形式，检验员工的数据分析能力，进一步巩固数据驱动的文化氛围。通过这些具体的评估手段，企业可以确保文化调整不仅停留在口头上，而且是真正落到了实处，成为推动企业发展的核心驱动力。

根据评估结果进行持续改进是企业文化调整成功的关键。企业需要根据评估发现的问题，及时调整文化调整的策略和方法。例如，如果评估显示某些部门在数据共享方面存在问题，那么就需要加强这些部门之间的沟通，促进信息的自由流通。如果员工反映培训不足，那么就应该增加培训频次和内容，确保每位员工都能跟上文化变革的步伐。此外，企业还应根据市场和技术的变化，适时更新文化调整的目标和措施，确保企业文化始终保持活力，能够适应不断变化的内外部环境。通过这样一个持续改进的循环，企业可以不断优化文化调整的效果，确保其始终服务于企业的长远发展目标。

为了确保企业文化调整的效果评估与持续改进能够有效实施，企业需要建立一个专门的评估小组，负责监督整个过程。这个小组应由不同部门的代表组成，包括人力资源、业务运营、技术开发等领域的专家，以确保评估的全面性和客观性。评估小组的工作不仅限于定期收集和分析数据，还应包括制定改进措施、监督改进措施的实施，并跟踪改进效果。此外，评估小组还应定期向高层汇报评估结果，确保管理层能够及时了解文化调整的进展，并根据需要调整战略方向。通过这样一个专业的评估团队，企业可以建立起一个科学、系统的文化调整机制，确保每一次调整都能够朝着正确的方向发展，最终实现企业文化的全面提升。

第三节 适应新监管模式的人才需求

随着数据驱动的监管模式成为民航业的新常态，企业不仅需要调整企业文化，还需要重新审视人才需求，以确保拥有适应新监管模式的人才队伍。本节将探讨新监管模式下所需的关键能力和技能，并提出如何识别和吸引这些人才，以及如何培养和发展他们，以满足企业未来发展的需要。

一、新监管模式下的人才需求分析

在数据驱动的监管模式下，民航企业对人才的需求发生了显著变化。随着大数据技术的广泛应用，企业越来越依赖于数据来支持决策制定和业务流程优化。在这种背景下，企业需要的不再是单一的技能型人才，而是具备多方面综合能力的复合型人才。具体来说，这些人才需要具备较强的数据分析能力，能够熟练运用大数据分析工具，从海量数据中提取有价值的信息，并据此做出科学决策。例如，数据分析人员不仅需要能够对航班延误的原因进行深入分析，通过数据挖掘找出影响航班准点率的关键因素，还应能提出针对性的改进措施。此外，这些人才还需要具备良好的沟通能力，能够将复杂的技术问题用简单易懂的语言传达给非专业人员，确保决策层能够理解并采纳建议。

除了数据分析能力外，新监管模式下的人才还需要具备较强的跨学科知识。

第十章　监管模式创新下的企业文化与人才培养

这是因为数据驱动的监管模式涉及多个领域，包括信息技术、统计学、航空工程等。这就要求人才不仅要精通某一专业领域的知识，还需要具备一定的跨学科知识，以更好地理解并解决复杂问题。例如，一个负责飞机维护的工程师，不仅需要了解飞机的机械构造和维修技术，还应掌握数据分析方法，能够利用历史维修记录来预测未来可能发生的故障，并提前采取预防措施。这种跨学科的知识结构有助于员工在面对新问题时，能够从不同角度出发，提出更全面的解决方案，从而提高企业的整体运营效率。

随着技术的不断进步，新监管模式下的人才还需要具备持续学习的能力。技术更新换代的速度非常快，今天掌握的技能可能很快就会过时。因此，企业需要的人才是那些具有强烈学习意愿和自我提升能力的员工。他们不仅要在现有的工作岗位上不断提升自己的技术水平，还应关注行业动态，学习最新的技术和方法。例如，随着人工智能技术的发展，未来可能有更多的自动化工具应用于民航业的各个方面，如自动驾驶飞机、智能调度系统等。具备持续学习能力的人才能够快速适应这些新技术，成为推动企业创新的重要力量。

在数据驱动的监管模式下，团队合作精神也变得尤为重要。数据分析工作往往需要跨部门协作，单个部门很难独立完成复杂的数据分析任务，因此，企业需要的人才不仅要有独立解决问题的能力，还要具备良好的团队协作能力。例如，在处理航班延误问题时，不仅需要运控中心的数据分析师，还需要市场营销部门、客户服务部门、机场运营部门等多方面的配合。这就要求人才能够跨越部门界限，与其他团队成员紧密合作，共同解决问题。建立有效的沟通机制和团队协作平台，可以促进不同部门之间的信息共享与交流，提高整体工作效率。

此外，新监管模式下的人才还需要具备创新思维和解决问题的能力。在面对复杂多变的市场环境时，仅仅依靠传统的经验和方法已经不足以应对挑战。企业需要的人才是那些能够从数据中发现新趋势、新机会，并提出创新解决方案的人。例如，在面对燃油成本上升的压力时，能够利用数据分析找到更经济的飞行路线或更高效的燃油管理方法。此外，这些人才还应具备一定的风险管理能力，能够在利用数据优化业务流程的同时，识别潜在的风险，并采取预防措施。通过培养这种具备创新思维和风险管理能力的人才，企业可以在激烈的市场竞争中脱颖而出，实现可持续发展。

二、人才识别与吸引策略

在数据驱动的监管模式下，民航企业需要采取一系列策略来识别和吸引具备关键能力的人才。首先，企业应当明确岗位所需的具体技能和素质要求，并将其纳入招聘广告和职位描述中。例如，在招聘数据分析岗位时，除了要求候选人具备扎实的数据分析技能外，还应强调对航空业务的理解和跨学科知识的掌握。此外，企业可以通过设计专业技能测试来筛选候选人，确保他们不仅拥有理论知识，还能将这些知识应用到实际工作中。这种基于能力的招聘流程有助于企业准确地找到符合需求的人才，从而提高招聘效率和质量。

为了吸引合适的人才，企业还需要提供具有竞争力的薪酬福利和发展机会。这包括但不限于提供市场领先的薪资待遇、优厚的福利政策（如健康保险、退休金计划等）以及良好的工作环境。此外，企业还可以通过提供丰富的职业发展机会来吸引和留住人才。例如，为员工提供内部晋升通道，设立明确的职业发展路径，并定期为员工提供职业规划咨询。通过这些措施，企业不仅能够吸引到优秀的人才，还能激发员工的工作积极性和忠诚度。同时，企业还可以通过设立员工奖励计划，如年度优秀员工奖、最佳创新奖等，表彰那些在工作中表现突出的员工，进一步增强他们的归属感和成就感。

为了扩大人才池，企业还应考虑与外部机构合作，共同培养所需的人才。与高校、研究机构、行业协会等建立紧密的合作关系，可以为企业提供源源不断的人才支持。例如，企业可以与大学合作，共同开发课程，将行业最新的需求和技术趋势融入教学内容中，让学生在校期间就能接触到实际工作所需的技能。此外，企业还可以通过赞助学术会议、设立奖学金、提供实习机会等方式，吸引优秀的在校生加入企业。这种产学研结合的方式，不仅能够为企业输送高质量的人才，还能促进企业与学术界的互动交流，推动技术创新和行业发展。

为了确保人才的持续流入，企业还需要注重品牌形象的建设。一个积极正面的企业形象能够吸引更多优秀的人才加入。企业可以通过各种渠道宣传自身的优势和特色，如通过社交媒体、行业论坛、招聘会等方式展示企业文化、工作环境和发展前景。此外，企业还可以积极参与行业活动，如行业展览、技术交流会等，提升自身的知名度和影响力。通过这些活动，企业不仅能够展示自身的实力和魅力，还能直接接触潜在的人才资源，为未来的招聘打下良好的基础。同时，企业还应注重内部员工的口碑传播，通过提供良好的工作体验和职业发展机会，让员工成为企业品牌的忠实传播者，从而吸引更多优秀人才的关注。

三、人才培养与发展规划

在数据驱动的监管模式下，民航企业需要制定全面的人才培养与发展规划，以确保企业拥有适应新监管模式的人才队伍。人才培养的第一步是建立系统的培训体系。企业应设立专门的培训部门或培训中心，负责制订培训计划、开发培训课程，并组织实施。培训内容应涵盖数据分析、项目管理、团队协作等多个方面，以全面提升员工的综合能力。例如，可以定期举办数据分析工作坊，邀请行业专家讲授最新的数据分析工具和技术，帮助员工掌握实用的技能。此外，还可以通过在线学习平台，提供丰富的数字化学习资源，方便员工随时随地进行自我提升。

除了内部培训外，企业还应积极探索与外部机构的合作，共同培养人才。与高校、科研机构等建立合作关系，不仅可以为企业提供最新的研究成果和技术支持，还可以为员工提供更多的学习和发展机会。例如，企业可以与高校共建联合实验室，共同开展科研项目，让学生和员工在实践中学习、应用新知识。此外，还可以通过校企合作的形式，为学生提供实习实训基地，让他们在实际工作中锻炼能力。这种产学研结合的方式，不仅能够提升员工的专业技能，还能为企业储备一批高素质的后备人才。

为了确保人才培养的有效性，企业需要建立一套科学的评估机制。这包括对培训效果的评估和对员工技能水平的评估。定期的绩效考核和技能测试，可以了解培训的实际效果，发现培训中的不足之处，并及时进行调整。例如，可以设立数据分析能力认证考试，定期测试员工的数据处理和分析能力，根据测试结果调整培训内容和方法。此外，企业还应建立员工成长档案，记录员工的培训经历、技能水平和工作表现，为员工的职业发展提供参考依据。这种持续的评估机制，可以确保人才培养的质量，为企业的长期发展奠定坚实的基础。

在人才培养的过程中，企业还应注重为员工制定明确的职业发展路径。这不仅有助于员工规划自己的职业生涯，也有利于企业留住人才。企业可以设立不同层次的职业发展通道，如技术专家、项目经理、部门主管等，让员工根据自己的兴趣和专长选择合适的发展方向。此外，企业还可以通过内部竞聘机制，鼓励员工参与更高层级岗位的竞争，为其提供展示才华的舞台。例如，可以定期举办内部竞聘活动，让符合条件的员工展示自己的能力和潜力，通过公平公正的评审程序，选拔出最适合的人选。这种方式不仅能够激发员工的工作热情，还能促进企业内部的人才流动和发展。

为了进一步增强员工的职业满意度和发展动力，企业还应建立有效的激励机制。激励机制包括物质激励和非物质激励两方面。物质激励可以通过设定绩效奖金、股权激励等方式，根据员工的工作表现给予相应的奖励。非物质激励则包括职业发展机会、工作认可、团队建设活动等。例如，企业可以设立"最佳员工奖""创新贡献奖"等荣誉奖项，表彰那些在工作中表现突出的员工，增强他们的归属感和自豪感。此外，企业还可以定期举办团建活动，增进员工之间的交流与合作，营造良好的团队氛围。这些激励措施可以有效激发员工的工作积极性和创新能力，为企业的发展注入源源不断的活力。

四、跨界合作与人才培养

在数据驱动的监管模式下，民航企业面临着全新的挑战，需要通过跨界合作来弥补自身在某些领域的能力短板。与高校、科研机构的合作是实现这一目标的有效途径之一。通过与这些机构建立长期的合作关系，企业可以获得最新的研究成果和技术支持，从而更好地应对行业变化。例如，企业可以与知名大学的数据科学学院合作,共同开展关于航班优化、安全管理等方面的研究项目。大学可以提供理论支持和实验环境,而企业则可以提供实际应用场景和数据支持,双方共同推进研究成果的落地应用。这种合作不仅能够提升企业的技术创新能力,还能为学生提供实习和就业机会,实现双赢。

为了进一步深化与高校的合作,企业还可以通过共建联合实验室或研究中心的方式来加强双方的互动。这种联合实验室不仅能够促进科研成果的转化,还能为企业的技术人员提供一个持续学习和提升的平台。例如,双方可以共同投入资源,建立一个专注于航空大数据分析的实验室,开展关于飞行数据挖掘、旅客行为预测等方面的研究。企业可以派遣技术人员到实验室参与项目,而高校则可以派出教师和研究生参与合作。通过这种深度合作,双方能够在实际项目中共同成长,提升各自的竞争力。此外,企业还可以通过赞助学术会议、设立奖学金等方式,吸引更多优秀的学生加入合作项目,为未来的人才储备打下坚实基础。

除了与高校的合作,企业还应积极寻求与科研机构的合作机会。科研机构往往拥有较为前沿的研究成果和技术储备,但可能缺乏将这些成果转化为实际应用的经验和资源。企业可以利用自身在市场和技术应用方面的优势,与科研机构合作,共同推动科技成果的产业化。例如,企业可以与航空航天研究所合作,共同研究新型材料在航空器中的应用,或者开发更先进的飞行控制系统。通过这种合作,企业不仅能够获得最新的科研成果,还能在科研机构的帮助下,更快地将新技术转化为实际产品和服务,从而在市场竞争中占据优势。

跨界合作还应包括与行业内外其他企业的合作。通过建立产业联盟或合作伙伴关系,企业可以共享资源,共同应对行业挑战。例如,多家航空公司可以联合起来,共同投资建设一个大数据分析平台,共享航班数据,分析航班运营情况,优化航线布局。这种合作不仅能够降低单个企业的成本,还能加速整个行业的数字化转型进程。此外,企业还可以与其他行业的领先企业合作,借鉴其在数据管理和应用方面的经验。例如,与互联网公司合作,学习其在大数据分析和用户画像方面的先进做法,从而提升自身的服务水平和运营效率。

为了确保跨界合作的有效性,企业需要建立一套完整的合作机制。这包括明确合作目标、确定合作模式、制定合作规则等。例如，企业可以与合作方签订合作协议，明确各自的权利和义务，确保合作顺利进行。此外，企业还应设立专门的项目管理团队，负责协调各方资源，监督项目进度，解决合作过程中出现的问题。这种机制可以确保合作项目的顺利推进，避免因沟通不畅或责任不清而导致的合作失败。同时，企业还应定期与合作方进行沟通，评估合作效果，根据评估结果调整合作策略，确保合作能够持续产生积极影响。

跨界合作不仅能够促进人才的培养，还能为企业带来更广阔的发展空间。通过与不同领域的合作伙伴交流，企业可以学习到其他行业的先进理念和管理模式，从而提升自身的管理水平。例如，与物流行业的领军企业合作，可以学习其在供应链管理和物流优化方面的经验，从而改进航空公司的货物运输服务。此外，企业还可以通过合作项目，为员工提供跨行业交流的机会，拓宽他们的视野，提升综合素质。通过这种多方位的合作，企业不仅能够吸引和培养更多复合型人才，还能在激烈的市场竞争中保持领先地位，实现可持续发展。

五、人才激励与保留机制

在数据驱动的监管模式下，人才激励与保留机制对于民航企业来说至关重要。为了确保企业能够吸引并留住具备关键能力的人才，企业需要建立一套完善的激励机制。薪酬福利是人才激励的重要组成部分。企业应提供具有竞争力的薪资待遇，确保员工的劳动付出能够得到合理的回报。除了基本工资外，还可以设置绩效奖金、年终奖等额外激励措施，以表彰员工的出色表现。此外，企业还应提供完善的福利体系，包括但不限于医疗保险、退休金计划、带薪休假等，这些福利不仅能够提高员工的生活质量，还能增强他们的归属感。通过这些措施，企业可以有效提升员工的满意度，降低人才流失率。

除了物质激励外，非物质激励同样重要。非物质激励包括职业发展机会、工作认可、团队建设活动等。企业应为员工提供明确的职业发展路径，通过设立内部晋升机制，让员工看到自己的职业发展前景。例如，可以为技术岗位设定从初级到高级的不同等级，为管理岗位设立从部门主管到高层领导的晋升通道，让员工明确知道如何规划自己的职业道路。此外，企业还应定期举行表彰大会，公开表扬那些在工作中表现突出的员工，通过颁发荣誉证书、奖杯等形式，增强员工的成就感和自豪感。通过这些非物质激励措施，企业可以激发员工的工作热情，提高他们的工作积极性。

为了进一步增强员工的归属感，企业还应注重工作环境的建设。一个良好的工作环境不仅能够提高员工的工作效率，还能增强他们的幸福感。企业可以通过改善办公条件，提供舒适的办公设施，营造一个积极向上的工作氛围。例如，可以设置休息区、健身房等休闲场所，让员工在紧张的工作之余能够放松身心。此外，企业还应关注员工的工作与生活平衡，通过灵活的工作安排、远程办公等方式，帮助员工更好地处理工作与家庭的关系。通过这些措施，企业可以减少员工的工作压力，提高他们的工作满意度，从而降低人才流失率。

为了确保激励机制的有效性，企业还需要建立一个公平透明的评价体系。这一体系不仅包括对员工工作表现的定期评估，还包括对激励措施的公正执行。企业应设立专门的绩效考核委员会，负责对员工的工作成果进行客观公正的评价。评价标准应明确、具体，并向全体员工公布，确保每位员工都清楚如何获得奖励。此外，企业还应定期回顾激励机制的效果，根据市场变化和员工反馈及时调整激励措施。例如，可以通过员工满意度调查，了解员工对当前激励机制的看法，及时发现并解决问题。通过这种持续改进的机制，企业可以确保激励措施始终符合员工的需求，从而更好地激发员工的工作动力。

此外，企业还应注重员工的职业生涯规划与发展。除了为员工提供职业发展机会外，企业还应帮助员工制定个人职业规划，通过提供职业咨询服务，帮助员工明确自己的职业目标，并提供实现这些目标所需的资源和支持。例如，企业可以定期组织职业发展研讨会，邀请行业专家分享职业发展经验，为员工提供职业指导。此外，企业还可以通过内部培训计划，帮助员工提升职业技能，确保他们能够适应不断变化的工作环境。通过这种全方位的职业发展支持，企业不仅能够吸引和留住人才，还能培养出更多具备综合能力的高素质人才，为企业的长远发展奠定坚实的人才基础。

第四节 实施计划与效果评估

为了确保企业文化调整与人才培养的顺利实施,企业需要制订详细的行动计划,并建立有效的评估机制。本节将详细介绍如何制订实施计划,确保各项措施能够按部就班地推进,并通过效果评估不断优化调整策略,确保企业能够在数据驱动的监管模式下持续发展。

一、制订详细的实施计划

为了确保企业文化调整与人才培养的有效实施,企业需要制订一个详细的行动计划。明确调整的目标与时间表是至关重要的。企业应设立一个由高层领导牵头的项目组,负责制定具体的调整目标,并细化为可操作的任务清单。这些目标应具体、明确,并且具有可测量性,以便于后期评估实施效果。例如,可以设定在一年内提升数据分析能力的普及率至80%,并在接下来的三年内逐步完善数据驱动的决策体系。每个目标都需要有明确的责任人和完成期限,确保每一步都能按照计划稳步推进。此外,还需要设立关键里程碑,如每季度进行一次阶段性评估,确保调整工作按计划进行。

在制订实施计划时,企业还应考虑不同部门和岗位的特点,量身定制适合各自实际情况的具体措施。例如:对于技术部门,可以侧重引进先进的数据分析工具和技术,提升数据处理能力;而对于市场部门,则应加强市场数据分析,提升营销策略的精准度。通过这种差异化的实施策略,企业可以更好地满足各部门的具体需求,确保企业文化调整与人才培养工作的针对性和有效性。此外,项目组还应与各部门负责人密切沟通,确保实施计划能够得到充分理解和支持,从而提高执行效率。

为了确保实施计划的顺利推进,企业需要明确责任分工,确保每一项任务都有专人负责。可以设立项目管理办公室(PMO),负责统筹协调整个实施过程,包括任务分配、进度跟踪、资源配置等。项目管理办公室应定期召开项目推进会,让各责任部门汇报工作进展,解决实施过程中遇到的问题。此外,还应建立一个任务跟踪系统，将所有任务录入系统，确保每个环节的进度透明可见。通过这种精细化的管理方式，企业可以有效避免实施过程中的混乱和拖延，确保各项工作按计划有序进行。

在实施计划中，还需要充分考虑培训与教育的重要性。企业应开展多层次的培训计划，覆盖从基层员工到高层管理者的所有层级。对于基层员工，可以提供基础的数据分析技能培训，帮助他们掌握基本的数据处理技巧；对于中层管理者，应重点培养其数据驱动的管理能力，使其能够在日常工作中应用数据分析来支持决策；而对于高层领导，则需要提供战略层面的数据分析培训，帮助他们更好地理解数据对企业战略的影响。此外，企业还应定期评估培训效果，并根据反馈进行持续改进，确保培训内容能够满足员工的实际需求。

为了确保实施计划的长期有效性，企业还应建立一个持续改进的机制。这意味着在实施过程中，需要不断收集反馈信息，对计划进行适时调整。可以通过定期的员工满意度调查、绩效考核等方式，了解企业文化调整与人才培养的进展情况及存在的问题。根据评估结果，企业应及时调整策略，确保调整工作始终朝着正确的方向前进。此外，企业还应鼓励员工提出改进建议，并在适当的时候予以采纳，形成一个持续改进的良性循环。通过这种动态调整机制，企业可以不断优化调整策略，确保企业文化调整与人才培养工作始终处于最佳状态，从而为企业的长远发展奠定坚实的基础。

二、建立有效的沟通机制

在实施企业文化调整与人才培养的过程中，建立有效的沟通机制是确保各项工作顺利推进的关键。企业应加强内部沟通与信息共享，确保所有员工都能及时了解企业文化调整的进展。为此，可以设立定期的沟通会议，让各部门负责人汇报工作进展，并收集员工的反馈意见。此外，还应建立一个内部沟通平台，如企业内部网、电子邮件群组等，便于员工随时查看相关信息和提出建议。这些措施可以确保信息在企业内部的及时传递，减少误解和沟通障碍。

为了使沟通机制更加高效，企业需要设计一个多层次的沟通体系。这个体系应包括正式和非正式的沟通渠道。正式渠道包括定期的部门会议、项目协调会议等，用于正式汇报工作进展和解决重大问题。非正式渠道则可以是茶歇时间、员工午餐聚会等。通过这些非正式的场合，员工可以更轻松地交流工作中的困惑和建议。此外，企业还可以设立一个内部社交网络或论坛，让员工能够在线上分享工作经验、提出问题，并获得同事的帮助和建议。这种多层次的沟通体系能够覆盖不同类型的沟通需求，确保信息的全面覆盖和及时反馈。

为了确保沟通机制的有效性，企业还应建立一个反馈循环机制。这意味着需要定期收集员工的反馈意见，并将其纳入决策过程中。可以通过发放员工满意度调查问卷、组织焦点小组讨论等方式，收集员工对现有沟通机制的看法和改进建议。这些反馈不仅可以帮助管理层及时发现问题所在，还能让员工感受到自己的意见得到了重视，从而增强他们的参与感和归属感。此外，企业还可以设立一个专门的反馈处理团队，负责整理和分析收到的反馈信息，并提出具体的改进措施。通过这种闭环式的反馈机制，企业可以不断优化沟通策略，确保其始终符合员工的需求。

为了增强沟通的透明度和公信力，企业应确保所有沟通渠道的公开透明。这意味着所有的沟通记录、会议纪要等信息都应公开发布，让所有员工都能查阅。例如，可以通过内部网站发布会议纪要和重要通知，确保所有员工都能在同一时间获取到相同的信息。此外，还可以定期召开员工大会，让高层领导直接与员工面对面交流，回答员工关心的问题。这种透明的沟通方式不仅能够增强员工的信任感，还能提高企业决策的透明度和公信力。通过这种方式，企业可以建立起一个开放、信任的沟通文化，为企业的持续发展奠定坚实的基础。

为了确保沟通机制的持续改进，企业还应定期评估其效果，并根据评估结果进行调整。可以通过定期的沟通效果评估会议，邀请各部门代表和关键员工参与，共同讨论沟通机制中的难点和挑战，并制订相应的解决方案。此外，还可以定期举办培训和工作坊，提升员工的沟通技巧，帮助他们更好地理解和应用企业所倡导的沟通方式。通过这种持续改进的机制，企业可以不断优化沟通策略，确保其始终适应企业的实际情况和发展需求。最终，一个高效、透明的沟通机制将成为企业文化调整与人才培养工作的重要保障。

除了内部沟通外，企业还应注重与外部利益相关者的沟通。这包括与客户、供应商、政府机构等外部伙伴的沟通。通过建立与外部利益相关者的良好沟通机制，企业可以及时了解外部环境的变化，更好地应对市场挑战。例如：可以通过客户满意度调查，了解客户对公司服务的反馈，并据此改进服务流程；通过与供应商的定期会议，共同探讨供应链优化的可能性。此外，企业还可以通过媒体发布、公共关系活动等方式，加强与社会公众的沟通，提升企业的社会形象。通过这种内外结合的沟通机制，企业不仅能够提升内部运营效率，还能增强对外部环境的适应能力，为企业的长远发展创造有利条件。

三、实施培训与教育

为了确保企业文化调整与人才培养的有效实施，企业需要开展多层次的培训与教育计划。培训与教育不仅是提升员工技能的重要手段，也是传递企业文化、强化数据驱动思维的关键环节。企业应针对不同层级和岗位的员工，设计个性化的培训课程。例如：对于基层员工，可以提供基础的数据分析技能培训，帮助他们掌握基本的数据处理技巧；对于中层管理者，则应重点培养其数据驱动的管理能力，使其能够在日常工作中应用数据分析来支持决策；而对于高层领导，则需要提供战略层面的数据分析培训，帮助他们更好地理解数据对企业战略的影响。通过这种分层次的培训，企业可以确保每位员工都能获得与其岗位相匹配的知识与技能。

为了确保培训内容的实用性和前沿性，企业可以与外部培训机构或高等教育机构合作，共同开发培训课程。这些合作机构通常拥有丰富的教育资源和经验，能够提供最新、最专业的培训内容。例如，企业可以与知名大学的数据科学学院合作，共同开发关于大数据分析、机器学习等方面的课程，确保员工能够学到最前沿的技术。此外，还可以邀请行业专家或成功企业的代表来企业内部进行专题讲座，分享他们在数据驱动管理方面的成功经验。这种合作方式不仅能够提升培训质量，还能够拓宽员工的视野，激发他们的学习兴趣。

在实施培训计划时，企业还应充分利用现代技术手段，如在线学习平台、虚拟现实（VR）模拟训练等，提供多样化的学习方式。在线学习平台可以提供丰富的数字化学习资源，员工可以根据自己的时间和节奏自主学习。虚拟现实技术则可以模拟真实的工作场景，让员工在虚拟环境中进行实践操作，提高实际操作能力。例如，通过VR技术模拟飞行数据的实时分析过程，员工可以在虚拟环境中练习如何处理紧急情况，提高应急响应能力。这种多样化的培训方式不仅能够满足不同员工的学习需求，还能够提高培训的趣味性和参与度。

为了确保培训效果的最大化，企业应建立一套完整的培训评估机制。这包括培训前后的知识测试、技能考核等，以客观评价培训成果。例如，可以在培训前后进行同一份测试，对比员工的知识掌握情况，以此来评估培训的有效性。此外，还可以通过员工的工作表现来间接评估培训效果，如观察员工在实际工作中是否能够应用所学知识，是否能够提出创新性的解决方案。通过这种持续的评估机制，企业可以及时发现培训中的不足，并进行调整优化，确保每次培训都能够达到预期效果。

除了技术技能的培训外，企业还应注重员工软技能的培养，如团队协作、沟通能力等。这些软技能对于提升员工的整体素质和团队效能至关重要。企业可以通过组织团队建设活动、沟通技巧工作坊等形式，提升员工的团队合作能力和人际交往能力。例如：定期举办团队拓展活动，让员工在轻松愉快的氛围中增进相互了解和信任；组织沟通技巧工作坊，教授员工如何有效表达自己的观点，并倾听他人的意见。这种综合性的培训不仅能够提升员工的个人能力，还能够增强团队的凝聚力和战斗力。

为了确保培训与教育的持续性和系统性，企业还应建立一个长期的学习与发展计划。这个计划应包括定期的培训日程、个人发展计划、职业路径规划等。例如，每年制定一份详细的培训日历，明确每个季度的培训主题和时间安排，确保培训工作有条不紊地进行。此外，还可以为每位员工制订个人发展计划，根据其职业兴趣和发展目标，提供定制化的培训资源。通过这种系统化的培训与教育机制，企业不仅能够提升员工的整体素质，还能够为员工的职业生涯发展提供有力的支持，从而增强员工的归属感和忠诚度，为企业培养出更多具备综合能力的高素质人才。

四、落实人才激励与保留机制

为了确保企业文化调整与人才培养取得实效，企业需要建立一套全面的人才激励与保留机制。首先，物质激励是人才激励机制的重要组成部分，它直接影响员工的工作积极性和满意度。企业应提供具有竞争力的薪酬福利体系，确保员工的劳动付出能够得到合理的回报。这包括但不限于基本工资、绩效奖金、年终奖等。此外，还应设立明确的晋升机制，让员工看到自己在企业内部的成长路径和发展空间。例如，可以设立"最佳员工奖""创新贡献奖"等荣誉奖项，表彰那些在工作中表现突出的员工，增强他们的成就感和自豪感。通过这些物质激励措施，企业不仅能够吸引优秀人才，还能激发员工的工作热情，提高整体的工作效率。

除了物质激励外，非物质激励同样重要。非物质激励主要包括职业发展机会、工作认可、团队建设活动等。企业应为员工提供明确的职业发展路径，通过设立内部晋升机制，让员工看到自己的职业发展前景。例如，可以为技术岗位设定从初级到高级的不同等级，为管理岗位设立从部门主管到高层领导的晋升通道，让员工明确知道如何规划自己的职业道路。此外，企业还应定期举行表彰大会，公开表扬那些在工作中表现突出的员工，通过颁发荣誉证书、奖杯等形式，增强员工的成就感和自豪感。通过这些非物质激励措施，企业可以激发员工的工作热情，提高他们的工作积极性。

为了进一步增强员工的归属感，企业还应注重工作环境的建设。一个良好的工作环境不仅能够提高员工的工作效率，还能增强他们的幸福感。企业可以通过改善办公条件，提供舒适的办公设施，营造一个积极向上的工作氛围。例如，可以设置休息区、健身房等休闲场所，让员工在紧张的工作之余能够放松身心。此外，企业还应关注员工的工作与生活平衡，通过灵活的工作安排、远程办公等方式，帮助员工更好地处理工作与家庭的关系。通过这些措施，企业可以帮助减少员工的工作压力，提高他们的工作满意度，从而降低人才流失率。

为了确保激励机制的有效性，企业还需要建立一个公平透明的评价体系。这一体系不仅包括对员工工作表现的定期评估，还包括对激励措施的公正执行。

企业应设立专门的绩效考核委员会，负责对员工的工作成果进行客观公正的评价。评价标准应明确、具体，并向全体员工公布，确保每位员工都清楚如何获得奖励。此外，企业还应定期回顾激励机制的效果，根据市场变化和员工反馈及时调整激励措施。例如，可以通过员工满意度调查，了解员工对当前激励机制的看法，及时发现并解决问题。通过这种持续改进的机制，企业可以确保激励措施始终符合员工的需求，从而更好地激发员工的工作动力。

此外，企业还应注重员工的职业生涯规划与发展。除了为员工提供职业发展机会外，企业还应帮助员工制定个人职业规划，通过提供职业咨询服务，帮助员工明确自己的职业目标，并提供实现这些目标所需的资源和支持。例如，企业可以定期组织职业发展研讨会，邀请行业专家分享职业发展经验，为员工提供职业指导。此外，企业还可以通过内部培训计划，帮助员工提升职业技能，确保他们能够适应不断变化的工作环境。通过这种全方位的职业发展支持，企业不仅能够吸引和留住人才，还能培养出更多具备综合能力的高素质人才，为企业的长远发展奠定坚实的人才基础。

五、持续评估与改进

为了确保企业文化调整与人才培养工作的持续改进，企业需要建立一个全面的评估与反馈机制。这一机制不仅有助于监控调整工作的进展，还能及时发现和解决实施过程中的问题。企业应设立一个专门的评估小组，负责定期收集和分析有关企业文化调整与人才培养的各项数据。这些数据可以包括员工满意度调查、培训效果评估、绩效考核结果等。评估小组应定期召开会议，汇总分析这些数据，形成详细的评估报告。通过这种方式，企业可以全面了解调整工作的成效与不足，为进一步改进提供依据。

评估机制还应包括定期的自我评估与外部评估相结合的方式。自我评估是指企业内部各部门根据既定的目标和标准，自行评估工作进展和存在的问题。外部评估则是指聘请第三方专业机构或专家团队对企业文化调整与人才培养工作进行全面评估。外部评估可以提供更为客观、中立的视角，帮助企业发现内部可能忽视的问题。例如，可以邀请人力资源咨询公司对企业的人才激励机制进行评估，确保激励措施的公平性和有效性。通过这种内外结合的评估方式，企业可以更加全面地了解自身的优势与劣势，从而有针对性地进行改进。

为了确保评估的连续性和有效性，企业需要建立一个持续改进的循环机制。这意味着在每次评估之后，企业都应根据评估结果制定具体的改进措施，并将这些措施纳入下一个周期的行动计划中。例如：如果评估发现某项培训计划效果不佳，企业应重新评估培训内容和方法，调整培训计划；如果员工满意度下降，应通过调查了解具体原因，并采取相应措施加以改进。通过这种持续改进的循环机制，企业可以不断优化调整策略，确保企业文化调整与人才培养工作始终处于最佳状态，从而为企业的长期发展提供坚实的人力资源保障。

在持续评估与改进的过程中，企业还应注重员工的参与和反馈。员工是企业文化调整与人才培养的直接参与者，他们的意见和建议对于改进工作至关重要。企业可以通过定期的员工座谈会、意见征集活动等方式，鼓励员工提出自己的看法和建议。此外，还可以设立一个专门的员工反馈渠道，如意见箱、在线调查问卷等，让员工能够随时反馈自己的意见。通过这种自下而上的反馈机制，企业可以更好地倾听员工的声音，确保调整工作更加贴近实际需求，从而提高调整的成功率。

为了确保持续评估与改进机制的有效运行，企业还需要建立一个有效的监督机制。这包括定期的监督检查和责任追究机制。企业应设立专门的监督部门或岗位，负责监督评估与改进工作的执行情况。监督部门应定期对各部门的评估报告进行审核，确保评估的真实性与准确性。此外，对于未按计划实施改进措施的部门或个人，应追究其责任，并督促其尽快整改。通过这种严格的监督机制，企业可以确保各项改进措施得到有效落实，避免评估与改进流于形式，确保企业文化调整与人才培养工作真正取得实效。

六、效果评估与反馈循环

为了确保企业文化调整与人才培养工作的有效性，企业需要建立一个全面的效果评估与反馈循环机制。这一机制旨在通过定期收集和分析相关数据，及时发现并解决实施过程中存在的问题。首先，企业应设立一个专门的评估小组，负责定期收集和分析有关企业文化调整与人才培养的各项数据。这些数据可以包括员工满意度调查、培训效果评估、绩效考核结果等。评估小组应定期召开会议，汇总分析这些数据，形成详细的评估报告。通过这种方式，企业可以全面了解调整工作的成效与不足，为进一步改进提供依据。

评估机制还应包括定期的自我评估与外部评估相结合的方式。自我评估是指企业内部各部门根据既定的目标和标准，自行评估工作进展和存在的问题。外部评估则是指聘请第三方专业机构或专家团队对企业文化调整与人才培养工作进行全面评估。外部评估可以提供更为客观、中立的视角，帮助企业发现内部可能忽视的问题。例如，可以邀请人力资源咨询公司对企业的人才激励机制进行评估，确保激励措施的公平性和有效性。通过这种内外结合的评估方式，企业可以更加全面地了解自身的优势与劣势，从而有针对性地进行改进。

为了确保评估的连续性和有效性，企业需要建立一个持续改进的循环机制。这意味着在每次评估之后，企业都应根据评估结果制定具体的改进措施，并将这些措施纳入下一个周期的行动计划中。例如：如果评估发现某项培训计划效果不佳，企业应重新评估培训内容和方法，调整培训计划；如果员工满意度下降，应通过调查了解具体原因，并采取相应措施加以改进。通过这种持续改进的循环机制，企业可以不断优化调整策略，确保企业文化调整与人才培养工作始终处于最佳状态，从而为企业的长期发展提供坚实的人力资源保障。

在效果评估与反馈循环中，企业还应注重员工的参与和反馈。员工是企业文化调整与人才培养的直接参与者，他们的意见和建议对于改进工作至关重要。企业可以通过定期的员工座谈会、意见征集活动等方式，鼓励员工提出自己的看法和建议。此外，还可以设立一个专门的员工反馈渠道，如意见箱、在线调查问卷等，让员工能够随时反馈自己的意见。通过这种自下而上的反馈机制，企业可以更好地倾听员工的声音，确保调整工作更加贴近实际需求，从而提高调整的成功率。

为了确保效果评估与反馈循环机制的有效运行，企业还需要建立一个有效的监督机制。这包括定期的监督检查和责任追究机制。企业应设立专门的监督部门或岗位,负责监督评估与改进工作的执行情况。监督部门应定期对各部门的评估报告进行审核,确保评估的真实性与准确性。此外,对于未按计划实施改进措施的部门或个人,应追究其责任,并督促其尽快整改。通过这种严格的监督机制,企业可以确保各项改进措施得到有效落实,避免评估与改进流于形式,确保企业文化调整与人才培养工作真正取得实效。

在效果评估与反馈循环的过程中,企业还应注重数据的利用与分析。通过对评估数据的深入挖掘,企业可以发现潜在的问题根源,并制定更具针对性的改进措施。例如,通过数据分析发现,某部门的员工在数据分析能力方面的提升速度较慢,企业可以进一步调查原因,可能是培训内容不够贴合实际工作需求,或是培训频率不足。基于此,企业可以调整培训计划,增加实践操作环节,提高培训的实用性。此外,企业还可以利用大数据分析技术,对员工的工作表现进行持续追踪,及时发现优秀人才,并为其提供更多职业发展机会。通过这种数据驱动的评估与改进机制,企业可以不断提升管理水平,确保企业文化调整与人才培养工作始终处于动态优化的状态,从而为企业的发展提供持续的人力资源支持。

参考文献

[1] 韩宋辉.更好发挥京津冀金融监管协同机制作用[N].上海证券报,2024-08-22(3).

[2] 张瑾.打好监管和政策协同"组合拳"[N].中国银行保险报,2024-08-08(5).

[3] ZHILONG YIN, ZHIYUAN ZHOU, FENG YU, PAN GAO, SHUO NI, HAOHAO LI. A cloud–edge collaborative multi-timescale scheduling strategy for peak regulation and renewable energy integration in distributed multi-energy systems[J]. Energies, 2024, 17(15).

[4] 李艳粉.联动执法 协同监管 信用监管效能"节节攀升"[N].菏泽日报,2024-07-27(2).

[5] 薛皓昱.协同化解金融风险——中小银行改革与金融监管的协同机制研究[J].金融客,2024(7):12-14+26.

[6] BAKOKONYANE KAONE, PANSIRI NKOBI OWEN. Applying collaborative research supervision approach in higher education[J]. Journal of Applied Research in Higher Education, 2024, 16(4).

[7] 易峰,陈吟野.基于协同性视角的流出型资本项目外汇监管政策研究[J].海南金融,2024(7):76-87.

[8] 王俊豪,孙元昊,金暄暄.政府监管与市场监管的关系及其政策取向[J].社会科学战线,2024(7):51-58.

[9] 马跃洋,郭明顺.考虑政府监管的企业产学研协同创新演化博弈研究[J].现代商贸工业,2024,45(14):1-3.

[10] 冯毅,牛安春.四维创新共推协同监管迈上新台阶[N].中国食品安全报,

2024-06-04（B01）.

[11] 陈辉萍，徐浩宇. 新质生产力背景下平台常态化监管的法治化进路[J]. 湖北大学学报（哲学社会科学版），2024，51（3）：114-124+179.

[12] 王岭. 数字经济时代中国政府监管转型研究[J]. 管理世界，2024，40(3)：110-126+204+127.

[13] HATICE YILDIZ DURAK. Feedforward or feedback-based group regulation guidance in collaborative groups[J]. Journal of Computer Assisted Learning，2023，40（2）.

[14] 吴高臣. 企业信用监管制度研究[J]. 法学杂志，2023，44（5）：125-138.

[15] 刘毅楠. 去中心化金融的行业自治：一种协同监管的路径[J]. 现代经济探讨，2023（9）：119-132.

[16] 深化综合行政执法改革　提升政府监管执法效能[J]. 机构与行政，2023（8）：44-46.

[17] 汪培鸿，钱丽萍，赵贤生，李洪达. 加强农产品质量安全源头监管的思考和建议[J]. 食品安全导刊，2023（23）：23-25.

[18] 张勇，张新成. "科技+源头"监管　开创治超新局面[N]. 驻马店日报，2023-08-09（7）.

[19] 吴晓璐. 监管提升打击力度　从源头治理"股市小作文"乱象[N]. 证券日报，2023-07-17（A02）.

[20] 曹向，叶秋志，印剑. 市场主体信用协同监管的评价体系构建与实证[J]. 统计与决策，2023，39（13）：166-171.

[21] 胡仙芝，李婷. 现代政府监管的模式变迁与数字化改革路径[J]. 新视野，2022（6）：47-53.

[22] 陈兵，林思宇. 设好市场"红绿灯"　提升政府监管效能[N]. 第一财经日报，2022-01-12（A11）.

[23] 边海涛，魏春，郑华伟. 推广"源头防控　智慧监管"模式[N]. 菏泽日报，2021-06-25（4）.

[24] 陈丽君. 中国社会信用监管体系构建研究[M]. 杭州：浙江大学出版社，2020.

[25] 曾莹莹. 三圈理论视角下 Z 市基层市场监管部门监管效能研究[D]. 广州：华南农业大学，2020.

[26] 渠滢. 我国政府监管转型中监管效能提升的路径探析[J]. 行政法学研究，2018（6）：32-42.

[27] 张文茜，南乐，庞文迪，呼晓瑶. 深化企业信用分级分类成果应用 探索"智慧+信用"监管新路径[J]. 中国信息界，2024（3）：117-119.

[28] 陈兵，董思琰. 常态化监管与算法分类分级治理模式更新[J]. 学术论坛，2024，47（3）：46-55.

[29] 杨井鑫. 监管明确分类分级管理 银行加快数据安全体系建设[N]. 中国经营报，2024-04-01（B04）.

[30] 朱有祥，孔程仕. "八步走"，实现部门联动、一码统管、分级监管[N]. 中国应急管理报，2024-03-29（4）.

[31] 孙榕. 分级监管正式实施 风险越高监管越严[N]. 金融时报，2024-03-19（2）.

[32] 亓宁. 信托分级分类监管落地：通道、资金池业务戴"紧箍"[N]. 第一财经日报，2023-11-20（A07）.

[33] 陈宇，濮剑虹，吴涛，汪妍，马竞霄，吴建军，闫军. 卫生健康领域信用分级分类监管浅析[J]. 中国卫生监督杂志，2022，29（3）：230-236.

[34] 靖立坤，李楠. 国内外企业主体分类监管经验借鉴[J]. 中国外汇，2020（17）：32-34.

[35] 王龙飞. 科学精准实施差异化监管监察[N]. 山西经济日报，2020-05-09（3）.

[36] 朱玲. 产品分类 企业分级 监管分等[N]. 中国质量报，2019-01-30（4）.

[37] 赖镇桃. 欧盟监管"大棒"挥向苹果 谁是下一个？[N]. 21世纪经济报道，2024-06-27（5）.

[38] 郑联盛，朱佳晨. 美国监管改革方案及其资本计量[J]. 中国金融，2024（12）：85-86.

[39] 阎世顿. 以美国为鉴 完善我国金控公司监管体系[J]. 中国外资，2024（8）：59-61.

[40] 徐伟，李文敏. 欧盟人工智能数据安全监管制度特点及启示[J]. 中国信息安全，2024（4）：81-83.

[41] 王克文，胡震四. 美国合规监管人监督涉案企业的实践、制度及借鉴[J]. 中国检察官，2024（4）：76-80.

[42] 谢志利，李文昭. 美国消费品安全委员会监管产品范围研究[J]. 标准科学，2023（7）：63-69.

[43] 汤悦. 美国征信修复行业监管实践对我国的启示研究[J]. 北方金融，2023（7）：72-76.

[44] 陈永生，沈磊. 美国企业合规监管人制度及其启示[J]. 河北法学，2023，41（9）：19-42.

[45] 莫莉. 英国与欧盟金融监管合作再度推进[N]. 金融时报，2023-06-30(8).

[46] 王家强. 美国、欧盟、英国与中国金融监管机构框架比较[J]. 中国外汇，2023（7）：36-39.

[47] 李鑫. 新加坡数字银行发展的机遇、挑战与应对[J]. 上海国资，2023(3)：85-87.

[48] 夏梓萱. 新加坡金融科技监管创新实践与经验借鉴[J]. 金融科技时代，2022，30（12）：49-53.

[49] 梁涛. 美国企业合规制度的构建：国家监管、强制性自我监管与刑事激励[J]. 政治与法律，2022（7）：83-98.

[50] 赵大伟，山成英. 新加坡监管科技创新实践与经验借鉴[J]. 南方金融，2021（6）：69-80.

[51] 唐继微，蔡旭平，马庭瑞，彭茂锋. 新加坡知识产权监管体系研究[J]. 标准科学，2021（8）：23-27.

[52] EDWARD GRAHAM. FAA proposes new cyber rules for airplanes and aviation equipment[J]. Nextgov. com（Online），2024.

[53] 乔婧. 美国航空货运体系对我国航空货运发展的经验借鉴[J]. 大飞机，2024（6）：50-53.

[54] 清醒认识民航安全运行形势　持续强化安全管理体系建设[J]. 民航管理，2024（6）：3.

[55] 陈芳，张亚博，杜电力. 民航生产经营单位安全主体责任清单构建的思考[J]. 综合运输，2024，46（4）：50-53.

[56] 陈芳，完艳格，张亚博. 美国民航生产经营单位安全管理体系研究新进展[J]. 综合运输，2024，46（4）：75-80.

[57] 王永刚，刘惠春. 民航安全管理体系与双重预防机制对比研究[J]. 综合运输，2023，45（9）：22-27+69.

[58] 赵振武，韩亚琼，张怡，李艳娇. 美国航空货运安保法规体系分析[J]. 综合运输，2023，45（8）：168-173.

[59] 王双武. 美国航司：票价高企，业绩承压[J]. 大飞机，2023（6）：53-56.

[60] 段彬. 产融结合对航空产业发展的影响研究[D]. 成都：四川大学，2024.

[61] 赵志博. 民航机场安全管理体系建设探索[J]. 中国航务周刊,2023(19)：76-78.

[62] 舒建中，秦莹. 美国航空冷战政策的缘起、演进和调整（1947—1963）[J]. 史学集刊，2023（2）：71-83.

[63] 朱江，夏文斌. EASA 适航体系综述[C].//中国航空学会. 第十届中国航空学会青年科技论坛论文集. 中国航空学会：中国航空学会，2022：6.

[64] 王宇星，肖峰. CAAC、FAA 和 EASA 关于维修机构批准的规章差异分析[J]. 民航学报，2022，6（4）：99-102.

[65] 牟建良，吴超. 美国航空运输业与民机制造业融合发展的经验借鉴[N]. 中国航空报，2022-07-01（7）.

[66] 吴立军，陈芳. 中美航空安全法规体系对比研究[J]. 综合运输，2020，

42（4）：8-12.

[67] 陈炜，郝莲，哈红艳. 浅析欧洲航空安全局设计组织批准制度[J]. 科技创新导报，2017，14（26）：8-10.

[68] 王若源. 《安全生产法》修订对民航安保立法的启示[J]. 北京航空航天大学学报（社会科学版），2017，30（1）：30-36.

[69] 李晨丹. 我国航空运输监管机构研究——基于中美航空运输业监管机构的比较[J]. 领导之友，2016（21）：44-50.

[70] 王越. 广东探索监管新模式打造减负增效新样板[N]. 中国质量报，2024-07-08（1）.

[71] 宋凌峰，何荣，马莹. 经济状态演变与银行业系统性风险监管[J]. 金融监管研究，2024（6）：40-56.

[72] 陆敏. 立足差异需求优化金融服务[N]. 经济日报，2024-04-29（7）.

[73] 杨妍，张锴，卞迹. 金融机构公司治理差异化监管的思考[J]. 中国保险，2024（2）：35-38.

[74] 庞昕熠. 实施差异化监管　银保机构操作风险管理办法发布[N]. 经济参考报，2024-01-10（7）.

[75] 王琪鹏. 社会组织将按信用等级差异化监管[N]. 北京日报，2023-12-26（6）.

[76] 徐贝贝. 优化监管评级体系　加强差异化监管[N]. 金融时报，2023-11-17（2）.

[77] 杨漪. "全链条"监管守护市场诚信[N]. 郴州日报，2023-08-25（2）.

[78] 刘松林. 基于差异化监管的煤矿安全评价及应用[D]. 西安：西安科技大学，2021.

[79] 差异化监管激发榜样的力量[J]. 中国农村金融，2020（12）：46.

[80] 王龙飞. 科学精准实施差异化监管监察[N]. 山西经济日报，2020-05-09（3）.

[81] 刘闻博，王丛虎. 公共管理研究中的机器学习方法——原理、应用及挑

战[J]. 公共管理与政策评论, 2024, 13（5）：152-168.

[82] 陈宝莲, 张文松, 张睿, 张雪, 汪家源. 基于三螺旋理论的平台治理体系构建与治理协同度评价[J]. 科技进步与对策, 2024（9）：1-11.

[83] 上海市市场监管局. 数智化引领市场监管创新驱动[N]. 中国市场监管报, 2024-08-16（4）.

[84] 徐戊辰, 赵凡, 庄杨, 耿嘉逊, 薛瑞森. 现代化的民航安全治理体系和治理能力建设初探[J]. 民航管理, 2024（8）：26-31+80.

[85] 宣頔. 数据驱动型宏观审慎监管信息获取机制的法律构造——以"国家调节说"为分析框架[J]. 经济法论丛, 2024, 43（1）：9-32.

[86] 博, 于晓淳. 数据要素的行业监管和市场监管协调机制研究[J]. 数字经济与法治, 2023（1）：40-56+293.

[87] 杨当, 胡心婷. 关于民航安保文化建设的思考[J]. 民航管理, 2023（10）：59-63.

[88] 吴子越. "治理型监管"视角下合规监管人的角色定位[J]. 湖北科技学院学报, 2023, 43（5）：62-67.

[89] 李季. 做智慧监管的"破局者"[N]. 东方烟草报, 2023-07-27（1）.

[90] 杨子俊男, 张嘉昕. 新时代民航安全文化建设路径初探[J]. 长沙航空职业技术学院学报, 2023, 23（2）：81-85+91.

[91] 赵涛. 安全文化"软实力"是机场发展的"硬支撑"[J]. 民航管理, 2023（6）：38-41.

[92] 谭婉天. 用数据共享驱动政府数字化转型——以湖北省药品监管为例[J]. 中国信息化, 2023（4）：92-93.

[93] 王俊寿. 深化数据驱动 助推数字化智能化监管[J]. 中国农村金融, 2022（22）：17-19.

[94] 陈振云. 数据驱动科技金融的监管挑战与法律应对[J]. 佛山科学技术学院学报（社会科学版）, 2022, 40（4）：23-30.

[95] 李敬强, 樊天辰. 民航法定自查人员安全检查能力模型[J]. 中国安全科

学学报，2022，32（7）：7-13.

[96] 赵为，韩巍，姚宏印. 数据驱动精准监管夯实基础提升效能[N]. 中国劳动保障报，2021-12-21（2）.

[97] 孙磊. 民航"新监管模式"研究[D]. 上海：华东政法大学，2020.

[98] 孙佳，张禹. 法定自查工作开展成效调研与分析[J]. 民航管理，2019（11）：8-10.

[99] 金宁维. 发展新质生产力背景下国有企业数字化转型研究[J]. 福建轻纺，2024（9）：45-49.

[100] 汤文全，孙位栋，赵建伟，陈伟. 基于隐私计算的广域大数据计算平台构建研究[J]. 警察技术，2024（5）：38-41.

[101] 焦勇，齐梅霞. 数据要素如何驱动企业价值创造——基于融通创新视角[J]. 经济发展研究，2024（2）：63-76.

[102] 李佩丽，徐海霞，马添军. 区块链隐私保护与监管技术研究进展[J]. 信息安全学报，2021，6（3）：159-168.

[103] 臧国全，周丽媛，张凯亮，柴文科，张恒苗. 个人人社数据的敏感性识别与隐私计量研究[J]. 现代情报，2024（9）：1-18.

[104] 刘川意，颜亮，吴德林，韩培义，周纯. 全球数据生产要素可信流通政策与实践[J]. 信息安全研究，2024，10（9）：877-884.

[105] 吕指臣，卢延纯，马凤娇. 数据空间建设：理论逻辑、发展现状与实践路径[OL]. 清华大学国情研究院，2024-09-05.

[106] 李金昌，李晶. 数据治理与政府统计现代化[J]. 统计研究，2024，41（8）：7-14.

[107] 谢谦，金才淇. 跨境数据流动的共同关切、面临挑战与中国应对[J]. 学习与探索，2024（8）：114-125.

[108] 王磊. 基于区块链技术的数据共享与隐私保护研究[J]. 信息技术与信息化，2024（8）：165-168.

[109] 苏婉，于森，禚传阳. 我国数据要素政策主题演化与识别分析[J]. 图书

情报工作，2024，68（16）：90-103.

[110] 韩彩虹. 政府数据资产管理的国际经验借鉴研究[J]. 国际商务财会，2024（15）：61-67.

[111] 田江. 创新数据治理模式迈向数字化时代[J]. 软件和集成电路，2024（8）：40-43.

[112] 杨子硕. 数据隐私框架体系视角下数据跨境流动规则分析与中国启示[J]. 网络安全与数据治理，2024，43（8）：69-75.

[113] 谢佰刚. 数据隐私法律框架下的企业责任与合规管理研究[J]. 法制博览，2024（19）：142-144.

[114] 郑少伟. 基于人工智能技术的大数据隐私保护方法探讨[J]. 互联网周刊，2024（13）：53-55.

[115] 张新璐，易有禄. 数据监控和个人隐私之间的冲突——兼论对主体性的消解与重构[J]. 湖南行政学院学报，2024（4）：35-43.

[116] 李玉萍. 全面风险管理在国有企业中的应用研究[J]. 中国科技投资，2024（14）：97-99.

[117] 杨方铨. 基于扎根理论——云模型的航空公司飞行运行风险评估研究[D]. 广汉：中国民用航空飞行学院，2024.

[118] 黄式敏，马勇，杨忠鹏，卢锐恒. 民航数据安全风险评估体系探讨[J]. 信息安全与通信保密，2023（10）：75-85.

[119] 陈芳，崔庆敏，向千秋. 基于动态贝叶斯网络的民航空中停车事件安全风险评估[J]. 中国安全科学学报，2023，33（7）：16-23.

[120] 乔龙. 机场跑道病害风险分析与防控对策研究[D]. 天津：中国民航大学，2023.

[121] 崔琼心. 基于证据理论的机场应急演练评估研究[D]. 天津：中国民航大学，2023.

[122] 张健伟. 公务机维修安全风险评估研究[D]. 北京：首都经济贸易大学，2022.

[123] 倪晓梅，王华伟，熊明兰，王峻洲. 基于文本挖掘的民航事件风险评估[J]. 湖南大学学报（自然科学版），2022，49（6）：73-79.

[124] 赵子辉.ABC 航空公司安全管理改进策略研究[D]. 广州：华南理工大学，2014.

[125] 王冠钧，韵文青，秦卫平，张金良. 新时代新征程如何更好落实民航安全责任[J]. 民航管理，2024（8）：59-64.

[126] 高岩超，陈延兴，刘帅. 民航山东监管局：持续推动辖区民航服务质量提升[J]. 空运商务，2024（6）：41-46.

[127] 李玉萍. 全面风险管理在国有企业中的应用研究[J]. 中国科技投资，2024（14）：97-99.

[128] 戴蕴杰,沈妍均. 新时代民航监管体系创新路径探讨[J]. 民航管理,2024（4）：79-88.

[129] 张一凡. 基于 SD 模型的民航安全监管博弈研究[D]. 广汉：中国民用航空飞行学院，2024.

[130] 杨方铨. 基于扎根理论-云模型的航空公司飞行运行风险评估研究[D]. 广汉：中国民用航空飞行学院，2024.

[131] 王平. 民航主动服务于"建设全国统一大市场"的思考[J]. 民航管理，2023（12）：19-22.

[132] 黄式敏，马勇，杨忠鹏，卢锐恒. 民航数据安全风险评估体系探讨[J]. 信息安全与通信保密，2023（10）：75-85.

[133] 周博韬. 民航一线监管的政府工具选择与使用[D]. 贵阳：贵州大学，2023.

[134] 陈芳，崔庆敏，向千秋. 基于动态贝叶斯网络的民航空中停车事件安全风险评估[J]. 中国安全科学学报，2023，33（7）：16-23.

[135] 乔龙. 机场跑道病害风险分析与防控对策研究[D]. 天津：中国民航大学，2023.

[136] 崔琼心. 基于证据理论的机场应急演练评估研究[D]. 天津：中国民航大

学，2023.

[137] 赵胜男. 基于演化博弈的民航危险品运输培训监督管理研究[D]. 天津：中国民航大学，2023.

[138] 沈瑶. 基于民航行业监管事项库的安全责任落实[J]. 民航管理，2023（4）：21-25.

[139] 郑力玮，吴立军，刘晋东，张音，辛邈. 系统性做好民航行业差异化安全监管的方法探讨[J]. 民航管理，2023（2）：29-33.

[140] 于海洋，王继华，薛聿涵. 民航安全监管绩效影响因素研究——基于NVIVO12的质性分析[J]. 项目管理技术，2022，20（12）：76-81.

[141] 朱春雷，范子星. "双盯"理念在山西民航安全监管中的应用[J]. 民航管理，2022，（07）：49-53.

[142] 方仁山. 民航福建辖区空防安全隐患"清单式"管理实践[J]. 民航管理，2022（7）：54-57.

[143] 张健伟. 公务机维修安全风险评估研究[D]. 北京：首都经济贸易大学，2022.

[144] 倪晓梅，王华伟，熊明兰，王峻洲. 基于文本挖掘的民航事件风险评估[J]. 湖南大学学报（自然科学版），2022，49（6）：73-79.

[145] 张管斌. 民航行业组织执法权研究[D]. 北京：北京交通大学，2022.

[146] 杨诗琪. 民航持续安全关键成功因素研究[D]. 天津：中国民航大学，2022.

[147] 张迪. 民航安全监管存在的问题及对策研究[J]. 中国储运，2022（4）：107-108.

[148] 周颖慧，李天龙，瞿翔，邓鹏远，姚开宇，周继明. 以非现场监管为路径提升民航行业监管效能[J]. 民航管理，2022（2）：76-81.

[149] 张恒，杨骁勇. 智慧监管怎么管[J]. 大飞机，2022（1）：18-22.

[150] 刘超. 我国民航安全监管体系研究[D]. 杭州：中共浙江省委党校，2021.

[151] 孙乐寅. 对当代民航安全理念的认识[J]. 民航管理，2021（10）：29-34.

[152] 张恒，杨骁勇. 民航智慧监管分析与建议[J]. 民航管理，2021（9）：39-42.

[153] 郭仁刚. 为民航监管工作高质量发展提供高水平的培训和科研支撑[J]. 民航管理，2021（9）：28-33.

[154] 张迪. 关注:民航安全监管演化博弈模型构建[J]. 中国航班,2021(16)：57-58.

[155] 王珍发，陈艳彦. 对民航安全监管与网络安全融合发展的思索[J]. 民航管理，2021（5）：8-12.

[156] 张晔. 提升民航行业监管执法水平的研究与实践——以民航行业监管执法系统为例[J]. 民航管理，2021（4）：50-53.

[157] 吴剑青. 民航监管的数字化转型解决方案建议[J]. 民航管理,2021(1)：25-27.